Preismessung bei Privatkrediten von Banken und Sparkassen

Hagener betriebswirtschaftliche Abhandlungen

Herausgegeben von

M. Bitz, G. Fandel, A. Kuß, D. Schneeloch, G. Schreyögg

Band 1
N. Winkeljohann
Nießbrauch an privatem und betrieblichem Grundbesitz
- Vorteilhaftigkeitsanalyse und Gestaltungsempfehlungen -
1987. 413 Seiten. Brosch. DM 79,-
ISBN 3-7908-0369-3

Band 2
J. Wolf
Industriebetriebliche Energienutzung und Produktionsplanung
1988. 287 Seiten. Brosch. DM 65,-
ISBN 3-7908-0371-5

Band 3
Heiko Staroßom
Die Bank in der Krise ihres Schuldners
- Eine entscheidungsorientierte Analyse -
1988. 379 Seiten. Brosch. DM 79,-
ISBN 3-7908-0408-8

Band 4
Friedhelm Rücksteiner
Entscheidungsfindung in der Forschung und Entwicklung
- Problematik, Grundlagen und dynamische Aspekte
1989. 394 Seiten. Brosch. DM 98,-
ISBN 3-7908-0417-7

Band 5
Hans-Dieter Klein
Konzernbilanzpolitik
1989. 586 Seiten. Brosch. DM 120,-
ISBN 3-7908-0451-7

Band 6
Gerrit Volk
Jahresabschluß und Information
- Zur formalen Struktur des Jahresabschlusses einer Kapitalgesellschaft -
1990. 269 Seiten. Brosch. DM 69,-
ISBN 3-7908-0466-5

Band 7
Michael Jean Gschrei
Beteiligungen im Jahresabschluß und Konzernabschluß
1990. 266 Seiten. Brosch. DM 68,-
ISBN 3-7908-0476-2

Herwig Rathmann

Preismessung bei Privatkrediten von Banken und Sparkassen

Eine Analyse unter besonderer Berücksichtigung der Preisangabenverordnung

Mit 6 Abbildungen

Physica-Verlag Heidelberg

Dr. Herwig Rathmann
Hochgratstraße 252
D-8999 Oberreute/Irsengund

ISBN-13: 978-3-7908-0494-2

CIP-Titelaufnahme der Deutschen Bibliothek

Rathmann, Herwig:
Preismessung bei Privatkrediten von Banken und Sparkassen:
eine Analyse unter besonderer Berücksichtigung der
Preisangabenverordnung / Herwig Rathmann. - Heidelberg:
Physica-Verl., 1990
(Hagener betriebswirtschaftliche Abhandlungen; Bd. 8)
ISBN-13: 978-3-7908-0494-2 e-ISBN-13: 978-3-642-48181-9
DOI: 10.1007/978-3-642-48181-9
NE: GT

7120/7130-543210

G E L E I T W O R T

Bankkredite werden täglich in ganz erheblichem Umfang vergeben. Die daraus resultierenden Zins- und Tilgungsleistungen belasten die Budgets einer sehr großen Anzahl privater Haushalte in nicht unerheblichem Maße. Die maßgeblichen Konditionen wie etwa Disagio, Bearbeitungsgebühr, Zinssätze, Zahlungstermine, Gutschriftstermine etc. weisen eine schwer zu überblickende Vielfalt auf. Der Gesetzgeber schreibt den Kreditinstituten daher im Interesse der Konditionentransparenz vor, Kreditangebote durch eine einzige, standardisierte Preiskennzahl, den effektiven Jahreszins, zu kennzeichnen.

In der vorliegenden Arbeit werden die wichtigsten Komponenten von Kreditpreisen in ihrer Vielfalt und ihren typischen Erscheinungsformen verdeutlicht und die Möglichkeiten einer Verdichtung zu einer einzigen Kennzahl kritisch analysiert. Im einzelnen umfaßt die Arbeit drei Hauptteile. Im ersten Teil präsentiert der Verfasser die Ergebnisse einer eigenen kleinen empirischen Erhebung der üblicherweise anzutreffenden Preiselemente. Im zweiten Teil werden die für die Berechnung des effektiven Jahreszinses maßgeblichen Vorschriften der Preisangabenverordnung ausführlich dargestellt und analysiert. Im dritten Teil schließlich wird die Tauglichkeit dieser Kennzahl zum Vergleich alternativer Kreditangebote kritisch untersucht.

Da die Arbeit sowohl wissenschaftlich interessant als auch praktisch relevant ist und in vielen Teilbereichen neue Aspekte enthält, ist ihr in Wissenschaft und Praxis weite Verbreitung zu wünschen.

Hagen, 27. März 1990 Michael Bitz

V O R W O R T

Der folgende Text "Preismessung bei Privatkrediten von Banken und Sparkassen" hat dem Fachbereich Wirtschaftswissenschaft der Fernuniversität Hagen als Dissertationsschrift vorgelegen.

Die Arbeit versucht eine Lücke im betriebswirtschaftlichen Schrifttum zu schließen, da es bislang an einer systematischen Gesamtdarstellung des Problembereichs fehlt.

Herrn Professor Dr. Michael Bitz bin ich für die mir vielfältig zuteil gewordenen Ratschläge zur Strukturierung des inhaltlich recht komplexen Sachverhalts zu Dank verpflichtet. Ihm wie den Mitarbeitern seines Lehrstuhls, vornehmlich Jürgen Ewert und Dirk Matzke, danke ich außerdem für zahlreiche praktische Hinweise und technische Hilfen.

In diesem Zusammenhang gilt mein Dank auch den Instituten und Verbänden der Kreditwirtschaft, deren Vertreter sich bereitwillig der Mühe unterzogen haben, umfangreiche Fragebogen auszufüllen und viele Zusatzfragen geduldig zu beantworten. Ihre konstruktive Mitwirkung hat mir die Beschreibung des tatsächlichen Erscheinungsbildes der Kreditpreise erst ermöglicht.

Last, not least danke ich meiner Frau. Sie hat über einen längeren Zeitraum hin nicht nur häufig auf meine Anwesenheit, auch auf meine Mitwirkung in Haus und Hof verzichtet, sondern darüberhinaus stets ihre eigenen Interessen hinter mein Anliegen zurückgestellt.

Herwig Rathmann

INHALTSVERZEICHNIS

Seite

Seite

Seite

Seite

A B K Ü R Z U N G S V E R Z E I C H N I S

a. A.	anderer Ansicht
a. a. O.	am angegebenen Ort
Abs.	Absatz
AbzG	Gesetz betreffend die Abzahlungsgeschäfte
AGB-Gesetz	Gesetz zur Regelung des Rechts der Allgemeinen Geschäftsbedingungen
AIBD	Association of International Bond Dealers
BB	Betriebs-Berater
BFHE	Entscheidung des Bundesfinanzhofes
BGB	Bürgerliches Gesetzbuch
BGBl.	Bundesgesetzblatt
BGHE	Entscheidung des Bundesgerichtshofes
BL-A PrA	Bund-Länder-Ausschuß "Preisangaben" alias "Preisauszeichnung"
BR	Bundesrat
BT	Bundestag
BVerfG	Bundesverfassungsgericht
DB	Der Betrieb
DBW	Die Betriebswirtschaft
DRiz	Deutsche Richterzeitung
Drucks.	Drucksache
DVFA	Deutsche Vereinigung für Finanzanalyse und Anlageberatung
EG	Europäische Gemeinschaften
Fn.	Fußnote
GABl.	Gemeinsames Amtsblatt des Landes Baden-Württemberg
GewArch	Gewerbearchiv
GRUR	Gewerblicher Rechtsschutz und Urheberrecht
HGB	Handelsgesetzbuch
IFAB	Institut für Angewandte Betriebswirtschaftslehre der Fernuniversität Hagen
JZ	Juristenzeitung
KGE	Entscheidung des Kammergerichts Berlin
LGE	Entscheidung eines Landgerichts
MaBV	Makler- und Bauträgerverordnung
MDR	Monatsschrift für deutsches Recht
m. w. N.	mit weiteren Nachweisen
NJW	Neue juristische Wochenschrift

OLGE	Entscheidung eines Oberlandesgerichts
p. a.	per annum
PAngV	Preisangabenverordnung
p. M.	pro Monat
PrAVO	Preisauszeichnungsverordnung
Rdnr.	Randnummer
S.	Seite
u. a.	unter anderem
VerBAV	Veröffentlichungen des Bundesaufsichtsamtes für das Versicherungswesen
VerwGE	Entscheidung eines Verwaltungsgerichts
VGHE	Entscheidung des Verwaltungsgerichtshofes
VuR	Verbraucher und Recht
WiSt	Wirtschaftswissenschaftliches Studium
WM	Wertpapier-Mitteilungen Zeitschrift für Wirtschafts- und Bankrecht
WRP	Wettbewerb in Recht und Praxis
ZfB	Zeitschrift für Betriebswirtschaft
ZfbF	Zeitschrift für betriebswirtschaftliche Forschung
ZfgK	Zeitschrift für das gesamte Kreditwesen
ZIP	Zeitschrift für Wirtschaftsrecht

SYMBOLVERZEICHNIS

a	Annuität (allgemein)
B_o	Kapitalwert einer Zahlungsreihe
c_d	unterjährliche Zahlung
c_J	Annuität (=Jahresleistung), jährliche Zahlung, nachschüssig
c_J'	Jahresendgröße, unterjährlichen Zahlungen äquivalent
e	Effektivzins in % p. a. (= $i \cdot 100$)
f	Bruchteil eines Kreditjahres ("gebrochene" Restlaufzeit)
h	Refinanzierungszins/Zwischenanlagezins (exogen)
i	interner Zinsfuß (= $\frac{e}{100}$)
K_o	Netto-Kreditbetrag (Auszahlungsbetrag, Kapitalwert)
K_n	Endwert eines Kredites
n	Anzahl (allgemein - Zahl der Nennungen, Zeitpunkte, Raten; Laufzeit)
q	Zinsfaktor (= $1 + i$)
q^t	Aufzinsungsfaktor (= $(1 + i)^t$ für t Jahre
r	Anzahl der unterjährlichen Zeitpunkte (Zeitabschnitte) im "gebrochenen" Restjahr der Kreditlaufzeit
s_t	Zahlungsüberschuß im Zeitpunkt t
t	Zeitpunkt, Zeitabschnitt; Kreditlaufzeit in vollen Jahren
$\bar{t}$	letzter noch in die Betrachtung einbezogener Zeitpunkt (Zeitabschnitt)
t_{max}	Zeitpunkt des Kreditendes
u	Anzahl der unterjährlichen Zeitpunkte (Zeitabschnitte) in vollen Kreditjahren
w	realer Zins

Spezielle Symbolik der Ausführungshinweise zu § 4 PAngV

b	Bearbeitungsgebühr in % des ursprünglichen Kreditbetrages
J	Laufzeit in vollen Jahren (in diesem Sinne nur in Unterabschnitt 4.2.2.5 verwandt!)
K_{nom}	nominaler Kreditbetrag (Rückzahlungsbetrag)
M	Anzahl der Monate (Laufzeit standardisierter Ratenkredite)
m	Anzahl der Monate im "gebrochenen" Restjahr der Kreditlaufzeit
N	Anzahl der vereinbarten Quartalsraten
n	Anzahl der Quartale im "gebrochenen" Restjahr der Kreditlaufzeit (in diesem Sinne nur in Unterabschnitt 4.2.2.5 verwandt!)
p	nominaler pro-Monat-Zinssatz in % des ursprünglichen Kreditbetrages
r	Anzahl der Raten pro Jahr (in diesem Sinne nur in Abschnitt 4.2.1 verwandt!)
R	Quartalsrate
RS	Restschuld am Ende der Festschreibungszeit/Zinsbindungsdauer
z	Nominalzins in % p. a.

TABELLEN- UND ABBILDUNGSVERZEICHNIS

Seite

A. TABELLEN

Seite

B. SCHAUBILDER

Seite

EINLEITUNG

(1) Wer einen Kredit aufnimmt, leistet als Entgelt dafür Zahlungen. Diese Zahlungen setzen sich regelmäßig aus einem Bündel von Einzelelementen zusammen, welche sich unter anderem nach Art, Höhe, Zahlungshäufigkeit, Bezugsbasis und Verrechnungsmodus unterscheiden. Sie enthalten nicht nur eine Größen-, sondern auch eine zeitliche Struktur und stehen teilweise im Abhängigkeitsverhältnis zueinander. So gehen sie miteinander eine komplexe Verbindung ein, die sich nicht durch bloße Summation der Komponenten nachvollziehen läßt. Erst mittels einer Verdichtungsmechanik, welche mathematischen Verknüpfungsregeln folgt, lassen sich diese Komponenten zu einer Gesamtzahl komprimieren, die man als Kreditpreis bezeichnet.

Will man Kreditpreise vergleichen, so erfordert dies, daß man alle preisrelevanten Komponenten erfaßt und auf ihre Teilhabe am Zustandekommen des Gesamtpreises untersucht. Dabei trifft man auf eine große Vielfalt konkreter Erscheinungsformen. Diese Vielfalt erschwert nicht nur den Überblick. Sie macht es in der Regel dem Kreditsuchenden unmöglich, auf der Grundlage einer solchen Ansammlung von Teilpreisen Konditionsvergleiche anzustellen. Er vermag nämlich die verschiedenen Preisbestandteile nicht zueinander in Beziehung zu setzen[1].

So liegt es nahe, nach einem Weg zu suchen, auf dem es gelingen könnte, die Transparenz eines Preisgefüges herzustellen, welche erst die Voraussetzungen für einen Vergleich schafft. Einen solchen Weg versuchen die nationalen Gesetzgeber mehrerer EG-Länder sowie die EG selbst zu beschreiten, indem sie Regelungen über Preisangaben für Privatkredite treffen. Die für die Bundesrepublik geltende Regelung ist in der Preisangabenverordnung vom 14.03.1985

----

1) Vgl. Looman, Blick durch die Wirtschaft Nr. 106 vom 06.06.1986, S. 3.

(im folgenden: PAngV 1985 genannt) kodifiziert[2]. Sie enthält Vorschriften zur Erfassung der bei einer Preisermittlung zu berücksichtigenden Komponenten ("preisbestimmende Faktoren") und zur Methode der Errechnung eines Kreditpreises unter Einbeziehung eben dieser Komponenten. Ergebnis von Erfassung und Berechnung ist der in der Sprache der Verordnung sogenannte "effektive Jahreszins" oder - wenn eine Konditionsänderung vorbehalten ist - "anfängliche effektive Jahreszins".

Dieser (anfängliche) effektive Jahreszins ist eine synthetische Größe, ein zu Vergleichszwecken entwickeltes Konstrukt[3]. Mit seiner Hilfe sollen Kreditangebote einander vergleichbar gemacht und die absolute Höhe eines Kreditpreises gemessen werden.

Die vorliegende Arbeit ist der Sammlung und Sichtung der an der Preisbildung beteiligten Komponenten, der Beschreibung der für ihre Erfassung (Auswahl) und Verdichtung (Aggregation) geltenden Rechts- und Rechenregeln und - schließlich - einer Analyse und kritischen Würdigung der Eignung des vorhandenen Instrumentariums zur Preismessung gewidmet.

Kredite gehören zur investitionstheoretischen Kategorie der Finanzierungen[4]. Soll unter verschiedenen Finanzierungsalternativen das preisgünstigste Angebot herausgefunden werden, so muß vorab entschieden werden, nach welchem Kriterium die Auswahl zu treffen ist.

Dazu sei eine Anmerkung gestattet. Zwischen den Kosten einer Finanzierung und dem Nutzen der mit deren Hilfe getätigten Investi-

----

2) Die offizielle Bezeichnung lautet: Verordnung zur Regelung der Preisangaben. Sie ist veröffentlicht in BGBl. I, S. 580-583.

3) Vgl. amtliche Begründung zu § 4 Abs. 1 PAngV 1985, veröffentlicht im Bundesanzeiger Nr. 70 vom 13.04.1985, S. 3730-3732 zitiert bei Gimbel/Boest, 1985, S. 79.

4) Vgl. Schneider, D., 1980, S. 153; Bitz, 1988, S. 51.

tion bestehen vielfältige Interdependenzen[5)]. Dies gilt grundsätzlich nicht nur für Unternehmen, sondern auch für private Haushalte, wenngleich sie nur in Gebrauchsgüter investieren. Immerhin könnte es sein, daß der Nutzen eines langlebigen Wirtschaftsgutes nur dann die Finanzierungskosten überstiege, wenn die durch seinen Einsatz erzielbaren Einsparungen in bestimmter Höhe und Zeitverteilung einträten. Solche Wechselbeziehungen könnten in einem Simultanmodell wiedergegeben werden, welches die Nutzenmaximierung zur Aufgabe hätte. Das würde jedoch eine Bewertung des Konsumnutzens voraussetzen. Seine Messung erfordert eine "Analyse, also die rationale Durchdringung eines Problems"[6)] und soll nicht Gegenstand dieser Arbeit sein[7)]. Von einer Bewertung des Konsumnutzens wird daher abgesehen. Stattdessen geht der vorliegende Ansatz von der Gegenwartsvorliebe[8)] des Haushaltes bei der Investitionsentscheidung aus. Eine Unterlassensalternative steht mithin nicht zur Disposition[9)].

Geht man in einem solchermaßen eingeschränkten Handlungsraum gleichwohl von der Maximierung des Endvermögens als Zielkonzept des Kreditsuchenden aus[10)], so muß sie als Minimierung der durch die Finanzierung verursachten Endvermögenseinbuße verstanden werden. Dieses allgemein anzutreffende Prinzip hat zugleich prak-

---

5) Wegen näherer Beschreibung eines Kreditnutzens vgl. Krümmel, 1964, S. 16.

6) Schneeweiß umschreibt sie "als Erkundungsgang in dem Bereich der eigenen Gedankenwelt und Wertvorstellungen", 1967, S. 83.

7) Vgl. Schneider, D., 1980, S. 163, wegen seines Hinweises auf "ungelöste Fragen der Wirtschaftstheorie".

8) Es erscheint "in vielen Fällen plausibel" für die Bedingung einer intertemporalen Präferenzfunktion, zu verlangen, daß der Präferenzwert bei marginaler Zunahme eines Ergebniswertes und Konstanz aller übrigen um so stärker zunimmt, "je weniger weit der betrachtete Ergebniswert in der Zukunft liegt" (Bitz, 1981, S. 300). Zur Zeitpräferenz hat kürzlich Dyckhoff einen Aufsatz mit gleichem Titel vorgelegt (1988, S. 990-1008).

9) Im Sinne eines - umgekehrten - Partialmodells wird die Investition aus der expliziten Betrachtung ausgeschlossen (vgl. auch Bitz, 1988, S. 25).

10) Vgl. wegen eines Überblicks über andere Zielvorstellungen Bitz, 1976, S. 485.

tisch-normativen Charakter; es entspricht Gesetzeszweck und Regelungsmechanismus der PAngV 1985[11].

Unter der Annahme, daß investiert werden soll, beschränkt sich die Untersuchung auf die relative Vorteilhaftigkeit von Finanzierungsalternativen.

Finanzierungen erstrecken sich stets über einen gewissen Zeitraum. Um sie analysieren zu können, reduziert man sie zweckmäßigerweise auf Zahlungsreihen[12]. Die auf einen Zeitstrahl aufgetragenen Vorgänge bestehen aus Ein- und Auszahlungen und haben bei Fremdfinanzierungen regelmäßig folgende Struktur:

$+K_0$	-a	-a	-a	...	-a	(DM)
0	1	2	3	...	n	(Jahre)

K_0 = Kreditvalutierung (investitionstheoretisch: Einzahlung)[13]

a = Annuität (investitionstheoretisch: Auszahlung)[14]

n = Dauer des Kreditverhältnisses (Laufzeit in Jahren)[15]

Geht man von einem vorgegebenen Kreditbedarf aus, so schließt vernünftigerweise die Entscheidung für eine Finanzierungsalternative alle anderen aus. Ebenso wird eine Kombination von zwei oder mehr

---

11) Vgl. Bitz, 1988, S. 21 f.

12) Der Zahlungsrechnung wird hier gegenüber der Vermögensrechnung der Vorzug gegeben. Wegen der Schwächen der letzteren vgl. Bitz, 1988, S. 31 f.

13) Einzahlung, da Erhöhung des Zahlungsmittelbestandes; hier: Kreditauszahlung.

14) Auszahlung, da Verminderung des Zahlungsmittelbestandes; hier: Kreditverzinsung und -rückzahlung oder kurz: Kapitaldienst.

15) In Anlehnung an Däumler, 1982, S. 2366.

Finanzierungen ausgeschlossen, da im Regelfalle nur eine Alternative aufgrund des Auswahlverfahrens als optimal erkannt wird und jede auch nur teilweise Substitution durch andere, suboptimale Finanzierungen das Gesamtergebnis unter das Optimum drücken würde[16].

Um die beste von mehreren Zahlungsreihen zu ermitteln, müssen deren nach Größe und zeitlichem Anfall unterschiedliche Einzelelemente auf jeweils einen einzigen Wert verdichtet werden. Dieser Wert wird in der einschlägigen Literatur als investitionstheoretische Kennziffer, finanzwirtschaftlicher Vorteilsmaßstab oder einfach als Zielgröße bezeichnet[17]. Unter ihnen ist der Kapitalwert, die Summe aller Barwerte einer Zahlungsreihe, der "wichtigste"[18]. Man berechnet ihn, indem man alle Zahlungen einer Zahlungsreihe mit dem Kalkulationszins auf den Zeitpunkt t = 0 abzinst und daraus die Summe bildet[19]. Kalkulationszins ist ein exogen vorgegebener Zins, der dem am Kapitalmarkt herrschenden Finanzierungssatz entspricht und damit zugleich die mindestens erforderliche Verzinsung eines Projektes markiert.

Eine andere investitionstheoretische Kennziffer ist der interne Zins, im Sprachgebrauch des Verordnungsgebers und der sich darauf stützenden Praxis zum "effektiven Jahreszins" bzw. - wenn die Kreditbedingungen nicht für die volle Kreditlaufzeit fest vereinbart sind - zum "anfänglichen effektiven Jahreszins" konkretisiert[20].

----

16) Vgl. Bitz, 1988, S. 65-67.

17) Vgl. Bitz, 1988, S. 46-66; Schneider, D., 1980, S. 171-200; Kern, 1974, S. 162.

18) Bitz, 1988, S. 47.

19) Vgl. Bitz, 1988, S. 47.

20) Auf Identität von internem Zinsfuß und Effektivzins verweisen unter anderem Bitz, 1988, S. 64, desgl. Sièvi, Chr. und F., 1979, S. 18; vgl. auch Schierenbeck/Rolfes, welche die "interne Zinsfußmethode als Grundlage der in der Praxis gebräuchlichen Effektivzinsverfahren" bezeichnen (1986, S. 766 - 768).

Der interne Zins - und nicht der Kapitalwert - wird in dieser Untersuchung auf seine Eignung als Entscheidungskriterium geprüft. Das hat seinen Grund darin, daß er als Vergleichskennzahl für die Bundesrepublik Deutschland und darüber hinaus für Teile des europäischen Auslandes kraft normativer Festsetzung im Verkehr mit Kreditsuchenden verbindlich geworden ist. Mag der Kapitalwert als investitionstheoretische Kennziffer dem internen Zins auch überlegen sein, die Praxis hat sich darauf eingerichtet, mit dem internen Zins zu arbeiten. Eine Untersuchung, wie sie hier vorgelegt wird, soll wissenschaftlichen Ansprüchen genügen; sie darf dabei indes nicht die praktische Relevanz ihres Themas aus dem Blick verlieren.

Zusammenfassend kann man sagen: Die Funktion des (anfänglichen) effektiven Jahreszinses muß es sein, Kreditangebote einander vergleichbar zu machen zu dem Zweck, unter ihnen eine Rangfolge herzustellen. Diese Rangordnung ist ausgerichtet am Ziel einer Minimierung der mit dem Kredit verbundenen Vermögenseinbuße. Es erhebt sich somit die Frage, ob und bis zu welchem Grade der (anfängliche) effektive Jahreszins die ihm übertragene Funktion erfüllt.

(2) Die Frage einer zielgerechten Preismessung stellt sich in Anbetracht der Kompliziertheit und Komplexität des Preisfächers für jeden Kreditnehmer - gleich ob Privater oder Wirtschaftsunternehmen[21]. Da Wirtschaftsunternehmen im Gegensatz zu Privaten jedoch schon häufig über geeignete Analyseinstrumente verfügen, erscheint für erstere das Problem einer finanzwirtschaftlichen Kennziffer nicht gar so dringend wie für letztere. Deshalb und auch aus Gründen der Arbeitsökonomie beschränkt sich diese Untersuchung auf Kreditpreisbildung und Kreditpreismessung im Geschäft mit Privaten.

----

21) Vgl. hierzu die Betrachtungen Krümmels, 1964 passim.

Die PAngV 1985 erfaßt mit Ausnahme festumrissener Dispositionskredite alle Arten von Ausleihungen an private Letztverbraucher[22]. Darum kann eine solche Untersuchung nicht auf den - meist kurz- bis mittelfristigen bankmäßigen - Konsumentenkredit beschränkt bleiben, sondern muß auch (längerfristige) Wohnungsbaukredite einschließen[23]. Gerade diese - regelmäßig in der Form des Darlehens - gewährten Kredite bringen aufgrund bestimmter Eigenheiten wie Abschnittsfinanzierung, Damnum, Zuschuß- und Zusatzdarlehen für die Tauglichkeit des (anfänglichen) effektiven Jahreszinses Probleme mit sich, welche bei Teilzahlungskrediten nicht vorkommen. Ihre Einbeziehung erscheint vor dem Hintergrund eines bestehenden Informationsbedarfs privater Kreditnehmer über Kreditpreise von der Sache her geboten.

Andererseits zwingen die für eine solche Arbeit gezogenen Grenzen als auch das Gebot der Übersichtlichkeit zu einer Beschränkung der Analyse auf wenige, allerdings repräsentative Grundmuster von Kreditformen. Nicht behandelt werden Bausparkredite/Bausparzwischenfinanzierungen. Die sich bei der Berücksichtigung der Ansparphase zum Thema Kreditpreis ergebenden Fragen eines etwaigen Ausgleichs für Unterverzinslichkeit, aufgefächert auf verschiedene Tarife, sowie Zuordnungsaspekte bei Abschlußgebühren hätten den geplanten Umfang der Arbeit gesprengt. Sie stellen zudem einen eigenen Problemkreis dar.

Im Blickfeld dieser Untersuchung steht der Kredit unter Einhaltung eines typischen vertragsgemäßen Verlaufes. Unerörtert bleiben des-

---

22) Vgl. Gimbel/Boest, 1985, S. 38.

23) Nach der Definition des Konsumentenkredites, wie sie die Deutsche Bundesbank ihren Monatsberichten zugrundelegt ebenso wie nach den Begriffsbildungen bei Reifner/Weitz/Uesseler, 1978, S. 62; Holzscheck/Hörmann/Daviter, 1982, S. 27; Beier/Jacob, 1988, S. 28 f, sind Wohnungskredite bei der Zählung von Konsumentenkrediten stets ausgenommen. Die dafür angeführten Gründe (entsprechende Behandlung in der "rechtspolitischen Diskussion", "auffallend investiver Charakter") vermögen indes nicht zu überzeugen, jedenfalls wenn der Wohnraum selbst genutzt wird; a. A. Verbraucherrundschau 12/87, S. 8 in einem Überblick über die Entwicklung des Konsumentenkredites: "Dabei läßt sich der Bereich der Wohnungsbaukredite immer weniger vom allgemeinen Konsumkreditmarkt trennen".

halb grundsätzlich alle Auswirkungen, die eine Störung des Kreditablaufes durch Säumnis oder Insolvenz des Kreditnehmers nach sich ziehen könnte. Auch Ausnahmetatbestände wie vorzeitige Kreditrückzahlung mit ihren Konsequenzen Rückerhalt überzahlter Zinsen bzw. Pflicht zur Leistung einer Vorfälligkeitsentschädigung[24)] finden keine Berücksichtigung. Lediglich erhöhte Tilgung und Gläubigerwechsel nach Ablauf von Finanzierungsabschnitten werden in Teilaspekten am Rande mitbehandelt.

Ferner bleiben steuerliche Gesichtspunkte unberücksichtigt.

Schließlich werden Kredite von Privaten an Private nicht betrachtet.

Im übrigen beschränkt sich die Untersuchung in räumlicher Hinsicht auf das Inland.

(3) Aus der gestellten Aufgabe, die Eignung des internen Zinses in Gestalt des (anfänglichen) effektiven Jahreszinses als Entscheidungskriterium zu prüfen, ergibt sich folgender Gang der Untersuchung:

In Teil I der Arbeit wird anhand konkreter Merkmale die Preisbildung bei Krediten inländischer Banken und Sparkassen an Private betrachtet. Den Mittelpunkt bildet eine empirische Erhebung. Trotz einer schmalen Datenbasis offenbart das Ergebnis eine beachtliche Gestaltungsvielfalt, besonders hinsichtlich der Zahl auftretender Einzelelemente, aber auch in der Art ihrer Verknüpfung. Unter Hintanstellung der im Sprachgebrauch der Kreditinstitute üblichen Teilpreisbezeichnungen werden diese Komponenten danach gegliedert, auf welche Weise sie den Endpreis beeinflussen, d. h. nach Höhe,

---

24) Eine Rückerstattung überzahlter Zinsen erfolgt bei vorzeitiger Tilgung auf Ratenkredite. Vorfälligkeitsentschädigung muß hingegen ein Kreditnehmer zahlen, wenn er ein festrefinanziertes Darlehen vor Ablauf des Finanzierungsabschnitts zurückzahlt.

Geltungsdauer, Fälligkeit, Preisbezugsbasis und anderen Kategorien. Mit einem Überblick über das Spektrum der Effektivzinssätze zum Befragungszeitpunkt schließt die Auswertung der Untersuchungsergebnisse.

Teil II ist der Beschreibung des in der Bundesrepublik Deutschland gültigen rechtlichen (normativen) Rahmens und des darauf aufbauenden Rechenwerkes gewidmet. Nach einem Blick in die Entstehungsgeschichte, der einer Erhellung der rechtspolitischen und wirtschaftlichen Hintergründe dienen soll, werden Regelungsgehalt der PAngV 1985 vorgestellt und dort verwendete Legaldefinitionen erläutert. Dabei liegt der Schwerpunkt auf den Begriffen "effektiver Jahreszins" und "anfänglicher effektiver Jahreszins", deren Berechnungsmethode erstmals durch die PAngV 1985 allgemeinverbindlich vorgeschrieben wurde. Den Abschluß einer Deskription der Gesetzesmaterie bildet die Skizze der bei Abfassung der Arbeit noch andauernden Bestrebungen um eine Vereinheitlichung des Preisangabenrechts auf EG-Ebene. In enger Anlehnung an die einschlägigen Vorschriften der PAngV 1985 und der zu deren § 4 ergangenen Ausführungshinweise[25] wird sodann aus den Zahlungsströmen eines Kredites mittels eines Vergleichskontos eine Zahlungsreihe entwikkelt, in die alle preisrelevanten Komponenten einzubeziehen sind. Diese Zahlungsreihe ist anschließend in eine Vergleichszahl, den (anfänglichen) effektiven Jahreszins zu verdichten. In einer didaktisch angelegten Darstellung wird gezeigt, daß es sich anbietet, diese Vergleichszahl unter Verwendung einer von der Investitionstheorie entwickelten Grundgleichung im Wege der Annäherung zu suchen. Das so gefundene Ergebnis kann dann in einer Staffel des Vergleichskontos auf seine Richtigkeit geprüft werden.

In Teil III wird die Tauglichkeit des Parameters interner Zins (effektiver Zins) diskutiert, nachdem zuvor die Einschränkung des Regelungsgegenstandes durch Ausgrenzung der Kontokorrentkredite bemängelt worden ist. Die Kritik richtet sich sowohl gegen die für

---

25) Ausführungshinweise zu § 4 PAngV, Fassung vom 06.11.1986 (s. Anhang 1).

die Zahlungsreihe geltenden Auswahl- wie gegen ihre Aggregationsregeln. Ein Rangfolgekriterium, das maßgebliche preisbeeinflussende Elemente nicht berücksichtigt und bei dessen Berechnung der tatsächliche Zahlungsstrom entweder unvollkommen oder nur unter Zuhilfenahme von Fiktionen in die Zahlungsreihe eingeflossen ist, kann leicht desorientierend wirken. Des weiteren führen regelungsbedingte Eigenheiten in der Rechenmethodik vor dem Postulat der Zielgerechtigkeit betrachtet zu problematischen Resultaten. Dies wird in Teil III anhand von Einzelaspekten gezeigt werden. Daran anschließend soll - über den Bereich der kritischen Analyse des immanenten Regelungskomplexes hinausgreifend - Grundsatzkritik an der Tauglichkeit des internen Zinses unter den Kategorien der Investitionstheorie geübt werden. Dabei drängt sich die Frage nach der Eignung des internen Zinses als Auswahlkriterium auf. Nach einer Erörterung des mit jeder Aggregation einhergehenden Informationsverlustes und eines Informationsbedarfs, der auch bei sachgerechter Handhabung der Auswahlregeln im Effektivzins keine Berücksichtigung findet, wird mit einem Wertmaßstab aus verbundenen Elementen ein Ausweg aus der unbefriedigenden Situation gewiesen, der in Übereinstimmung mit der geltenden rechtlichen Regelung beschritten werden könnte.

Teil I

DIE PREISBILDUNG BEI PRIVATKREDITEN ANHAND KONKRETER ERSCHEINUNGSFORMEN

1 Gegenstand und Methodik einer empirischen Untersuchung

1.1 Vorbemerkungen

Bevor in Teil II der vorliegenden Arbeit das Instrumentarium der Preismessung vorgestellt wird, widmet sich Teil I den Einzelelementen, aus denen sich die Gesamtheit der Gegenleistungen des Kreditnehmers zusammensetzt und aus denen durch Verknüpfung der Kreditpreis gebildet wird.

Innerhalb des Teils I wirft Kapitel 1 die Frage auf, ob es einen intersubjektiven Maßstab gibt, mit dessen Hilfe eine Aussage über die Zurechnung einzelner Leistungselemente zum Kanon der preisrelevanten Komponenten möglich ist, ob also eine allgemein verbindliche Auswahlregel aufgestellt werden kann (1.2). Um zu zeigen worum es geht, versucht Kapitel 1 einen Überblick über die einzelnen Gegenleistungskomponenten zu vermitteln (1.3) und damit auf die Ergebnisse der empirischen Untersuchung vorzubereiten, die in Kapitel 2 vorgelegt werden. Da die Untersuchung an konkreten Erscheinungsformen ansetzen muß, benutzt dieser Katalog die im Kreditgewerbe gebräuchlichen Leistungsbezeichnungen[1)] wie Zins, Damnum, Bearbeitungsgebühr usw. Dabei orientiert sich die Abfolge an den Nutzenfunktionen, die das Kreditgewerbe den einzelnen Leistungsbegriffen zuordnet, nämlich Zahlungsmittelnutzung (Zins, Damnum), Verfügbarkeit der Zahlungsmittel (Zusage-, Bereitstellungsprovision), Inanspruchnahme geleisteter Arbeit (Bearbeitungs-, Schätz(ungs)-, Kontoführungsgebühr) und Inanspruchnahme von Dritthaftung (Bürgschaftsprovision, Restschuldversicherungsbeitrag). Den Beschluß bilden die Rückgewähr der Zahlungsmittel (Rückzahlung)

---

1) Vgl. Krümmel wegen der Morphologie von Bankpreisen, 1964, insbesondere S. 59 f.

und die Inanspruchnahme von Disagio-Zusatzdarlehen und Annuitäten-Zuschußdarlehen. Die Unterteilung in Leistungsbegriffe wird im späteren Ablauf aufgegeben, da sie für die Preismessung aufgrund des Vergleichs der Zahlungsströme ohne Belang ist[2]. Das Kapitel 1 endet mit Ausführungen zur Eingrenzung des Untersuchungsgegenstandes (1.4) und zur Methodik der Befragung (1.5).

1.2 Gegenleistung des Kreditnehmers als Untersuchungsgegenstand

Wenn Kreditgeber Kreditnehmern Finanzmittel überlassen oder Verfügungsrechte über Finanzmittel einräumen, erbringen Kreditnehmer ein vieldimensionales Bündel an Gegenleistungen. Solche Gegenleistungen tragen im Sprachgebrauch des Kreditgewerbes Bezeichnungen wie Zins, Bearbeitungsgebühr, Provision, Damnum (Disagio) oder Agio. Dazu gehören aber auch Zahlungen in Verbindung mit Kreditsicherung und Kreditbereitstellung.

Sie alle ergeben sich als Zahlungsverpflichtung aus der jeweiligen Gestaltung des Vertrages, welchen Kreditgeber und Kreditnehmer miteinander eingehen, oder auch in dessen Vorfeld (Gebühren für Schätzung, Kosten für Sicherheitenbestellung). Sie unterscheiden sich nach Umfang und Zusammensetzung - je nachdem, welche Bedingungen Kreditnehmer erfüllen müssen, und sind abhängig von der individuellen Kreditwürdigkeit. Die Unterschiede vergrößern sich, wenn man Kosten der Informationsbeschaffung, Kosten eines mit Rücksicht auf die Erhaltung der Kreditbereitschaft geübten Wohlverhaltens oder auch mittelbare Kosten aus anderen Sektoren der Geschäftsverbindung mit dem Kreditgeber - falls diese aus solchen Beweggründen aufgewandt werden - dazurechnet.

Die Frage ist, ob sich ein intersubjektiver Maßstab dafür finden läßt, was dem vielschichtigen Gebilde der Gegenleistungen zugerechnet werden muß.

---

2) Vgl. Wilhelm, 1976, S. 13; Flesch/Piaskowski/Sièvi, 1984, S. 360.

Eine empirische Erhebung, die den möglichen Umkreis solcher Gegenleistungen abdeckt, sollte zutage fördern, in welchen Erscheinungsformen sie sich präsentieren. Im Anschluß an deren Auswertung ist zu prüfen, was als Abgrenzungskriterium für die Zurechnung zur Gegenleistung gelten soll und welche Komponenten in eine Beziehung zur Krediteinräumung gebracht werden können.

Dabei darf die Betrachtung nicht an der durch die PAngV 1985 und die dazu ergangenen Ausführungshinweise gezogenen Grenzlinie enden, wenn sie einer kritischen Würdigung des vorhandenen Instrumentariums zur Preismessung gewidmet ist. Sie liefe sonst Gefahr, potentielle Einflußgrößen zu übersehen. Erst im Anschluß an eine Sichtung des zusammenzutragenden Materials ist zu entscheiden, ob zusätzliche Komponenten zu berücksichtigen sind.

Die vorerwähnte Erhebung sollte deshalb einen umfassenden Überblick über alle praktisch vorkommenden Komponenten der Gegenleistung des Kreditnehmers ergeben, die bei institutioneller Kreditgewährung an Privatkunden vorkommen. Sie sollte zugleich Aufschlüsse darüber vermitteln, in welcher Weise die Einzelelemente miteinander kombiniert sind.

Ziel solchen Bemühens ist die Herstellung einer Vergleichsgrundlage, die es erlaubt, zwischen mehreren Kreditangeboten das vorteilhafteste auszuwählen.

1.3 Die einzelnen Komponenten der Gegenleistung

1.3.1 Entgelte für Zahlungsmittelnutzung

1.3.1.1 Nominalzins

Der Nominalzins, ein in einer Prozentzahl ausgedrückter laufzeitabhängiger Bruchteil des geschuldeten Zahlungsmittelbestandes, ist nur eine einzige, wenn auch vielleicht die gewichtigste Komponente[3] der komplexen Gegenleistung.

Ein Nominalzins, der am Tage der Kreditaufnahme gilt, muß nicht während der Gesamtdauer des Kreditverhältnisses Anwendung finden. So gehört es zur Eigenheit von Kontokorrentkrediten, also solchen Krediten, die in laufender Rechnung (im Kontokorrent) zur Verfügung gestellt werden[4], daß Kreditinstitute Zinssätze vereinbaren, die jederzeit veränderlich ("variabel") sind, also nur bis auf weiteres gelten. Auch Darlehen, das sind Kredite mit festem Auszahlungsbetrag und Rückzahlung in einer Summe oder in Teilbeträgen (ohne die Möglichkeit der Wiederinanspruchnahme zurückgezahlter Teile)[5], werden vielfach mit variablem Zins oder aber mit einem Festzins ausgestattet, der lediglich während eieines begrenzten Teilzeitraumes gilt. Die Geltungsdauer eines Nominalzinses ist in Verbindung mit der Verteilung sogenannter "Einmalkosten"[6] und für die Prüfung der Vorziehenswürdigkeit eines Kreditangebots[7] von Bedeutung. Die reale Höhe des Nominalzinses kann vorübergehend - nämlich im Stadium der Auszahlung eines Darlehens - durch die Addition eines Teilauszahlungszuschlages beeinflußt werden.

----

3) Vgl. Krümmel, 1964, S. 143. Krümmel bezeichnet den Sollzins als wichtigsten Teilpreis im Bündel der Leistungsentgelte für Bankkredite. Wegen der juristischen Begriffsbestimmung vgl. Canaris, 1978, S. 1892.

4) Vgl. unter "Kontokorrentkredit" in Bank-Lexikon, 1988.

5) Vgl. unter "Darlehen" in Bank-Lexikon, 1988.

6) Siehe 7.5.1.

7) Siehe 7.5.

Er findet seinen rechnerischen Ausdruck wie der Nominalzins in einem Prozentsatz des Nominaldarlehens[8)].

Die Zahlungspflicht für Zinsen beginnt üblicherweise mit der Kreditinanspruchnahme[9)]. Im standardisierten Mengengeschäft, wo Zahlungstermine nach dem Kalender festgelegt sind, werden Zinsen stets vom Beginn der Berechnungsperiode an in Rechnung gestellt, auch wenn der Zeitpunkt der Inanspruchnahme früher oder später liegt. Für die Differenztage werden Zinsen nachbelastet bzw. zurückvergütet[10)].

Der Prozentsatz eines Kreditzinses ist normalerweise auf den Zeitraum eines Jahres bezogen. Dies drückt sich im Zusatz p. a. (= per annum) aus. Eine Ausnahme bilden Nominalzinssätze im standardisierten Ratenkredit (Konsumentenkredit): sie bezeichnen die pro Monat (= p. M.) geschuldete Gegenleistung[11)]. Der Zeitabschnitt, der der Zinsberechnung zugrunde gelegt wird (Zinsberechnungsperiode), ist häufig kürzer als ein volles Jahr. Bezieht man einen Zinssatz auf eine solche - kürzere - Berechnungsperiode, z. B. auf ein halbes Jahr, so bezeichnet man den Zinssatz, den man aus einer Division des p. a.-Zinssatzes gewinnt, als relativen Zinssatz. Beispiel: Beträgt der p. a.-Zinssatz 6 %, so lautet der relative Zinssatz für eine halbjährige Zinsberechnungsperiode 3 %. Will man Zinssätze, die auf verschiedene Berechnungszeiträume bezogen sind, miteinander vergleichen, so müssen zuvor relative Zinssätze in solche umgewandelt werden, die dem Vergleichszins konform

---

8) Ausnahmsweise auch durch Kürzung des Auszahlungsbetrages (siehe 2.2.1.1 c).

9) Unter der Bezeichnung "englische Buchungsmethode" war früher auch in Deutschland ein Verfahren im Gebrauch, bei dem ein Kredit im Zeitpunkt der Einräumung in voller Höhe einem Sonderkonto belastet und der Gegenwert dem laufenden Konto gutgeschrieben wurde. Auf den Saldo des Sonderkontos wurden Soll-Zinsen gerechnet. Wegen der Einzelheiten vgl. Krümmel, 1964, S. 97 f. Der Verfasser hat die englische Buchungsmethode nicht angetroffen.

10) Siehe hierzu 6.2.2.

11) Wegen weiterer Abweichungen des p. M.-Zinssatzes von der allgemein üblichen Angabe eines Zinssatzes siehe 4.2.2.5.

sind[12]. Das ist üblicherweise der Jahreszins. Der Terminus "Zinssatz" steht in dieser Arbeit gemäß dem Sprachgebrauch der Ausführungshinweise zu § 4 PAngV 1985 für jenen Zinsbetrag, der auf einen Zahlungsmittelbestand von 100 Geldeinheiten pro Jahr zu zahlen ist ($= 100 \cdot i$)[13].

Neben der Zinshöhe ist der Zahlungszeitpunkt von Belang. Innerhalb einer Berechnungsperiode können Zinsen einmal oder mehrmals fällig sein (Zahlungshäufigkeit). In ihrem zeitlichen Verhältnis zur Berechnungsperiode unterscheidet man zwischen Zahlungen, die am Periodenende (nachschüssig), solchen, die am Periodenanfang (vorschüssig), und wieder anderen, die im Verlaufe der Berechnungsperiode (zwischenzeitlich) zu leisten sind.

Diese Zahlungstermine sind nicht zwangsläufig identisch mit den Zeitpunkten für die Verrechnung der erbrachten Leistung, also jenem Tag, an dem die geleisteten Zahlungen von der Restschuld abgesetzt werden (Gutschriftstermin). Gutschriftstermine liegen bei periodischen Zahlungen vielfach nach den Zahlungsterminen. Der zeitliche Abstand kann wenige Wochen betragen, er kann sich aber auf die gesamte Laufzeit des Kredites erstrecken. Letzteres ist der Fall, wenn über die Gesamtdauer der Rückzahlung ungeachtet inzwischen eingetretenen Schuldenabbaus der Zinsberechnung unverändert der ursprüngliche Kreditsaldo zugrunde gelegt wird (so z. B. der p. M.- oder Laufzeitzins bei Ratenkrediten[14]).

Vom Zahlungs- und vom Gutschriftstermin ist der Belastungstermin zu unterscheiden, d. h. der Zeitpunkt, zu dem die Zinsen der bisherigen Restschuld zugeschlagen werden. Er muß nicht mit einem der vorgenannten Termine übereinstimmen. So ist der Zeitpunkt für die Belastung von

---

12) Vgl. Kosiol, 1966, S. 51-56 - siehe auch 4.3.2.

13) Vgl. Anhang 1.

14) Rudolph erklärt die Bezeichnung Laufzeitzins damit, daß über die gesamte Laufzeit Preiszähler (Monatszinssatz) und Preisbezugsbasis (der ursprüngliche Kreditbetrag) nicht geändert werden (vgl. 1979, S. 552).

Zinsen zur Errechnung des Kreditpreises gemäß PAngV 1985 auf 360 Zinstage nach Auszahlung bzw. - bei kürzerer Laufzeit - auf das Kreditende angesetzt[15]. Wenn im Vertragsverhältnis zwischen Kreditgeber und Kreditnehmer unterjährliche Zahlungs- und/oder Gutschriftstermine vereinbart sind, weichen diese zwangsläufig vom Belastungstermin ab.

Ein Schaubild soll die Unterschiede verdeutlichen.

---

15) Siehe 3.3.3.2.

Schaubild 1: Zahlungs-, Gutschrifts- und Belastungstermine[16)]

a) Zahlungstermine

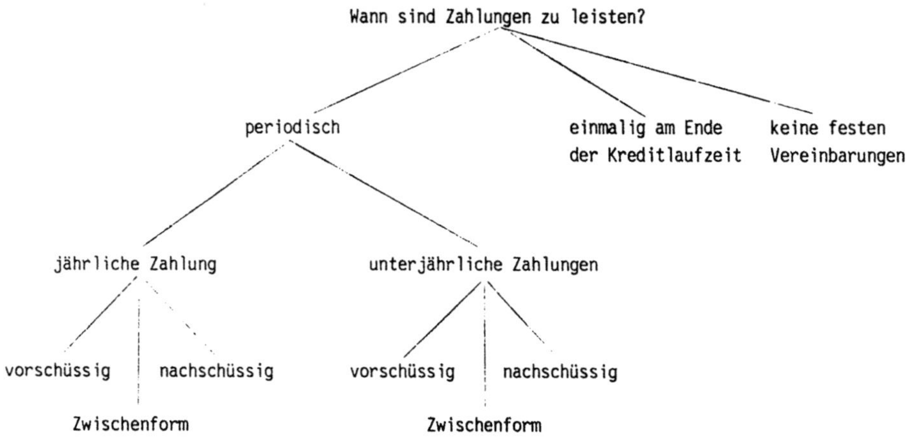

b) Gutschriftstermine

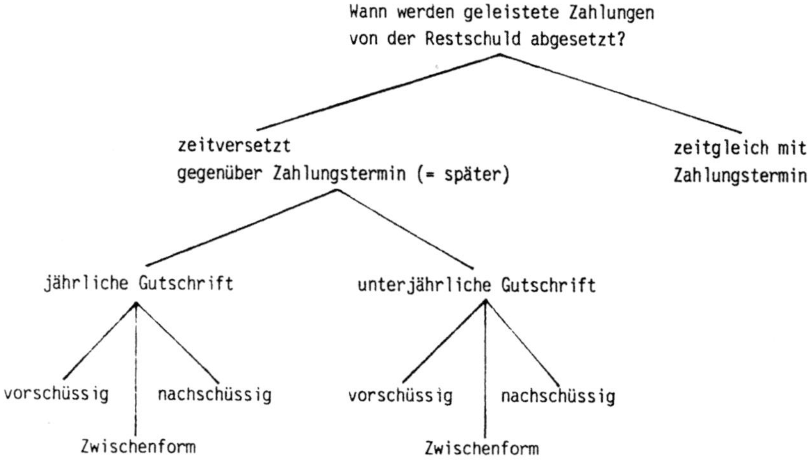

---

16) Vgl. Bitz, 1984

c) Belastungstermine

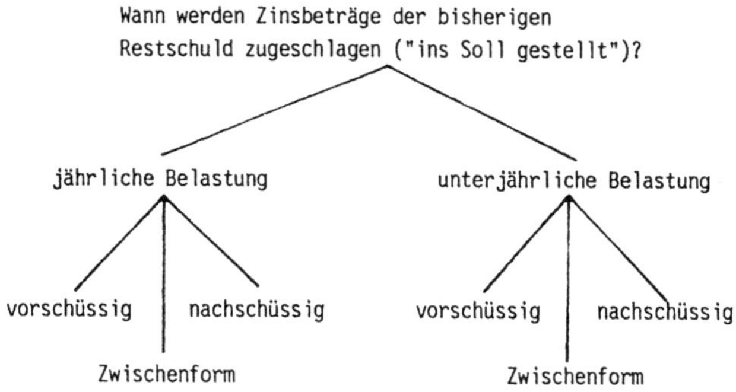

Beispiel: Annuitätendarlehen DM 100.000,00
Annuität DM 7.000,00

a) Zahlungstermin für Annuität zu je 1/4 (=DM 1.750) am 28.02./31.05./31.08./30.11.
(= quartalsweise Zahlung, Zwischenform)

b) Gutschriftstermine am 30.06. und 31.12.
(= später als a), halbjährliche Gutschrift, nachschüssig)

c) Belastungstermin am 31.12.
(= jährlich, nachschüssig)

1.3.1.2 Damnum (Disagio) und Agio

Häufig werden Kredite nicht zu hundert Prozent ihres Nominalbetrages ausgezahlt. Abschläge auf den Nennwert sind besonders bei langfristigen Verträgen (Darlehen) anzutreffen. Sie werden im Sprachgebrauch des Kreditgewerbes als Damnum oder Disagio bezeichnet. Damnum (lat. Schaden) bzw. Disagio (ital. Abschlag, Abgeld) bezeichnen beide die Differenz zwischen dem Nennbetrag eines Darlehens (zugleich Rückzahlungsbetrag) und dem tatsächlich an den Darlehnsnehmer gezahlten Betrag (Verfügungsbetrag)[17]. Ursprünglich kennzeichnete Disagio nur den Minder-

---

17) Vgl. Woll, Wirtschaftslexikon, 1987, Bank-Lexikon, 1988.

erlös einer Hypothekenbank aus dem Absatz ihrer Pfandbriefe (Differenz zwischen Nennwert und Verkaufskurs), den sie als Damnum an den Kreditnehmer weitergab[18]. Heute verwendet man oft Damnum und Disagio synonym für Abzug vom Darlehnsnennbetrag - gleich auf welcher Stufe des Finanzmitteltransfers man sich befindet, und auch dann, wenn der Abzug nicht nur der Deckung von Geldbeschaffungskosten, sondern schlechthin von betrieblichen Aufwendungen dient[19]. Damnum (Disagio) ist nicht eine Gegenleistung, die man einer Eigenleistung des Kreditgebers zuordnen könnte. Sie ist mehr eine spezielle Art, einen Anspruch geltend zu machen[20]. Im Sprachgebrauch der PAngV 1985 handelt es sich um eine Belastung aus nicht vollständiger Auszahlung. Sie ist in die Effektivzinsrechnung einzubeziehen[21]. Im Gegensatz zur Zinslast, die periodisch anfällt, entsteht das Damnum (Disagio) außerhalb der Periode (aperiodisch), nämlich bei Auszahlung des Kredites und begründet eine sofort fällige Forderung. Wie diese Forderung beglichen, diese Gegenleistung erbracht wird, ist Gegenstand einer Erörterung in 7.5.1. In jedem Falle übersteigt der Rückzahlungsbetrag als Folge des Damnums den der Auszahlung.

---

18) Vgl. Rode, 1975, Band 2, S. 241, Frenz, 1981, S. 460.

19) Vgl. Frenz, 1981, S. 460 f; siehe im einzelnen 7.5.2.

20) Auch Krümmel sieht in Disagio und Agio keine Preise (= Gegenleistungen. Der Verf.) eigenen Charakters, sondern lediglich eine andere Form der Erhebung (vgl. 1964, S. 18) - Der zivilrechtliche Zinsbegriff, wie ihn der BGH vertritt (vgl. Urteil v. 12.03.1981 - NJW 1981, S. 1206-1208) und vor ihm bereits Canaris (vgl. NJW 1978, S. 1891 f), steht dazu im Gegensatz. Er ist nach der von Canaris (a. a. O., S. 1892) gegebenen Definition eine gewinn- und umsatzunabhängige, laufzeitabhängige, "in Geld oder anderen vertretbaren Sachen zu entrichtende Vergütung für die Möglichkeit des Gebrauchs eines Kapitals". Er umfaßt danach weder ein Damnum, noch die im folgenden behandelten Bearbeitungs-, Vermittlungs- und sonstigen Provisionen. Canaris erklärt diese Ausgrenzung expressis verbis für die Berechnung des effektiven Jahreszinses, nimmt dann aber die PAngV 1985 im Hinblick auf ihr "völlig anderes Schutzproblem", d. i. "dem Kreditnehmer die Wahl zwischen mehreren unterschiedlichen Kreditformen (zu)erleichtern", von der engen Begriffsbestimmung aus (a. a. O., S. 1895)!
Eine Auseinandersetzung mit diesem formaljuristisch geprägten Standpunkt ist nicht beabsichtigt. In Teil III wird unter betriebswirtschaftlichen Kriterien zu prüfen sein, ob eine Einbeziehung laufzeitunabhängiger Vergütungen in die preisrelevante Gegenleistung sinnvoll ist.

21) Vgl. § 4 Abs. 2 Satz 2 Nr. 2.

Mit dem Disagio als Abschlag vom Nennbetrag korrespondiert das Agio auf den Rückzahlungsbetrag. Auch hier hat der Kreditnehmer mehr zurückzugewähren, als er empfangen hat.

1.3.2 Entgelte für Zahlungsmittelverfügbarkeit

Gegenleistungen werden von Kreditnehmern auch im Zusammenhang mit der Einräumung eines Kredites und der Bereitstellung eines Darlehens gefordert. So kann es geschehen, daß eine Bank, die für die zu erwartende Inanspruchnahme eines (kurzfristigen) Kredites Liquiditätsvorsorge trifft, sich dies durch die Berechnung einer unterschiedlich bezeichneten Zusageprovision abgelten läßt[22]. Die Provisionsforderung wird damit begründet, daß sich die Bank anderweitiger lukrativer Finanzdispositionen enthält[23].

Von Instituten, welche Darlehen gewähren, die sie am Kapitalmarkt fest refinanzieren, wird regelmäßig dem Kreditnehmer eine Bereitstellungsprovision berechnet, wenn dieser nach Ablauf einer - unterschiedlich langen - Karenzfrist über die Darlehnsvaluta noch nicht verfügt hat. Aus der Sicht des Kreditgebers soll die Provision die Einbußen decken, die der Bank oder Sparkasse daraus erwachsen, daß auf die aufgenommenen Geldmittel höhere Zinsen bezahlt werden müssen, als sie bei kurzfristiger Zwischenanlage eines Bodensatzes dieser bereitgehaltenen Mittel - außer im Falle einer inversen Zinsstruktur - erzielt werden.

Sowohl bei der Bereitstellung des aus vorhandener Liquidität gespeisten Dispositionskredites als auch des eigens refinanzierten Darlehens wird die Gegenleistung nicht für die Nutzung der Finanzmittel, sondern für ihre Verfügbarkeit gefordert. Höhe des Provisionssatzes, Beginn der Zahlungspflicht und Zahlungsrhythmus können unterschiedlich sein. Die Ausführungshinweise nehmen Bereitstellungsprovision von der Einbeziehung aus.

---

22) Vgl. Krümmel, 1964, S. 80-84.

23) Vgl. Krümmel, 1964, S. 81.

1.3.3 Entgelte für empfangene Arbeitsleistungen

In - mehr oder weniger engem - Zusammenhang mit einer Kreditgewährung stehen Gegenleistungen, die als Entgelt für bestimmte Arbeitsleistungen gefordert werden. Sie werden im Regelfalle zu Beginn der Kreditbeziehung geltend gemacht, gegebenenfalls erneut zu Beginn einer Anschlußfinanzierung, also stets aperiodisch.

Unterschiede finden sich darin, wie weit die abzugeltende Leistung Teil der Kreditgewährung selbst oder nur irgendwelcher Handlungen ist, die durch die Kreditgewährung ausgelöst werden bzw. die Kreditinanspruchnahme begleiten.

So soll die Bearbeitungsgebühr[24], wie die Bezeichnung erkennen läßt, für den mit der Kreditgewährung verbundenen Arbeitsaufwand entschädigen. Jeder Kreditantrag bedarf der Bearbeitung, ohne Bearbeitung gibt es keinen auszahlungsreifen Kredit. Immer wenn ein Kredit zur Verfügung gestellt wird, ist aus Sicht des Kreditgebers die Einzelleistung "Bearbeitung" erbracht worden, ein Anspruch auf Gegenleistung in Gestalt einer Bearbeitungsgebühr entstanden. Das bedeutet, daß dem Kreditnehmer ein Zugriff auf den Kredit ohne Erlegung der Bearbeitungsgebühr nicht möglich ist. Da aber nicht die Bearbeitung an sich, sondern erst das Ergebnis dieser Arbeit, eben der Kredit vom Kreditnehmer als nachfragenswerte Leistung angesehen wird[25], erscheint es konsequent, die Bearbeitungsgebühr aus Sicht des Kreditnehmers als Gegenleistung zur Kreditgewährung zu betrachten, so wie es die Ausführungshinweise tun, indem sie sie in die Berechnung einbeziehen.

Zu fragen ist nach Höhe und Zeitpunkt ihrer Fälligkeit. Ebenso wichtig ist es zu wissen, auf welchen Zeitraum - Gesamtlaufzeit oder Finanzie-

----

24) Die Bezeichnung "Gebühr" täuscht den Charakter einer öffentlich-rechtlichen Abgabe vor; sie verleiht ihr einen Anstrich von Amtlichkeit. Wegen des sogenannten "Gebührenprinzips" vgl. Hauschildt u. a. 1981, S. 29.

25) Vgl. Krümmel, 1964, S. 32-35.

rungsabschnitt/Zinsbindungsdauer - diese aperiodisch begründete Belastung verrechnet werden muß. Hier gilt das zum Damnum (Disagio) Gesagte entsprechend[26].

Auch die Kreditvermittlungsgebühr steht mit der Kreditgewährung in engem Zusammenhang. Allerdings tritt im Falle des vermittelten Kredits neben die Leistung der Kreditgewährung eine eigene Leistung, die der Vermittlung zwischen Kreditgeber und Kreditnehmer[27]. Diese Leistung erbringt ein Dritter, der Vermittler. Es läge deshalb nahe, die Vermittlungsgebühr dem Vergütungsanspruch des Handelsmaklers gegenüberzustellen, anstatt der Kredithergabe selbst. Diese säuberliche Trennung zwischen Kreditverschaffung und Vermittlungskosten einerseits und Kreditgewährung und dazugehöriger Gegenleistung andererseits hat indessen nicht verhindert, daß eine Einbeziehung der Vermittlungskosten in die Gesamtbelastung des Kreditnehmers und damit in die Kreditkosten im engeren Sinne seit geraumer Zeit von der herrschenden Meinung als sachgerecht betrachtet wird[28]. Dazu hat eine höchstrichterliche Rechtsprechung beigetragen, die - gestützt auf Äußerungen im Fachschrifttum[29] - sich bei ihren Entscheidungen zur Frage der Sittenwidrigkeit gemäß § 138 BGB von der Überzeugung leiten ließ, daß allgemein "die Einschaltung eines Kreditvermittlers im weitaus überwiegenden Interes-

---

26) Siehe 1.3.1.2 - Auf eine zwischen Bearbeitungsgebühr und Damnum bestehende Wechselbeziehung wird in 7.5.2 und 7.5.4 näher eingegangen.

27) Vgl. Canaris, 1978, S. 1894 und Weber, 1980, S. 2062 - beide, weil sie darin keine Vergütung für die Nutzung der Finanzmittel, sondern für andere Leistungen erblicken; ferner Scholz, 1980, S. 325.

28) Vgl. Lammel BB, Beilage 8/1980 zu Heft 24, S. 10 f; Derleder, 1982, S. 2407; v. Olshausen, 1982, S. 910; etwas differenzierter Ansicht Bachmann, 1978, S. 866; vgl. ferner BGHE vom 12.03.1981 - NJW 1981, S. 1206-1210 und aus jüngerer Zeit darauf aufbauend BGHE vom 02.10.1986 - MDR 1987, S. 296 und vom 05.03.1987 - WM 1987, S. 614.

29) Hackl, 1977, S. 1414; Soergel/Hefermehl, 1978, § 138 Rdnr. 75. Hefermehl rechnet im übrigen alle sonstigen Kreditkosten zu den Zinsen.

se der darlehnsgewährenden Bank"[30] liege. Die Bank erspare sich so "eigenen organisatorischen und finanziellen Aufwand für die Anwerbung der Kunden". Hingegen träten die Dienste des Vermittlers dem Kreditnehmer vielfach nicht als eine gesonderte Leistung in Erscheinung. Vielmehr erscheine er "als eine Art Außendienstmitarbeiter der Bank". Dem ist insoweit beizupflichten, als etwa Kreditsuchende außerhalb größerer Städte häufig mit einem bestimmten Kreditgeber nur über einen Vermittler in Geschäftsverbindung treten können, ein Kredit mithin ohne das Tätigwerden des Vermittlers nicht zustande kommt[31]. Auf der gleichen Linie liegt die in der PAngV 1985 und den Ausführungshinweisen zu § 4 getroffene Regelung, deren Einzelheiten in Kapitel 3 dargestellt werden[32]. Die Fragestellung in einer empirischen Untersuchung gilt Höhe und Art der Erhebung.

Zu den Gegenleistungen, die mit einer Kreditinanspruchnahme lediglich verbunden sind, aber keinen unmittelbaren Gegenwert für die Zahlungsmittelnutzung darstellen, gehören Aufwendungen, die durch die Sicherstellung des Kredites ausgelöst werden, also Schätz(ungs)gebühren[33], Notariats- und Gerichtsgebühren und ähnliche Aufwendungen. Schätz(ungs)gebühren werden gewöhnlich erhoben, wenn der Beleihungswert eines als Sicherheit angebotenen Grundstücks festgesetzt werden soll. Notariats- und Gerichtskosten entstehen bei der Bestellung und Eintragung von Grundpfandrechten. Beide rechnet die PAngV 1985 nicht zu den preisbestimmenden Faktoren, weil sie sich nur "mittelbar auf den Kre-

---

30) BGHE vom 12.03.1981 - NJW 1981, S. 1209. Die höchstrichterliche Rechtsprechung hat zwar Vermittlungsgebühren als nicht laufzeitabhängig von den "Entgeltleistungen für Kapitalgebrauch" abgegrenzt, sie aber gleichwohl in die Gesamtbelastung einbezogen - mit der Begründung, daß, da "der Darlehensgeber diese Kosten der Darlehensbeschaffung und -überlassung in das Entgelt für Kapitalnutzung, den Zins, einbeziehen könnte", beides im gewissen Sinne "austauschbar" sei. (NJW 1981, S. 1208)

31) Im gleichen Sinne Lammel, BB Beil. 8/1980, S. 10 f; Hackl, 1977, S. 1414.

32) Im Gegensatz zu dieser doch vielleicht etwas pauschalen Betrachtung stehen die Ergebnisse einer funktionsanalytischen und empirischen Untersuchung über das Leistungsangebot und die Ertragslage deutscher Kreditvermittler von Bitz/Kissing/Rausch, veröffentlicht 1982, S. 76-78.

33) Die Bezeichnung wechselt in den verschiedenen Fassungen der Ausführungshinweise zwischen "Schätzungsgebühr" und "Schätzgebühr".

dit beziehen"[34], was wohl bedeuten soll, daß sie nicht durch die eigentliche Kreditgewährung, sondern durch die Kreditabsicherung verursacht sind. Notariats- und Gerichtsgebühren unterscheiden sich von Schätzungskosten dadurch, daß sie durch Bundesgesetz[35] allgemein verbindlich geregelt und daher jedem zugänglich sind, also nicht erst erfragt werden müssen. Auch ohne gesetzliche Normierung würden sie sich der Gestaltungsmöglichkeit des Kreditgebers entziehen, da sie von Dritten geltend gemacht werden. Das gilt freilich auch für Honorare von sachverständigen Schätzern, die im Auftrage von Kreditinstituten tätig sind. In den übrigen Fällen werden Höhe, Bezugsbasis und Berechnungsmodus der Schätz(ungs)gebühr vom Kreditgeber festgesetzt. Eine Besonderheit gilt es zu beachten: Bei manchen Kreditinstituten sind mit der Entrichtung einer Bearbeitungsgebühr zugleich etwaige Schätzkosten abgegolten. Wenn Bearbeitungsgebühren also in das Bündel der Gegenleistungen aufgenommen werden, so dürfte es der Zweck, intersubjektive Maßstäbe für deren Rahmen zu finden, nahelegen, die empirische Untersuchung auf Schätz(ungs)gebühren auszudehnen.

Betrachtet man als letztes Arbeitsentgelt dieser Gruppe die Kontoführungsgebühr, so scheint sich der Zusammenhang mit dem Kredit noch weiter zu lockern. Die Führung eines Kontos ist eine Dienstleistung eigener Art und allgemein nicht von einer voraufgehenden Kreditgewährung abhängig. Die Ausführungshinweise zur PAngV 1985 zählen deshalb Kontoführungsgebühren zu den nicht preisbestimmenden Faktoren, wenn sie unabhängig von der Kreditsumme in bisher allgemein üblichem Umfang erhoben werden. Ein Zusammenhang ist hingegen wahrscheinlich, wenn zugleich mit der Krediteinräumung eine Kontoführungsgebühr erhöht oder erstmalig eingefordert wird. Ein solcher Verdacht ist besonders naheliegend bei Realkreditinstituten, die Konten nur im Falle einer Kreditgewährung eröffnen. Zur Erforschung des Sachverhaltes erscheint es deshalb angebracht, bei einer Erhebung Kontoführungsgebühren nicht von vornherein unbeachtet zu lassen.

---

34) Vgl. amtliche Begründung Gimbel/Boest, 1985, S. 79.

35) Gesetz über die Kosten in Angelegenheiten der freiwilligen Gerichtsbarkeit (Kostenordnung) vom 26.07.1957.

1.3.4 Entgelte für Inanspruchnahme von Dritthaftung

Zwei Arten von Gegenleistungen, die nicht dem Kredit selbst, sondern wie Notariats- und Gerichtskosten seiner Besicherung zuzuordnen sind, dienen speziell der Abgeltung einer Risikoübernahme durch Dritte: Bürgschaftsprovision und Restschuldversicherungsbeitrag. Sie werden von den Ausführungshinweisen ebenfalls nicht als preisbestimmende Faktoren behandelt.

Die Suche nach einem intersubjektiven Maßstab dient letztlich der Herstellung einer Vergleichsgrundlage für die Messung von Leistung und Gegenleistung. Stellen Kreditgeber bei ihrer Ausleihepraxis an die Übernahme von Bürgschaften oder den Abschluß von Restschuldversicherungen unterschiedliche Anforderungen und werden solche Dritthaftungen nicht in den Datenkranz einbezogen, so wird die Vergleichsbasis für Kreditangebote gestört. Dies gilt besonders für Fälle, in denen die Übernahme bestimmter Bürgschaften unabdingbare Voraussetzung einer Kreditgewährung ist. Soweit das Vorhandensein einer öffentlichen Bürgschaft wegen des veränderten Kreditrisikos eine Zinsverbilligung mit sich bringt, scheint bei Vernachlässigung der Bürgschaftsprovision der zu Vergleichszwecken ermittelte Meßwert unvollständig. Entsprechendes gilt in Bezug auf den Abschluß einer Restschuldversicherung. Nominelle Höhe des Provisionssatzes, Beginn der Zahlungspflicht, Zahlungshäufigkeit, Bezugsgrundlage und Höhe eines etwaigen Zinskompensationseffekts können bei einer Bürgschaftsprovision die Höhe der Gegenleistung beeinflussen. Restschuldversicherungsbeiträge werden in der Regel als Einmalprämie berechnet und bei Ratenkrediten mitfinanziert. Ihre Höhe ist abhängig von den persönlichen Daten des Kreditnehmers und kann daher beträchtlich differieren.

Eine Ausdehnung der Erhebung auf Bürgschaftsprovision und Restschuldversicherungsbeitrag erscheint angebracht.

1.3.5 Kreditrückzahlung

Zu den Komponenten der Preisbildung eines Kredites zählen nicht nur der Zins und die verschiedenen hinzutretenden Nebenkosten. Auch die Modalitäten der Kreditrückzahlung wirken sich auf die Höhe der Gegenleistung aus. Denn von ihnen hängen Dauer und Umfang der Nutzung des entliehenden Zahlungsmittelbestandes ab.

Zunächst gilt es festzustellen, ob das Kreditverhältnis durch Ablauf der Verfügbarkeitsdauer bzw. Eintritt einer Gesamtfälligkeit endet oder ob vielmehr der Kredit in Teilraten zurückgeführt (getilgt) werden soll. Ist die letzte Alternative vorgesehen, so muß wiederum zwischen einer Tilgung in Raten und einer solchen in Annuitäten unterschieden werden. Bei Ratenkrediten wird der Zahlungsmittelbestand in gleichen, periodisch zu entrichtenden Raten getilgt. Dadurch, daß sich infolge sinkender Schuld der zu leistende Zinsbetrag verringert, nimmt auch der aus Zins- und Tilgungsleistung zusammengesetzte Kapitaldienst ständig ab[36]. Will man die bei Ratentilgung auftretende ungleichmäßige Belastung vermeiden, so wählt man die Variante der Annuitätentilgung. Dabei wird der durch Rückzahlung jeweils ersparte Zinsbetrag dem ursprünglichen Tilgungsbetrag hinzugeschlagen, so daß sich eine über die gesamte Tilgungsdauer gleichbleibende periodische Belastung, die Annuität, ergibt[37]. Die Höhe der Tilgungsraten (bei Ratendarlehen) bzw. der Annuitäten (bei Annuitätendarlehen) gibt Aufschluß über den zeitlichen Umfang, innerhalb dessen der entliehene Zahlungsmittelbestand genutzt werden kann.

Gewöhnlich regelt eine über die Tilgung getroffene Vereinbarung den gesamten Zeitraum bis zur Vollrückzahlung. Es sind jedoch auch Absprachen anzutreffen, die diesen Gegenstand nur für einen Teil der Darlehenslaufzeit ordnen und die weitere Rückführung einer zusätzlichen

----

36) Vgl. unter "Ratenhypothek", "Abzahlungshypothek" Steffan, 1977, S. 82; Bank-Lexikon, 1988.

37) Vgl. unter "Tilgungshypothek", "Annuitätenhypothek" Steffan, 1977, S. 83; Bank-Lexikon, 1988.

Vereinbarung am Ende des Teilzeitraumes vorbehalten. Mittelbar wird eine über die gesamte Laufzeit getroffene Annuitätenregelung bei Änderung des Zinssatzes nach Ablauf eines Finanzierungsabschnitts oder einer Zinsbindungsdauer stets berührt, da die Höhe des Zinssatzes den für die zusätzliche Tilgung verbleibenden Teil der Annuität beeinflußt. Ein Beispiel soll das zeigen:

Ein Darlehen über ursprünglich DM 100.000,00, Zinssatz 6 % p. a., wurde fünf Jahre mit einer Annuität von 6 + 1 = 7 % p. a. bedient. Nach Ablauf dieses Zeitraumes ist die Anschlußfinanzierung nur zu einem Zinssatz von 7 % p. a. zu beschaffen. Bei unverändertem Tilgungssatz erhöht sich die Annuität von nun an auf 7 + 1 = 8 % p. a. Es wird jährliche Zahlungsweise unterstellt.

Eine Gegenüberstellung zweier Tilgungspläne macht deutlich, welchen Verlauf die Tilgung

- einerseits bei Fortbestand der anfänglichen Annuität von DM 7.000,00 (Fall A)
- andererseits bei Übergang zu der im Nominalzins um 1 % höheren Anschlußfinanzierung (Fall B)

innerhalb der ersten zehn Jahre der Darlehenslaufzeit genommen hätte.

Fall A - (Annuität DM 7.000,00)

Jahr	Zinsen	Tilgung	Restschuld
1	6.000,00	1.000,00	99.000,00
2	5.940,00	1.060,00	97.940,00
3	5.876,40	1.123,60	96.816,40
4	5.808,98	1.191,02	95.625,38
5	5.737,52	1.262,48	94.362,90
6	5.661,77	1.338,23	93.024,67
7	5.581,48	1.418,52	91.606,15
8	5.496,37	1.505,63	90.102,52
9	5.406,15	1.593,85	88.508,67
10	5.310,52	1.689,48	86.819,19
bis dahin im Fall A geleistete Tilgung		13.180,81	

Fall B - Verlauf bei Anschlußfinanzierung mit Annuität DM 8.000,00 ab 6. Jahr

Jahr	Zinsen	Tilgung	Restschuld
6	6.605,40	1.394,60	92.968,30
7	6.507,78	1.494,22	91.474,08
8	6.403,19	1.596,81	89.877,27
9	6.291,41	1.708,59	88.168,68
10	6.171,81	1.828,19	86.340,49
bis dahin im Fall B geleistete Tilgung		13.659,51	

Von Belang ist auch die Zahlungshäufigkeit (entsprechend Länge der Tilgungsberechnungsperiode). Unterjährige Tilgungsberechnungsperioden bewirken gegenüber ganzjährigen nachschüssigen Tilgungsberechnungsperioden ein rascheres Anwachsen der Tilgung und im Ergebnis eine kürzere Kreditlaufzeit.

Ferner ist zu fragen, wann die Tilgung verrechnet wird. Werden unterjährlich geleistete Tilgungsraten nicht taggenau mit der Kreditschuld verrechnet, sondern erst in einem gewisssen zeitlichen Abstand zur Tilgungsleistung, so bedarf auch dies einer Berücksichtigung. Die gleiche Wirkung auf die Gesamthöhe der zu erbringenden Gegenleistung hat es, wenn eine Tilgungsleistung zwar bei Eingang auf die Restschuld verrechnet, die Zinsbemessungsgrundlage dadurch aber nicht vermindert wird[38].

Beispiel: Kreditschuld am 01.01. DM 100.000,00,
Annuitätenzahlung am 30.03./30.06./30.09. und 30.12.
je DM 250,00 (Annuität 1 % p. a.)

Fall A - Verrechnung am Jahresende

	30.03.	30.06.	30.09.	30.12.
Restschuld	100.000	100.000	100.000	99.000

Fall B - Verrechnung taggenau; Zinsbemessungsgrundlage bis zum Jahresende unverändert

Restschuld	99.750	99.500	99.250	99.000
Zinsbemessungsgrundlage	100.000	100.000	100.000	99.000

Die Abweichung von Zahlung und Verrechnung bzw. deren verspätete Zinswirksamkeit ähnelt dem Auseinanderfallen von Zahlungs- und Gutschriftsterminen bei Zinszahlungen[39].

Bei Darlehen, die mit einem Auszahlungsabschlag zur Verfügung gestellt werden, hat eine Veränderung der Darlehnslaufzeit Einfluß auf die Höhe der Gegenleistung, weil ein solches Damnum sich danach auf einen anderen Zeitraum verteilt[40]. Deshalb ist die Einräumung tilgungsfreier Jahre wie auch umgekehrt eine erhöhte Tilgung für einen Vergleich von Kreditangeboten bedeutsam.

---

38) Vgl. Baums, WM-Sonderbeilage 2/1987, S. 6.

39) Siehe 1.3.1.1.

40) Siehe 7.5.

1.3.6 Zusatz- und Annuitäten-Zuschußdarlehen

Eine Untersuchung der Gegenleistungen des Kreditnehmers muß auch die Bedingungen eines etwa gewährten Zusatz- oder Zuschußdarlehens umfassen. Daß ein solches Darlehen Gegenstand eines rechtlich selbständigen Vertrages ist, kann für eine wirtschaftliche Betrachtung des Sachverhaltes nicht entscheidend sein. Den Ausschlag für oder gegen eine Einbeziehung von Leistungs- und Gegenleistungselementen muß geben, ob beide - Haupt- und Zusatz/Zuschußdarlehen - eine Einheit bilden, d. h., daß das eine ohne das andere nicht zustandekommt. Es ist somit eine Frage des Einzelfalles.

Zusatzdarlehen werden von manchen Kreditgebern den Kreditnehmern als Liquiditätsausgleich für einen Auszahlungsabschlag (Damnum) beim (Haupt-)Darlehen angeboten. Dieser Ausweg wird vornehmlich dann gewählt, wenn die Aufstockung des Hauptdarlehens auf einen Auszahlungsbetrag von 100 % wegen Ausschöpfung der Sicherheitenbeleihung ausscheidet. Zusatzdarlehen sind häufig vor dem Hauptdarlehen zu tilgen und können sich auch in ihren übrigen Konditionen von diesem unterscheiden. Zuschußdarlehen - sie bestehen in der periodischen Gewährung eines Zuschusses zur Annuität - sollen den Liquiditätsentzug mildern, der durch den Kapitaldienst auf das Hauptdarlehen verursacht wird, und ihn auf einen größeren Zeitraum verteilen[41].

1.4 Eingrenzung des Untersuchungsgegenstandes

Die große Variationsbreite vorkommender Kreditarten macht es notwendig, eine Eingrenzung auf wenige Grundtypen vorzunehmen, die es gestattet, einen Vergleich übersichtlich zu halten. Dabei ist freilich beachtet worden, daß die der Untersuchung zugrunde gelegten Kreditarten in ihrer Gesamtheit für den weitaus größten Teil des Privatkundengeschäfts repräsentativ sind. Es handelt sich im einzelnen um drei je-

---

41) Vgl. Steffan, 1977, S. 80-82.

weils für eine Gruppe von Krediten charakteristische Grundmuster, nämlich

- Ratenkredit (Konsumentenkredit, Anschaffungsdarlehen), d. h. Kredit mit im vorhinein fest vereinbarter Laufzeit (in der Regel nicht über 72 Monate), festem Laufzeitzins (p. M.-Zinssatz) und rückzahlbar in gleichbleibenden von vornherein fest vereinbarten Monatsraten[42].

- Kontokorrentkredit (Dispositionskredit, Überziehungskredit), d. h. Kredit in laufender Rechnung mit der Möglichkeit revolvierender Inanspruchnahme (und der zwischenzeitlichen Unterhaltung von Guthaben), täglich fällig bzw. bis auf weiteres verfügbar oder mit befristeter Laufzeit und variablem Zins[43].

- (Wohnungsbau-)Darlehen, d. h. grundpfandrechtlich, eventuell zusätzlich durch öffentliche Bürgschaft gesichertes Darlehen mit einer Laufzeit von mindestens 10, meist jedoch bis zu 30 Jahren, und einer Rückzahlungsvereinbarung[44].

In der Praxis treten diese Grundmuster in mancherlei Abwandlung auf, jedoch kehren in allen Ausprägungen die ihre Struktur bestimmenden Preiselemente erkennbar wieder. Dabei kommt ihrer Natur nach bei jeder Kreditart nur ein Teil des Gesamtvorrats an möglichen Einzelelementen zur Anwendung. Andere sind mit der konkreten Ausformung der Kreditart nicht verträglich[45].

----

42) Bei Ratenkrediten handelt es sich "somit um eine bestimmte Form des Annuitätenkredits" (Sièvi, F., 1980, S. 9). Rate beim Ratenkredit ist deshalb nicht mit der bei langfristigen Ausleihungen vorkommenden (Tilgungs-)Rate zu verwechseln, die sich dadurch auszeichnet, daß die jährliche Tilgung, nicht aber die jährliche Gesamtrate gleich bleibt. Siehe 1.3.5) - Wegen des Terminus Laufzeitzins siehe 1.3.1.1.

43) Rechtsgrundlage ist ein Kontokorrentvertrag gemäß § 355 HGB.

44) Vgl. unter "Darlehen" in Bank-Lexikon, 1988.

45) So schließen beispielsweise (Finanzmittel-)Bereitstellungsprovision und Kontokorrentkredit einander aus, da bei dieser Kreditart keine gesonderte Finanzmittelbeschaffung erfolgt.

Hinsichtlich Kredithöhe liegen der Bestandsaufnahme folgende an der Praxis ausgerichtete Vorstellungen zugrunde: für den Ratenkredit DM 20.000, für den Kontokorrentkredit DM 50.000 und für das Wohnungsbaudarlehen DM 150.000. Auch insoweit, als sich die Erhebung nicht auf alle beliebigen Kreditvolumina erstreckt, findet also eine Beschränkung im Umfang des Untersuchungsgegenstandes statt[46].

1.5 Bei der Erhebung angewandte Verfahrenstechniken

Auf der Grundlage von Fragen, wie sie sich aus 1.2 ergeben, ist versucht worden, im Wege einer Erhebung aus der Vielzahl unterschiedlicher Ausprägungen fest umrissene, miteinander vergleichbare Daten zu gewinnen.

Da eine Totalerfassung aus Zeit- und Kostengründen ausschied, mußte versucht werden, aus der vorhandenen statistischen Grundgesamtheit institutioneller Kreditanbieter innerhalb des Bundesgebietes einzelne Elemente auszuwählen. Zu den rein erhebungstechnischen Schwierigkeiten treten im vorliegenden Falle die Hemmnisse hinzu, welche aus der Publizitätsscheu etlicher Kreditinstitute gegenüber vergleichenden Beobachtungen ihrer Preisstellung durch Außenstehende herrühren[47].

Um den strengen Anforderungen zu genügen, welche die Statistik an eine Zufallsstichprobe stellt, hätte jedes in der Grundgesamtheit befindliche Element eine Chance haben müssen, in die Stichprobe zu gelangen[48]. Doch diese Voraussetzungen, ohne die nach den Regeln der Wahrscheinlichkeitsrechnung aus der Stichprobe keine Schlüsse auf die

---

46) Wegen Preisdifferenzierung nach Kredithöhe siehe im übrigen 2.2.1.1 a) und c).

47) Krümmel berichtet über ähnliche Erfahrungen und formuliert zugespitzt: "Man hat noch Glück, wenn sie (Angaben über Preisbezugsbasen. Der Verfasser) nicht sogar als unter das Bankgeheimnis fallend bezeichnet werden." (Vgl. 1964, S. 58).

48) Vgl. Schwarz, der auch eine "bestimmte angebbare Chance für jede Einheit" noch für ausreichend erachtet (1975, S. 19).

Grundgesamtheit gezogen werden dürfen[49], waren aus praktischen Gründen nicht zu erfüllen.

Da über die Grundgesamtheit keine statistischen Daten zu gewinnen waren und wissenschaftlich begründbare Annahmen hierüber nicht getroffen werden konnten, mußte auf die Errechnung von Parametern der Grundgesamtheit verzichtet werden. In Betracht kam eine gezielte Auswahl statistischer Beobachtungswerte[50], die in gewisser Weise "willkürlich" erfolgte, indem sie sich am Untersuchungszweck orientierte; das bedeutet, wenn man den Gestaltenreichtum der Berechnungsmodalitäten bei Kreditgewährungen untersuchen will, z. B. die Ausrichtung auf eine Anzahl von Kreditinstituten unterschiedlicher Größe aus jeder Institutsgruppe in städtischen und ländlichen Räumen verschiedener Bundesländer.

Solche Verfahren haben eine gegenüber Stichprobenverfahren geringere Trennschärfe. Ihre Ergebnisse können deshalb nicht ohne weiteres als repräsentativ für die Grundgesamtheit gelten.

Im Bewußtsein der Unzulänglichkeiten einer derartigen Erhebung wurde der Versuch unternommen, von einem ausgesuchten Kreis von Kreditinstituten Angaben über die gegenüber privaten Kunden berechneten Entgeltforderungen zu erhalten. Zu diesem Zweck versandten das Institut für Angewandte Betriebswirtschaftslehre (IFAB) der FernUniversität Hagen und der Verfasser um die Jahresmitte 1987 in getrennten Aktionen gleichlautende Fragebogen[51]. Sie waren aufgebaut nach dem Multiple-Choice-System betreffend Raten- und Kontokorrentkredite sowie ferner - bei Instituten, deren Geschäftstätigkeit die Sparte Wohnungsbaufinanzierung umschließt - solche betreffend Wohnungsbaudarlehen. Empfänger waren 15 Kreditinstitute der verschiedenen Bereiche mit Sitz in Nordrhein-Westfalen, Niedersachsen und Bremen sowie ferner ein zentraler

---

49) Vgl. Schwarz, 1975, S. 16.

50) a. a. O.

51) Siehe Anhang 2.

Bankenfachverband, welcher sie an 6 angeschlossene Mitglieder verteilte. Gefragt war nach den Preisbestandteilen

- eines privaten Ratenkredits in Höhe von DM 20.000 für alle vorkommenden Laufzeiten

- eines privaten Kontokorrentkredits in Höhe von DM 50.000 und

- eines privaten Wohnungsbaudarlehens in Höhe von DM 150.000.

Die Fragebogen enthielten die Bitte, bei Unklarheiten Rücksprache zu nehmen; sie sahen außerdem die Angabe eines Ansprechpartners im Hause des befragten Instituts vor. Bis auf fünf wurden sämtliche Fragebogen ausgefüllt zurückgeschickt. Zweifel und Unstimmigkeiten konnten durch telefonische Rückkopplung mit dem bezeichneten Ansprechpartner ausgeräumt werden.

Etwa zur selben Zeit führte der Verfasser parallel zu den vorstehend beschriebenen, im Postwege vollzogenen Schritten bei 12 Kreditinstituten als potentieller Kreditnehmer Eigenerhebungen in Interviewtechnik durch. Die befragten Kreditinstitute unterhalten sämtlich Niederlassungen in Bremen[52]. Den Eigenerhebungen lagen dieselben Fragen zugrunde, wie sie die oben erwähnten standardisierten Fragenkataloge enthielten, so daß die Antworten im selben Schema Platz fanden. Gefragt war hier wie dort nach dem Stand zur Jahresmitte 1987. Die Fragen wurden im allgemeinen bereitwillig beantwortet. Vereinzelt war eine leichte Unsicherheit gegenüber solchen Fragen zu beobachten, die abseits der Tagesroutine lagen. Um Beobachtungsfehler auszuschließen, wurde soweit irgend möglich die Plausibilität der Antworten überprüft.

----

52) Eines der befragten Institute ist die in Bremen befindliche Niederlassung einer Großbank, deren in einer Stadt des Landes Nordrhein-Westfalen ansässige Filiale vom IFAB befragt worden ist. Die von jenem Institut erteilten Antworten wurden in der Auswertung nur zur Absicherung erhaltener Auskünfte, also nicht zu Doppelzählungen, benutzt.

Die unterschiedliche Vorgehensweise - hier schriftliche Befragung / dort persönliche Erkundigung, hier Fragestellung durch ein wissenschaftliches Institut / dort durch einen potentiellen Kunden - hat sich als dem Vorhaben förderlich erwiesen. Auf diese Art konnten nämlich die Nachteile des einen Verfahrens durch die Vorteile des anderen bis zum gewissen Grade ausgeglichen werden. Die folgende Gegenüberstellung mag deutlich machen, welche Vor- und Nachteile dem jeweiligen Verfahren nach Ansicht des Verfassers cum grano salis anhaften.

Vorteile	Nachteile
- schriftliche Erhebung -	
Antworten werden schriftlich formuliert; das bedeutet im allgemeinen: größere Genauigkeit als bei mündlicher Äußerung.	Fragen werden vom Befragten anders verstanden als gemeint.
- mündliche Befragung -	
Der Sinngehalt einer Frage kann durch erläuternde Zusätze verdeutlicht werden. werden.	Mündlich gemachte Aussagen sind nicht immer genau formuliert und außerdem schwerer zu beweisen als schriftlich erteilte.
- Institutserhebung -	
Fragen werden zur Beantwortung einem Fachmann vorgelegt.	Fragen werden aus Gründen der vorteilhaften Selbstdarstellung wenn möglich nur soweit beantwortet, wie die Antwort keine negativen Rückschlüsse erlaubt.
- Eigenerhebung -	
Auf unvollständig erteilte Antworten hin kann durch Verfasser nachgefragt werden.	Die Fachkompetenz des Gesprächspartners ist zufallsbedingt.

Die Veröffentlichung der Untersuchungsergebnisse im Rahmen dieser Arbeit geschieht trotz Kenntnis ihrer Mängel,

- um praktisches Anschauungsmaterial für die nachfolgenden theoretischen Betrachtungen vorzulegen,

- weil es an systematischen Erhebungen über Privatkredite in dieser Breite bislang fehlt und empirische Befunde zur Struktur der dabei zu entrichtenden Gegenleistungen insoweit nachzutragen sind.

So betrachtet können die gefundenen Untersuchungsergebnisse trotz aller Vorbehalte ein gewisses Interesse beanspruchen.

2 Ergebnisse einer empirischen Untersuchung

2.1 Vorbemerkungen

Das Kapitel 2 präsentiert die Ergebnisse einer Untersuchung, welche die in Kapitel 1 näher beschriebenen Gegenleistungen des Kreditnehmers in ihren konkreten Erscheinungsformen sichtbar machen sollte. Die erhobenen Daten sind nach den Gestaltungsmerkmalen der Komponenten gegliedert. Art und Ausmaß ihrer Einwirkung auf die Gesamtgröße der Gegenleistung und nicht mehr die in der Praxis gebräuchliche Bezeichnung wurden zum obersten Einteilungsprinzip erhoben. Sein Vorteil ist, daß dessen Abstraktionsgrad die einzelnen Leistungskomponenten einem Wandel ihrer inhaltlichen Substanz weitgehend entzieht. Wenn Höhe, Geltungsdauer, Rhythmus, Fälligkeit und Bezugsbasis einer Leistung feststehen - wie im Rahmen der rechnerischen Ermittlungen anhand einer Zahlungsreihe noch deutlich wird[1] - ist die Bezeichnung der Einzelelemente für die Frage ihrer Einrechnung in das Bündel der zu erbringenden Gegenleistungen bedeutungslos[2]. So ist es notwendig und zugleich hinreichend für die Beurteilung der Gegenleistung zu wissen, daß die in Prozentsätzen angegebenen Zinsen für einen Ratenkredit über dessen gesamte Laufzeit von der ursprünglichen Kreditsumme gerechnet werden. Ihr Einfluß auf den Kreditpreis ist hierdurch gekennzeichnet, ihre Bezeichnung als Kreditgebühr fügt dieser Information keine quantitativ neuen Aufschlüsse hinzu.

Dennoch sollte die Bezeichnung der Einzelentgelte nicht unterdrückt werden, da die empirische Untersuchung von Leistungstypen ausgehen muß, für die vom Kreditgeber Entgelte eingefordert werden[3]. In 6.1.7 wird der Frage nachgegangen, ob Leistungsbezeichnung und Gegenleistung sich decken, ob also einem als Schätz(ungs)gebühr bezeichneten Entgelt

---

1) Siehe Kapitel 4.

2) Vgl. Wilhelm, 1976, S. 13; Flesch/Piaskowski/Sièvi, 1984, S. 360.

3) Vgl. hierzu auch Krümmel, der sich eingehend mit der Preisspaltung als Methode der Absatzpolitik von Kreditinstituten auseinandergesetzt hat (1964, S. 141-146).

in Wahrheit auch eine entsprechende Schätzungsleistung gegenübersteht oder ob jene nur zu Zwecken der Differenzierung und - wenn möglich - Ausgrenzung aus dem Katalog berücksichtigungspflichtiger "preisbestimmender Faktoren"[4] so deklariert wird.

Die Darstellung der Ergebnisse beginnt mit der Bestandsaufnahme der Gegenleistungen unter ihrer gebräuchlichen Bezeichnung nach Art und nomineller Höhe (2.2). In den weiteren Abschnitten folgen Merkmalsausprägungen wie Geltungsdauer (2.3), Beginn der Zahlungspflicht (2.4) und Häufigkeit der Zahlungen (2.5), zeitlicher Bezug der Zahlungsfälligkeiten zur Berechnungsperiode (2.6) und Bezugsbasis der Zahlungen (2.7). In einem besonderen Abschnitt wird über Vorhandensein und Ausgestaltung von Zusatz- und Annuitätenzuschußdarlehen berichtet, die häufig in enger Beziehung zum Hauptdarlehen stehen (2.8). Der letzte Abschnitt gilt einer Wiedergabe der von den berichtenden Instituten nach PAngV 1985 errechneten effektiven Jahreszinssätze bzw. anfänglichen effektiven Jahreszinssätze, soweit solche ermittelt worden sind.

2.2 Art und nominelle Höhe von Gegenleistungen

2.2.1 Entgelte für Zahlungsmittelnutzung

2.2.1.1 Nominalzins

Im Vordergrund der Datenerhebung stand der Nominalzins als Hauptbestandteil der Gegenleistungen.

Wie zu erwarten, ergab die Befragung eine solche Vielfalt an Beobachtungswerten, daß aus Gründen der Übersichtlichkeit eine Zusammenfassung benachbarter Merkmalsausprägungen zu Klassen angezeigt erschien. Darüber hinaus war im Bereich der Wohnungsbaudarlehen eine Beschrän-

---

4) Vgl. Ausführungshinweise zu § 4 PAngV 1985, welche die Bearbeitungsgebühr zu den einzubeziehenden Faktoren, die Schätz(ungs)gebühr indessen zu den nicht einzubeziehenden zählen (Ziff. 2).

kung auf die geläufigsten Zinsbindungsfristen innerhalb der vielstufigen Zeitskala unvermeidlich. Die damit verbundene Reduktion an Informationsgehalt kann hingenommen werden. Das ist um so eher vertretbar, als es bei der Auswertung der gesammelten Daten nicht um die Ermittlung des preisgünstigsten unter allen zum Stichtag abgegebenen Kreditangeboten, sondern vielmehr darum ging, die Charakteristik des Nominalzinses und seine mögliche Signifikanz für die Beurteilung der Vorziehenswürdigkeit von Kreditofferten sichtbar zu machen[5].

Dem einzelnen Beobachtungswert sollte auch deshalb kein zu hohes Gewicht beigelegt werden, als durch Kapitalmarktschwankungen ausgelöste Anpassungsprozesse sich aus betriebstechnischen Gründen unterschiedlich lange, oft über Wochen hinziehen und auch die Festsetzung eines einheitlichen Stichtages deshalb nicht ein für alle Befragten gleichermaßen repräsentatives und damit aussagekräftiges Resultat gewährleistet. Andererseits überdecken solche Schwankungen und die ihnen folgenden Anpassungsprozesse kaum die strukturellen Eigenheiten der Merkmalsausprägungen. Und auf diese allein kam es dem Verfasser an.

Den folgenden Übersichten sollen einige Anmerkungen vorangestellt werden, die vielleicht zur sachgerechten Interpretation der angegebenen Verhältniszahlen beitragen können. Zunächst ist der Hinweis angebracht, daß eine namentliche Nennung der befragten Institute unterbleiben muß, da die Informationen mit der Bitte um vertrauliche Behandlung erteilt worden sind. Schwierigkeiten für die Gewichtung der Einzelnennungen und für einen etwaigen Vergleich der Werte verschiedener Tabellen untereinander bereitet der Umstand, daß man es aus mehreren Gründen mit wechselnden Grundgesamtheiten zu tun hat. So sind nicht alle Institute in sämtlichen Kreditarten engagiert. Realkreditinstitute[6] gewähren keine Kontokorrentkredite und keine Ratendarlehen. Teilzahlungskreditinstitute und viele Kreditbanken wiederum lei-

---

5) Zur Problematik stichtagsbezogener Vergleiche im Hinblick auf Aktualität, Genauigkeit und Vollständigkeit vgl. Otten, 1987, S. 16.

6) Von wenigen süddeutschen Instituten und einem norddeutschen abgesehen, denen auch das kurzfristige Kreditgeschäft offensteht.

hen keine Wohnungsbaudarlehen aus; und auch Kreditgenossenschaften vermitteln häufig nur Wohnungsbaudarlehen ihrer zentralen Hypothekenbank, ohne selbst ein Darlehensgeschäft zu betreiben. Einschränkungen erlegen sich auf diesem Sektor ebenfalls Großbanken auf, indem sie die langfristige Darlehensgewährung meist ihren Hypothekenbanktöchtern überlassen. Schließlich gibt es Teilzahlungsbanken, die sich auf das bloße Ratenkreditgeschäft beschränken. Aus alledem folgt, daß in den nachstehenden Tabellen in Abhängigkeit von der jeweils untersuchten Kreditart einzelne Institute, regelmäßig sogar ganze Institutsgruppen fehlen, weil sie bzw. deren Mitglieder nicht einschlägig tätig sind. Aber wechselnde Grundgesamtheiten liegen auch deshalb vor, weil von manchen Instituten zu einzelnen Fragen keine Angaben gemacht worden sind. Soweit nichts anderes vermerkt, enthalten die Tabellen deshalb mit dem Symbol n gekennzeichnete Angaben über die absolute Zahl der abgegebenen Antworten. Diese Zahl stellt die Grundlage der jeweiligen Prozentverteilung dar. Erschwerend für eine sinnvolle Deutung kommt hinzu, daß man es teils infolge der tatsächlichen Gegebenheiten am Kreditmarkt, teils infolge unterschiedlicher Beteiligung der einzelnen Institutsgruppen an der Befragung beim statistischen Rohmaterial mit verschieden hohen absoluten Besetzungszahlen zu tun hat. So ist die Basis einer Tabelle kleiner als die Anzahl der befragten Institute. In der Anzahl n sind auch solche berichtenden Institute nicht enthalten, die auf dem jeweilig einschlägigen Feld nicht tätig sind.

Durch Beschränkung auf eine Nachkommastelle entstehen häufig kleine Rundungsdifferenzen. Sie sind nicht ausdrücklich erwähnt.

Alle Zahlen spiegeln den Stand zur Jahresmitte 1987 wider.

a) Ratenkredit

Tabelle 1: Nominalzinssätze von Ratenkrediten über alle Laufzeiten

Klasse	p.M.-Zinssätze (Werte mit 100 multipliziert)	alle Institutsgruppen*)	Großbanken und sonstige Kreditbanken	Sparkassen	Kreditgenossenschaften	Teilzahlungsbanken
				in v. H.		
	für alle Laufzeiten einheitlich					
I	≤35	16,7		12,5	75**)	
II	>35 bis 40	33,3	75***)	12,5	25o)	
III	>50oo)	12,5				75
	nach Laufzeitmonaten gestaffelt (m)					
IV	<48 m <35 ≥48 m ≥35	12,5		37,5ooo)		
V	≤48 m 36 >48 m 38	4,2		12,5		
VI	≤36 m 32 >36 bis 47 m 34 >47 m 36	4,2		12,5		
VII	≤29 m 34 >29 bis 47 m 36 >47 m 38	4,2		12,5+)		
	p. a.-Zinssätze					
A	unter 8 %	8,3++)	25			
B	über 10 %+++)	4,2				25
	Summe	100	100	100	100	100
	n	24	8	8	4	4

*) In dieser Spalte findet sich eine Zusammenfassung der einschlägig tätigen Kreditinstitute, sofern deren Angaben vorliegen (gilt für alle Tabellen).
**) Davon 25 v. H. bei DM 10.000 Kredithöhe und darunter 0,02 % p. M. Zuschlag.
***) Davon 12,5 v. H. bei unter DM 10.000 Kredithöhe 0,03 % p. M. Zuschlag.
o) Als Alternative werden 9 1/4 p. a. (auf Restschuld bezogen) berechnet.
oo) Werte zwischen 0,4 und 0,5 % p. M. wurden nicht beobachtet.
ooo) Davon 12,5 v. H. bei unter DM 10.000 Kredithöhe 0,02 % p. M. Zuschlag.
+) Bei unter DM 6.000 Kredithöhe 0,02 % p. M. Zuschlag.
++) Davon 4,2 v. H. bei unter DM 10.000 Kredithöhe 8 % p. a.
+++) Werte zwischen 8 und 10 % wurden außer im Falle der Fußnoten o) und ++) nicht beobachtet.

Ein Blick auf die vorstehende Tabelle 1 läßt deutlich werden, wie unterschiedlich die Preisstellung bei Ratenkrediten ist. Neben den am meisten anzutreffenden p. M.-Zinssätzen gerechnet vom Ursprungskredit findet man p. a.-Zinsen auf die Restschuld. Auch die Klassen sind untereinander sehr heterogen. Für die verschiedenen Laufzeiten werden von Instituten des Sparkassensektors gestaffelte Zinssätze in Ansatz gebracht. Bei aller Vielfalt wird indes ein Schwerpunkt in den Entgeltforderungen von Sparkassen und Universalbanken deutlich. Es zeigt sich, daß die Ausprägungen der Klasse II relativ am häufigsten vorkommen; sie machen 33 v. H. der Nennungen aus. Innerhalb dieser Klasse ist 0,36 % der häufigste Wert.

Unterschiedliche Preisbezugsbasen und Bezugszeiträume erschweren jedoch eine vergleichende Betrachtung derart differenzierter Sachverhalte. Es sei deshalb gestattet, anhand der häufig anzutreffenden Kreditdauer von 36 Monaten - unter Vernachlässigung anderer Laufzeiten - und beschränkt auf p. M.-Zinssätze[7] einen Vergleich der Nominalzinssätze zu versuchen.

Tabelle 2: Nominalzinssätze von Ratenkrediten mit 36 Monaten Laufzeit

Nominalzinssätze bei 36 Monaten Laufzeit*)	Nennungen (in v. H.) n = 21
bis 0,35 %	38 (n = 8)
über 0,35 % bis 0,4 %	48 (n = 10)
über 0,5 %**)	14 (n = 3)

*) Kreditbeträge über DM 10.000
**) Keine Nennungen zwischen 0,4 und 0,5 %

Aus der Tabelle 2 ist die Streubreite der Konditionen abzulesen, ebenso die Schwerpunktbildung im Bereich zwischen 0,35 und 0,4 % p. M.

----

7) Wegen der relativ geringen Zahl von Beobachtungswerten mit p. a.-Zinssätzen sollte dieser Teilbereich aus der Betrachtung ausgeklammert werden, da die Schlußfolgerungen zufallsbedingt sein dürften.

Deutlicher noch zeigt das folgende Schaubild die Spannweite[8] der gemeldeten Merkmalsausprägungen. Sie reicht von 0,32 bis 0,575 % p. M.

Schaubild 2: Streuung der Nominalzinssätze von Ratenkrediten mit 36 Monaten Laufzeit

Institutsgruppe	p. M.-Zinssätze (Werte mit 100 multipliziert) bei 36 Monaten Laufzeit														
	32	33	34	35	36	37	38	39	40	52	53	54	55	56	57
Großbanken und sonstige Kreditbanken					-	-	-	-	-						
Sparkassen	-	-	-	-	-										
Kreditgenossenschaften	-	-	-	-	-	-	-								
Teilzahlungsbanken										-	-	-	-	-	-

Dabei wird zugleich sichtbar, wie sich einzelne Institutsgruppen in der Anordnung ihrer Nominalzinssätze um einen gewissen Schwerpunkt herum voneinander abheben. Wenn sich auch die durch Geraden angedeuteten Zinssektoren teilweise gegenseitig überdecken, so legt das Schaubild gleichwohl den Schluß nahe, daß besonders Sparkassen und Kreditgenossenschaften ganz oder überwiegend im untersten Fünftel der Skala operieren, während Groß- und sonstige Kreditbanken ihren Schwerpunkt im zweituntersten Fünftel haben. Das oberste Fünftel wird von den Merkmalsausprägungen der Teilzahlungsbanken besetzt[9].

---

8) Anzumerken ist, daß es sich bei der Spannweite und den im folgenden genannten Maßen von Merkmalsträgern nicht um Parameterwerte handelt, die Schlüsse auf die Grundgesamtheit zulassen, da die Verteilung nicht bekannt ist.

9) Es ist hier nicht der Platz, auf die Argumente einzugehen, die zur Begründung der Konditionspolitik der Teilzahlungsbanken wiederholt vorgetragen (so erst neuerdings von Steiner, J., in seinen Ausführungen zur Kreditmarktsegmentierung, 1987, S. 67-76) und kontrovers diskutiert worden sind, da die vorliegende Untersuchung sich den Blickwinkel des Kreditsuchenden zu eigen macht.

b) Kontokorrentkredit

Weniger Klassen als beim Ratenkredit benötigt eine Zusammenfassung von Merkmalsausprägungen beim Kontokorrentkredit.

Tabelle 3: Nominalzinssätze von Kontokorrentkrediten

Klasse	Zinssätze in % p. a.	alle Instituts-gruppen	Großbanken und sonstige Kreditbanken	Sparkassen	Kredit-genossen-schaften	Teil-zahlungs-banken
				in v. H.		
I	unter 8	4,3	12,5			
II	8 bis unter 9	47,8	62,5	75		
III	9 bis unter 10	30,4	12,5	25	100	
IV	10 und darüber	17,4	12,5			100
	Summe	100	100	100	100	100
	n	23	8	8	4	3*)

*) eines der berichtenden Institute gewährt keinen Kontokorrentkredit

Die Besetzungszahlen der Klasse II weisen sie als jene mit der größten Häufigkeit aus (48 v. H. Beobachtungswerte). Innerhalb der Klasse II sind 8 % mit 4, 8,25 % mit 9 und 8,75 % mit 35 Prozentpunkten vertreten; 8,75 % stellt zugleich Zentralwert und häufigsten Wert dieser Klasse.

c) Wohnungsbaudarlehen

Weit größer als beim Ratenkredit ist der Variantenreichtum in den Konditionen für Wohnungsbaudarlehen. Ein Schaubild mag die Spannweite verdeutlichen.

Schaubild 3: Streuung der Nominalzinssätze von Wohnungsbaudarlehen aller Zinsbindungsfristen

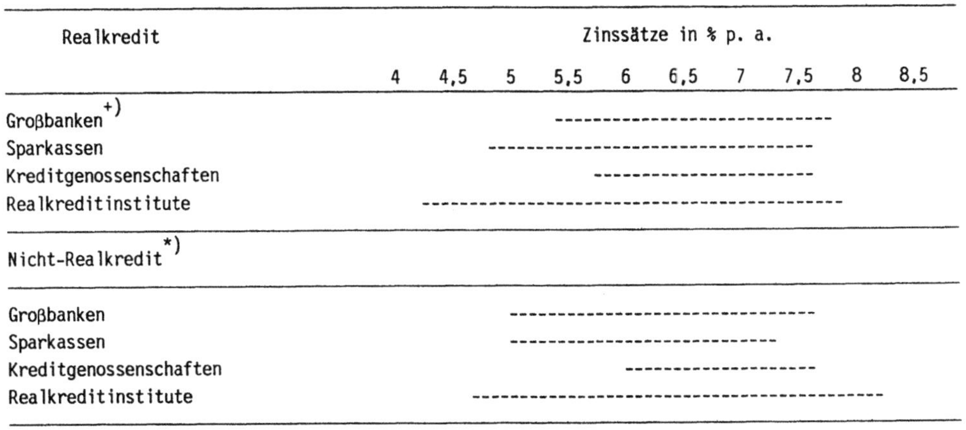

+) befragte sonstige Kreditbanken sind nicht einschlägig tätig (gilt für alle Schaubilder über Wohnungsbaudarlehen)

*) zwischen 60 und 80 % des Beleihungswertes bzw. der angemessenen Bau- und Bodenkosten.

Von 4,3 % bis 8,2 % p. a. sind die Merkmalswerte breit gestreut. Wegen der unterschiedlichen Zinsbindungsfristen wäre es allerdings nicht sachgerecht, würde man die Nominalzinssätze ohne jede Differenzierung miteinander vergleichen. Um dennoch eine Gegenüberstellung zu ermöglichen, wurden drei häufig vorkommende Konditionsvereinbarungen zu Vergleichszwecken herausgegriffen: voll variabel, fünf Jahre fest und zehn Jahre fest. Dabei wurde zwischen Realkredit und nachstelligen, außerhalb des Realkredits abgesicherten Darlehen (Nicht-Realkredit)[10] getrennt. Eine Aufgliederung nach Institutsgruppen ist unterblieben, weil die im Realkredit tätigen Kreditgeber aufgrund unterschiedlicher Refinanzierungsquellen (einerseits hauptsächlich Spareinlagen, andererseits hauptsächlich Pfandbriefemissionen) vielfach nicht das ganze Konditionenspektrum abdecken (teils nur voll variabel, teils nur Festkonditionen), so daß kein einheitliches Ganzes vorliegt, auf das sich die prozentualen Anteile beziehen könnten.

---

10) Siehe Fn. zu Schaubild 3.

Tabelle 4: Nominalzinssätze von Wohnungsbaudarlehen ausgewählter Zinsbindungsfristen (in v. H. aller Nennungen)

A. Realkredit

Zinssatz		Finanzierungsabschnitt / Zinsbindungsdauer					
Klasse	% p. a.	voll variabel einzeln	kum.*)	5 Jahre fest einzeln	kum.	10 Jahre fest einzeln	kum.
I	unter 5	-	-	4	4	-	-
II	5 bis unter 5,5	13	13	19	23	-	-
III	5,5 bis unter 6	47	60	38	61	12	12
IV	6 bis unter 6,5	7	67	23	84	18	30
V	6,5 bis unter 7	7	74	12	96	24	54
VI	7 bis unter 7,5	20	94	4	100	47	100
VII	7,5 und darüber	7	100	-	-	-	-

*) kumuliert

B. Nicht-Realkredit

Zinssatz		Finanzierungsabschnitt / Zinsbindungsdauer					
Klasse	% p. a.	voll variabel einzeln	kum.	5 Jahre fest einzeln	kum.	10 Jahre fest einzeln	kum.
I	unter 5	-	-	4	4	-	-
II	5 bis unter 5,5	12	12	12	16	-	-
III	5,5 bis unter 6	41	53	28	44	7	7
IV	6 bis unter 6,5	6	59	32	76	14	21
V	6,5 bis unter 7	6	65	12	88	14	35
VI	7 bis unter 7,5	18	83	12	100	36	71
VII	7,5 und darüber	18	100	-	-	29	100

Wie die Tabelle 4 zeigt, wandert die Klasse mit der größten relativen Häufigkeit mit zunehmender Zinsbindungsdauer von III ansteigend über Zwischenwerte - IV bzw. V - nach VI. Während bei voll variablen Realkrediten und solchen, deren Zins auf 5 Jahre gebunden ist, knapp zwei Drittel Nominalzinssätze unter 6 % p. a. aufweisen, sind bei Realkrediten mit 10jähriger Zinsbindung etwa 70 v. H. mit Nominalzinssätzen von 6,5 % p. a. und darüber ausgestattet. Bei nachstelligen Darlehen verschiebt sich das gesamte Zinsniveau als Folge des erhöhten Risikos weiter nach oben. Die am wenigsten deutlichen Umrißlinien läßt der Bereich der voll variablen Zinssätze erkennen. Auf die Gründe (Mischung von Darlehen aus unterschiedlichen Refinanzierungsquellen) soll hier nicht eingegangen werden.

Eine Vorstellung von der jeweiligen Bandbreite des zeitgleichen Angebots einzelner Institutsgruppen vermittelt ein Schaubild, bei dem die Zinssätze der drei Konditionsbindungsfristen durch verschieden gezeichnete Linien dargestellt sind.

Schaubild 4: Streuung der Nominalzinssätze von Wohnungsbaudarlehen ausgewählter Zinsbindungsfristen

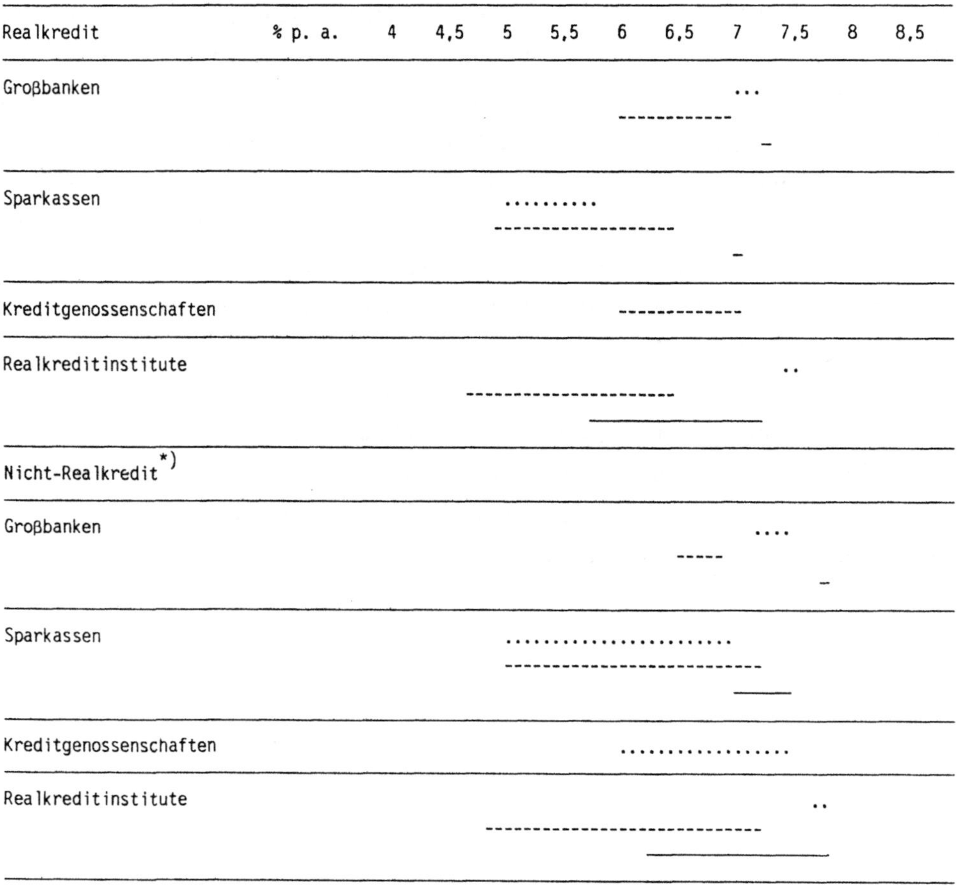

.... variabel
---- 5 Jahre fest
—— 10 Jahre fest

*) zwischen 60 und 80 % des Beleihungswertes bzw. der angemessenen Bau- und Bodenkosten

Wählt man, indem man einmal die Zinsbindungsdauer hintanstellt, die laufende Liquiditätsbelastung zum Ausgangspunkt für die Suche nach der richtigen Entscheidung[11] und legt zu diesem Zweck senkrechte Schnitte durch die Graphik, so gewinnt man den Eindruck, daß einzelne Nominal-

---

11) Vgl. Kapitel 8.

zinssätze - isoliert betrachtet - für die verschiedenen Zinsbindungsfristen wenig signifikant sind. Ein Darlehen mit voll variablem Zins wird - wenn auch nicht von allen Instituten - sowohl zu 7, zu 6 als auch zu 5 % p. a. angeboten, ebenso ein Darlehen mit 5jähriger Zinsbindung. Lediglich bei Darlehen mit 10jähriger Zinsbindung wird als niedrigster Nominalzins 5,75 % p. a. genannt, 6 und 7 % p. a. stehen als Nominalzinssätze auch hier zur Wahl. Anders betrachtet: Zum Nominalzins von 5 3/4 % kann ein Darlehensnehmer zwischen allen drei Zinsbindungsfristen wählen. Unterschiede finden sich hingegen, was den Skalenausschnitt angeht, in Bezug auf die einzelnen Institutsgruppen. Realkreditinstitute decken die gesamte Skala vorkommender Nominalzinssätze ab. Sparkassen bewegen sich mehr auf unterer und mittlerer Stufe, Kreditgenossenschaften im mittleren und oberen Feld; Großbanken bevorzugen offensichtlich Nominalzinssätze am Ende der Skala, sind aber in diesem Punkt zum Teil recht flexibel. Die Verhältnisse im nachstelligen Kredit heben sich nur unwesentlich ab von denen im Realkredit. Auch dort sind zu gleichen Nominalzinssätzen - 6½, 7, 7½ % p. a. - Darlehen unterschiedlicher Zinsbindung zu bekommen[12].

Aus alledem kann freilich nur auf die vom Nominalzins abhängige periodische Kapitaldienstleistung, also den Zahlungsmittel- oder Liquiditätsabfluß geschlossen werden, nicht aber auf den Preis eines Darlehens. Dieser ist - wie bereits angedeutet - erst aus der Zusammenschau aller Komponenten zu ermitteln, so daß die isolierte Betrachtung des Nominalzinses unter Kostengesichtspunkten nicht weiterführt[13].

Zu den Entgelten im Bereich Wohnungsbaudarlehen zählen beim Realkredit wie bei nachstelligen Darlehen die von einigen Instituten erhobenen Teilauszahlungszuschläge. Ein Drittel der einschlägig tätigen Kreditanbieter macht solche Zuschläge geltend, davon allerdings 5 v. H. nur

---

12) Nominalzinssätze im dinglich gar nicht oder oberhalb von 80 % des Verkehrswertes (bzw. der angemessenen Bau- und Bodenkosten) gesicherten Kredit sind allgemein nicht standardisiert.

13) Vgl. Sigl, der davor warnt, einzelne Konditionselemente getrennt von den übrigen zu betrachten.

dann, wenn die Auszahlung in mehr als fünf Teilschritten und außerdem nicht nach § 3 Abs. 1 MaBV erfolgt. Soweit Angaben zur Höhe des Zuschlags vorliegen, beträgt dieser 1 % zum Nominalzins für die Zeit bis zum Abschluß der Auszahlungsphase. Davon ausgenommen sind wieder jene bereits ausgegrenzten 5 v. H.: dort wird der Ausgleich durch Kürzung des Auszahlungsbetrages um 0,125 % (max. DM 250,00) gesucht.

Nachzutragen bleibt - gleichfalls für Wohnungsbaudarlehen - als Modifikation des Nominalzinses der sogenannte Mindermengenzuschlag[14]. Auch dieses Entgelt wird von einem Drittel der befragten Institute gefordert. Soweit eine Untergrenze genannt wurde - von 17 v. H. -, liegt sie bei DM 50.000 für Wohnungsbaudarlehen. Ihren Ausdruck findet der Zuschlag in einer - recht unterschiedlichen - Erhöhung des Nominalzinssatzes (Spannweite 0,25 bis 0,75 % p. a.) bzw. in der Senkung des Auszahlungskurses (um 0,5 %).

Im übrigen wurde die Frage nach weiteren Kosten der Zahlungsmittelnutzung wie überhaupt nach weiteren Kreditkosten - als solche könnte etwa eine Kreditprovision in Frage kommen - negativ beantwortet.

2.2.1.2 Damnum (Disagio) und Agio

Nicht minder breit gestreut als die Nominalzinssätze für Darlehen sind die ausschließlich bei langfristigen Krediten anzutreffenen Damnum-Sätze. Sie sind es im besonderen Maße bei Konditionen mit längerer Zinsbindung und hier wiederum vor allem im Nicht-Realkredit.

---

14) Vgl. "Preis nach Menge" (o. Verf.), 1987, S. 189.

Tabelle 5: Damnum-Sätze von Wohnungsbaudarlehen ausgewählter Zinsbindungsfristen (in v. H. aller Nennungen)

A. Realkredit

Damnum		Finanzierungsabschnitt / Zinsbindungsdauer					
Klasse	%	voll variabel einzeln	kum.	5 Jahre fest einzeln	kum.	10 Jahre fest einzeln	kum.
I	0 bis unter 1	47	47	36	36	27	27
II	1 bis unter 2	7	54	12	48	7	34
III	2 bis unter 3	27	81	20	68	7	41
IV	3 bis unter 4	20	100	16	84	7	48
V	4 bis unter 5	-	-	-	-	13	61
VI	5 bis unter 6	-	-	8	92	-	61
VII	6 bis unter 7	-	-	4	96	20	81
VIII	7 bis unter 8	-	-	-	-	7	88
IX	8 und darüber	-	-	4	100	13	100

B. Nicht-Realkredit

Damnum		Finanzierungsabschnitt / Zinsbindungsdauer					
Klasse	%	voll variabel einzeln	kum.	5 Jahre fest einzeln	kum.	10 Jahre fest einzeln	kum.
I	0 bis unter 1	37	37	24	24	17	17
II	1 bis unter 2	5	42	12	36	8	25
III	2 bis unter 3	21	63	32	68	8	33
IV	3 bis unter 4	26	89	16	84	17	50
V	4 bis unter 5	11	100	-	-	8	58
VI	5 bis unter 6	-	-	8	92	8	66
VII	6 bis unter 7	-	-	4	96	8	74
VIII	7 bis unter 8	-	-	-	-	8	82
IX	8 und darüber	-	-	4	100	17	100

Bei den Darlehen mit voll variablem Zins und - wenn auch weniger ausgeprägt - bei solchen mit 5jähriger Zinsbindung häufen sich die Merkmalsausprägungen im unteren Bereich. Das liegt in der Natur der Sache. Kurze Zinsbindungsfristen/Finanzierungsabschnitte bzw. Zinsvorteilszeiträume vertragen keine hohen Abschläge; diese würden, da sie nur auf wenige Leistungsperioden verteilt werden könnten, die einzelne Periode mit einem großen Anteil belasten. So sind beim Realkredit sämtliche Abschläge auf zinsvariable Kredite geringer als 4 %; von den Darlehen mit 5jähriger Zinsbindung im Realkredit zählen immerhin 84 v. H. zu den entsprechenden Klassen. Anders bei Realkrediten mit 10-jähriger Zinsbindung: dort wird knapp die Hälfte zu Damnum-Sätzen unter 4 % angeboten. Im Nicht-Realkredit liegen die Besetzungszahlen weniger dicht beieinander; zudem verschiebt sich ihr Häufungspunkt weiter nach oben - ein Umstand, der mit dem größeren Risiko solcher Darlehen zusammenhängen könnte. Auffällig ist bei nachstelligen Darlehen mit 10jähriger Zinsbindung eine nahezu gleichmäßige Streuung über alle Klassen. Es scheint, als erfülle dort das Damnum die ihm u. a. zugeschriebene Funktion der Feineinstellung des Kreditzinses am ehesten[15].

---

15) Siehe 7.5.2.

Schaubild 5: Streuung der Damnum-Sätze von Wohnungsbaudarlehen ausgewählter Zinsbindungsfristen

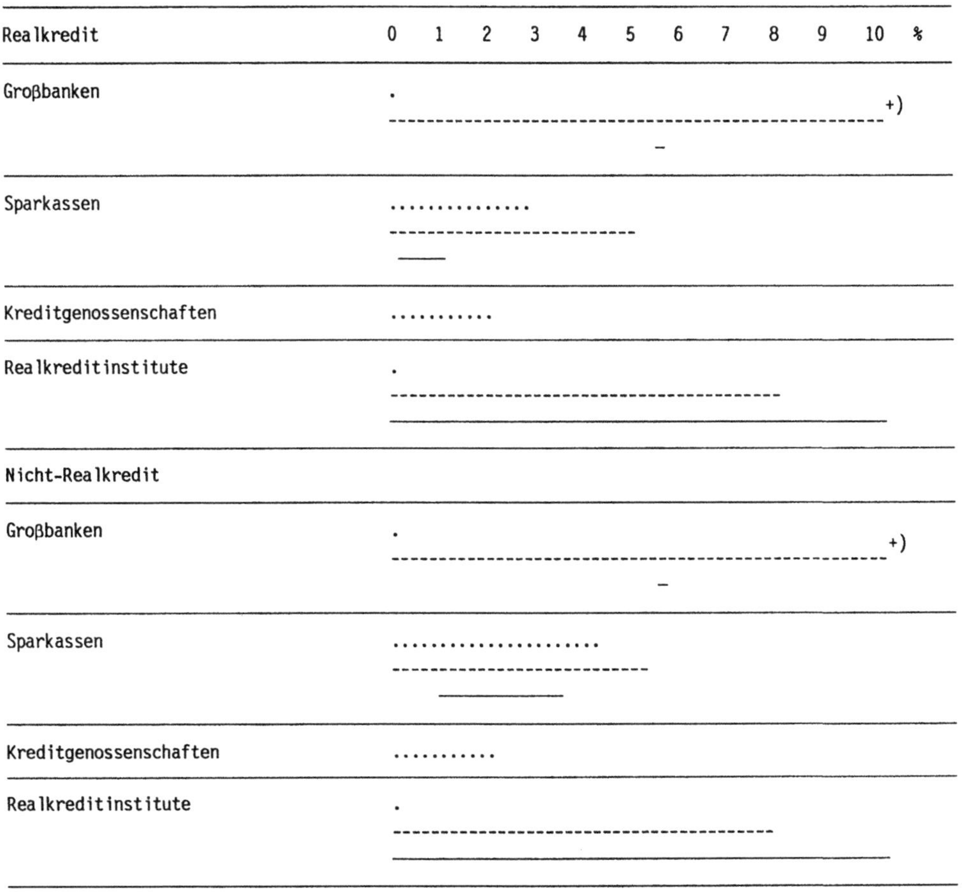

.... voll variabel
---- 5 Jahre fest
—— 10 Jahre fest

+) gilt nur mit Einschränkungen

Das Schaubild 5 zur Streuung der Damnum-Sätze, wieder aufgegliedert nach den drei Zinsbindungsvarianten und unterteilt nach Institutsgruppen, verdeutlicht die bereits mehrfach erwähnte Spannweite. Dies trifft vornehmlich auf die Gruppe der Realkreditinstitute zu. Für Sparkassen, aber auch für Teile des Großbankensektors erscheint eine geringere Variationsbreite ausreichend. Bedingt durch die Art ihrer Refinanzierung - Hauptquelle: Spareinlagen - muß das Damnum nicht wie bei Realkreditinstituten die Kurs-Abschläge von unter pari-Pfandbriefemissionen kompensieren, sondern kann zum wesentlichen Teil dazu verwandt werden, allgemein mit der Kreditgewährung verbundene Kosten aufzufangen. Gleiches gilt auch für Kreditgenossenschaften.

Zum Agio, einem der Darlehenssumme hinzuzuschlagenden Aufgeld, erbrachte die Befragung keine konkreten, insbesondere keine meßbaren Ergebnisse. Lediglich vereinzelt wurde angedeutet, daß hierüber mit dem Darlehensnehmer eine Vereinbarung getroffen werden könne.

2.2.2 Entgelte für empfangene Arbeitsleistungen

2.2.2.1 Bearbeitungsgebühr

Bei Ratenkrediten ist es üblich, dem Kreditnehmer eine Bearbeitungsgebühr zu berechnen. Diese Tatsache wird durch die Ergebnisse der Untersuchung bestätigt: alle befragten Institute erheben eine solche Gebühr. Ihre Höhe bewegt sich bei der Mehrzahl zwischen 2 und 3 %, nur bei 4 v. H. der Nennungen reicht die Schwankungsbreite von 1,5 bis 3,5 %. Daneben finden sich noch Gebührensätze von 1 % für besonders kurze Laufzeiten, Spezialausstattungen und zweckgebundene Sonderfinanzierungen[16]. Insgesamt gesehen zeigt dieser Teilpreis beim Ratenkredit einen hohen Grad an Standardisierung.

---

16) Mit 12 v. H. in der Klasse "2 %" enthalten.

Tabelle 6: Bearbeitungsgebühren bei Ratenkrediten

in % der Kreditsumme	alle Instituts-gruppen	Großbanken und sonstige Kreditbanken	Sparkassen	Kredit-genossen-schaften	Teil-zahlungs-banken
			in v. H.		
2	75	87,5	87,5	75	25
2 bzw. 3 (nach Laufzeit)	12,5	12,5	12,5	25	
3	8,3				50
1,5 bis 3,5	4,2				25
Summe	100	100	100	100	100
n	24	8	8	4	4

Die Einräumung von Kontokorrentkrediten ist weniger oft mit der Erhebung einer Bearbeitungsgebühr verbunden. Ob die Ausnahmeregelung des § 4 Abs. 5 PAngV 1985 - wonach bei Verzicht auf Kreditnebenkosten unter bestimmten abrechnungstechnischen Voraussetzungen ein Effektivzins nicht angegeben werden muß[17] - hierzu beigetragen hat, muß offen bleiben. Jedenfalls rechnen 83 v. H. der befragten Institute keine Bearbeitungsgebühr. Unter den verbleibenden 17 v. H. wird sie von weiteren 4 v. H. gegebenenfalls erlassen.

---

17) Siehe 3.3.8.

Tabelle 7: Bearbeitungsgebühren bei Kontokorrentkrediten

in % des Kreditrahmens	alle Instituts- gruppen	Großbanken und sonstige Kreditbanken	Sparkassen	Kredit- genossen- schaften	Teil- zahlungs- banken
			in v. H.		
0	82,6	62,5+)	100	100	66,7
2	13,0	25++)			33,3
3	4,3	12,5			
Summe	100	100	100	100	100
n	23	8	8	4	3+++)

+) darunter 12,5 v. H. 2 o/oo Bearbeitungsgebühr
++) darunter von 12,5 v. H. nach Höhe gestaffelt und ggf. erlassen
+++) eines der berichtenden Institute gewährt keinen Kontokorrentkredit

Bei Wohnungsbaudarlehen hält sich der Anteil der Institute, die dem ersten Anschein nach auf eine Bearbeitungsgebühr verzichten (50 v. H., wenn man jene 6 v. H. einbezieht, die sich mit einem Kostenersatz von max. DM 100 begnügen), die Waage mit jenen, die sie in Rechnung stellen. Dabei darf nicht übersehen werden, daß manche Institute - so besonders Sparkassen - anstelle der Bearbeitungsgebühr oder unter deren Einbeziehung ein Disagio in Ansatz bringen, das ein Arbeitsentgelt verkörpert bzw. einschließt. Insofern kann aus dem Fehlen einer Bearbeitungsgebühr noch kein Schluß auf die Gesamthöhe der Kreditnebenkosten gezogen werden. Die Tabelle 8 zeigt die Streuung in der Höhe des Entgelts Bearbeitungsgebühr bei Wohnungsbaudarlehen für sich betrachtet.

Tabelle 8: Bearbeitungsgebühren bei Wohnungsbaudarlehen

in DM bzw. % des Darlehensnennbetrages	alle Instituts-gruppen	Großbanken+)	Sparkassen++)	Kredit-genossen-schaften	Real-kredit-institute
		in v. H.			
DM 0	44,4		75+++)	50	20
max. DM 100	5,6				20
0,3 %	5,6				20
0,5 %	16,7	33,3	12,5		20
1 %	22,2	66,7		50	20
2 %	5,6		12,5o)		
Summe	100	100	100	100	100
n	18	3	8	2oo)	5

+) befragte sonstige Kreditbanken sind nicht einschlägig tätig (gilt für alle Tabellen v. Wohnungsbaudarlehen)

++) einige Sparkassen berechnen ein Damnum, welches - wenigstens z. T. - den Charakter einer Bearbeitungsgebühr hat. So sind in einem Falle 2 % Bearbeitungsgebühr im Damnum enthalten

+++) in einem Falle wird bei Regeltilgung von 1 bis 2 % auf Bearbeitungsgebühr verzichtet; sonst werden 3 bis 4 % gerechnet

o) deklariert als Verwaltungsgebühr

oo) übrige befragte Institute sind nur vermittelnd tätig

2.2.2.2 Vermittlungsgebühr

Bezüglich der Vermittlungsgebühr hat die Erhebung bemerkenswerte Resultate zutage gefördert. Folgt man ihnen, so stellt die Weiterbelastung dieser Gebühr eine Ausnahme dar. Selbst im Ratenkredit wird lediglich von 8 v. H. der befragten Institute dem Kreditnehmer eine Vermittlungsgebühr in Rechnung gestellt, weitere 4 v. H. belasten sie äußerst selten und dann nur nach vorheriger Vereinbarung. Von den übrigen haben knapp 13 v. H. ergänzend bemerkt, sie trügen Vermittlungskosten selbst, und weitere 20 v. H. darauf hingewiesen, daß sie nicht mit Vermittlern zusammenarbeiteten. (Jene, die den Kreditkunden mit Vermittlungsgebühr belasten, haben 3,5 bis 4 % und auch 5 % als Sätze genannt.) Bei der Gewährung von Wohnungsbaudarlehen liegen von 72 v. H. der Institute negative Antworten vor; die übrigen machten keine Angaben. Im Kontokorrentkredit ist von der Sache her für Vermittlungsgebühren kein Platz.

Wenn auch kein Anlaß besteht, die Richtigkeit der erteilten Antworten in Zweifel zu ziehen, so muß man gleichwohl dem durch die Resultate der Erhebung hervorgerufenen Eindruck, die Weiterbelastung von Vermittlungsgebühren sei eine Randerscheinung, mit Skepsis begegnen[18].

2.2.2.3 Schätz(ungs)gebühr

Eine beträchtliche Schwankungsbreite ist bei der Schätz(ungs)gebühr festzustellen. Das gilt vornehmlich für den Bereich der Wohnungsbaudarlehen, wo diese Komponente hauptsächlich anzutreffen ist. Dort findet sich neben Festkostenpauschalen unterschiedlicher Höhe eine Staffelung nach Darlehenssumme und - in der Mehrzahl der Fälle - eine in Promille-Sätzen ausgedrückte Relation zum Darlehensnennbetrag bzw. Schätzwert, eingegrenzt von absoluten Maximum- und Minimumbeträgen. In 6 v. H. der Nennungen werden Schätz(ungs)gebühren erst von einer bestimmten Darlehenshöhe an berechnet.

---

18) Vgl. dazu die Ergebnisse einer empirischen Untersuchung von Bitz/Kissing/Rausch, 1982, S. 125. Danach betrug der Anteil der Vermittlungsgebühr (Courtage) am Bruttoerlös der Kreditvermittler 1980 immerhin durchschnittlich gut 22 %. - Vgl. aber auch Emmerich/Kessler, denen zufolge die Vermittlungsprovisionen "heute nur noch bei dem kleinen Teil (3 %) der Ratenkredite der Teilzahlungsbanken eine Rolle spielen" (1986, S. 18). - Über etwaige Vermittlungsgebühren, die Kreditnehmer unmittelbar an Makler zahlen, lassen sich anhand einer bei Kreditinstituten durchgeführten Erhebung naturgemäß keine Aussagen machen.

Tabelle 9: Schätz(ungs)gebühren bei Wohnungsbaudarlehen

Zähler	alle Instituts-gruppen	Großbanken	Sparkassen	Kredit-genossen-schaften	Real-kredit-institute
			in v. H.		
keine Gebühr	27,8	33,3		100	40
1 o/oo des Schätzwertes	16,7		37,5+)		
0,5 o/oo des Darlehens-nennbetrages	5,6		12,5++)		
1 o/oo des Darlehens-nennbetrages	5,6		12,5+++)		
3 o/oo des Darlehens-nennbetrages	16,7	33,3			40
in o/oo gestaffelt nach Darlehensnennbetrag	11,1		25,0		
ab TDM 200 Darlehens-nennbetrag	5,6				20
DM 300 (Festgebühr)	5,6		12,5		
DM 350 (Festgebühr)	5,6	33,3			
Summe	100	100	100	100	100
n	18	3	8	2	5

+) bei 12,5 v. H. für Einfamilienhäuser und Eigentumswohnungen pauschal DM 100, bei weiteren 12,5 v. H. mindestens DM 300, höchstens DM 3.000 und bei restlichen 12,5 v. H. mindestens DM 300 allgemein bzw. mindestens DM 100 für Eigentumswohnungen in Mehrfamilienhäusern ab 4 Wohneinheiten

++) mindestens DM 50, höchstens DM 500

+++) mindestens DM 75

Die verschiedenartigen Berechnungsgrundlagen und -methoden können - je nachdem, welches Angebot man akzeptiert - zu starken Ausschlägen in Bezug auf die absolute Höhe dieser Teilleistung führen. In dem für die Erhebung gewählten Kreditbeispiel (Darlehen von DM 150.000) würde die Spannweite der Merkmalsausprägungen von 0 bis DM 450 reichen.

Nach Tabelle 9 bilden zwar mit 28 v. H. die Institute, welche keine Schätz(ungs)gebühr erheben, die größte Gruppe. Doch ist folgendes zu beachten: Der Verzicht auf diese Gebühr bewirkt für die Gesamthöhe der Gegenleistung wenig oder gar nichts, wenn anstelle einer Schätz(ungs)-gebühr eine entsprechend höhere Bearbeitungsgebühr gefordert wird. Obwohl der Umstand, daß die Schätz(ungs)gebühr nicht zu den in die Errechnung des effektiven Jahreszinses gemäß PAngV 1985 einzubeziehenden Faktoren gehört, eher einen Anreiz bietet, eine - möglichst hohe, die einzubeziehende Bearbeitungsgebühr vielleicht gar entlastende - Schätz(ungs)gebühr gesondert zu berechnen, wird auf ihre separate Geltendmachung noch häufig verzichtet[19]. Ein direkter Zusammenhang zwischen den beiden Merkmalen im Sinne einer Korrelation ist allerdings aus dem vorliegenden Material nicht herzuleiten. Das dürfte auch schon wegen der - oben beschriebenen - Vermengung von Bearbeitungsgebühr und Damnum schwerfallen.

Bei Einräumung von Kontokorrentkrediten finden Schätzungen nur statt, wenn dingliche Sicherheiten herangezogen werden; und das ist bei weitem die Minderzahl der Fälle. So kommt es, daß Schätz(ungs)gebühren im Zusammenhang mit Kontokorrentkrediten vielfach gar nicht entstehen (bei 68 v. H. der befragten Institute, soweit sie dazu Angaben machten) oder als unüblich bezeichnet wurden (von weiteren 14 v. H.). Lediglich 18 v. H. bezifferten die von ihnen berechneten Schätz(ungs)gebühren; der Schwerpunkt liegt bei 1 o/oo des Schätzwertes.

----

19) Siehe hierzu auch 6.1.7.

Tabelle 10: Schätz(ungs)gebühren bei Kontokorrentkrediten

Zähler	alle Instituts-gruppen	Großbanken und sonstige Kreditbanken	Sparkassen	Kredit-genossen-schaften	Teil-zahlungs-banken
			in v. H.		
keine Gebühr	68,2	100	12,5	100	100
unüblich oder selten	13,6		37,5		
1 o/oo des Schätzwertes (mit Mindestbetrag)	9,1		25		
1 o/oo der Kreditlinie (mit Mindestbetrag)	4,5		12,5		
gestaffelt nach Kredit-höhe	4,5		12,5		
Summe	100	100	100	100	100
n	22	8	8	3+)	3

+) ein Institut machte keine Angaben

In Bezug auf Ratenkredite erklärten 83 v. H. der befragten Institute, daß sie keine Schätz(ungs)gebühr erheben, 13 v. H. bezeichneten sie als unüblich oder selten. Nur 4 v. H. rechnen offenbar regulär zwischen DM 200 und DM 600 im Einzelfall.

2.2.2.4 Kontoführungsgebühr

Mit Ausnahme von 6 v. H. der im Wohnungsbaudarlehensgeschäft tätigen wird von den befragten Instituten keine Kontoführungsgebühr erhoben. In den genannten Ausnahmefällen beträgt sie DM 3,00 pro Monat.

2.2.3 Entgelte für Zahlungsmittelverfügbarkeit

Hinsichtlich der Entgelte für Verfügbarkeit, also der Gegenleistung für die Zahlungsmittelbereitstellung, lieferte die Befragung ein recht uniformes Erscheinungsbild.

Tabelle 11: Bereitstellungsprovision bei Wohnungsbaudarlehen

% p. a.	alle Instituts- gruppen	Großbanken	Sparkassen	Kredit- genossen- schaften	Real- kredit- institute
			in v. H.		
0	5,6			50	
2	11,1		25+)		
2,5	5,6		12,5		
3++)	77,8	100	62,5	50	100
Summe	100	100	100	100	100
n	18	3	8	2	5

+) von 12,5 v. H. wird bei variablem Zins 3,5 % p. a. gerechnet
++) bzw. 0,25 % p. M.

Für die Bereitstellung eines Wohnungsbaudarlehens wird von 94 v. H. der befragten Institute auf den nicht beanspruchten Darlehensteil eine Provision berechnet. Bei 78 v. H. beträgt diese Provision 3 % p. a. bzw. 0,25 % p. M., 17 v. H. berechnen geringere Sätze. Bemerkenswert erscheint in diesem Zusammenhang, daß von Instituten, die neben Darlehen mit Zinsbindungsfristen solche mit voll variablem Zins anbieten, auch bei Gewährung letztgenannter Kredite eine Bereitstellungsprovision berechnet wird - nur 6 v. H. bilden hiervon eine Ausnahme. Bei 6 v. H. liegt diese Provision in ihrer Höhe sogar über derjenigen für Kredite mit Zinsbindungsfrist. Die Zahlungspflicht für Bereitstellungsprovisionen für Kredite mit voll variablem Zins setzt allerdings später ein als bei anderen Krediten.

Eine Bereitstellungsprovision für Kontokorrentkredite (Kreditzusageprovision) wird nach den vorliegenden Angaben von keinem befragten Institut berechnet. Offenbar ist sie im Privatkundengeschäft nicht üblich.

Bei Teilzahlungskrediten fallen Einräumung und Vollinanspruchnahme zeitlich zusammen. Für eine Provision, die etwa entstehende Kosten einer Bereithaltung abgelten müßte, ist somit kein Raum.

2.2.4 Entgelte für Inanspruchnahme von Dritthaftung

Eine Gegenleistung, die innerhalb der hier untersuchten Kreditarten grundsätzlich nur in Verbindung mit der Gewährung von Wohnungsbaudarlehen gefordert wird, ist die Provision für Erlangung und Aufrechterhaltung einer öffentlichen Bürgschaft. In diesem Punkte erbrachte die Erhebung nur geringe Aufschlüsse. Sie reichen nicht aus, um etwaige quantitative Einflüsse auf den Kreditpreis abzuschätzen. Erschwert wird ein solches Bemühen noch dadurch, daß sich die Bedingungen für öffentliche Bürgschaften angabegemäß in den einzelnen Bundesländern unterscheiden. Aus den im Rahmen von Interviews erteilten Antworten gewann der Verfasser den Eindruck, daß mit öffentlichen Bürgschaften vom überwiegenden Teil der befragten Realkreditinstitute, aber auch von anderen Banken wenig gearbeitet wird. Als Gründe wurden eingeschränkter Verwendungszweck (ausschließlich Neubau), aber auch lange Antragsfristen angegeben. Nur 11 v. H. aller befragten Institute bezifferten die von ihnen dem Kreditnehmer (weiter-)belastete Bürgschaftsprovision; davon nannte die Hälfte eine einmalige Gebühr von 2 %, die andere eine laufende von 0,5 %. Die übrigen gaben zu erkennen, daß sie die Frage als gegenstandslos betrachten. In den wenigen Fällen, in denen Bürgschaftsprovisionen berechnet werden, bewirkt die mit der öffentlichen Haftung für das ausleihende Institut einhergehende Risikominderung eine Verbilligung der Darlehenszinsen um 1/2 % oder einen ähnlichen Satz. Dadurch werden die Zinssätze solcher nachstelligen Darlehen - denn nur sie kommen für eine öffentliche Verbürgung in Betracht - auf das Niveau von Realkrediten gesenkt.

Ohne praktisches Ergebnis blieb auch die Frage nach etwa ausbedungenen Restschuldversicherungen. Lediglich 8 v. H. der im Ratenkredit tätigen Kreditinstitute bezeichneten im Interview den Abschluß einer Restschuldversicherung als wünschenswert, besonders dann, wenn keine zweite Person für die Rückzahlung hafte[20].

2.2.5 Kreditrückzahlung

2.2.5.1 Rückzahlung/Fälligkeit in einer Summe

Es gehört zu den Grundeigenschaften des typischen Kontokorrentkredits, daß die anläßlich seiner Einräumung getroffenen Vereinbarungen ein Ende der Kapitalnutzung entweder durch Fristablauf oder - bei Absprachen ohne zeitliche Begrenzung - durch Kündigung bzw. Widerruf der gegebenen Zusage, keinesfalls aber durch allmähliche Tilgung der Kreditschuld vorsehen. Diese Aussage wird durch das Ergebnis der Erhebung im wesentlichen bestätigt. Mindestens 70 v. H. der Antworten lassen keinen Zweifel daran zu, daß Kontokorrentkredite auf die beschriebene Weise ihr Ende finden. Andererseits zeigen 17 v. H. der Nennungen, daß die hinter ihnen stehenden Institute - teils als alternatives Angebot - Kreditformen entwickelt haben, welche Zwischenglieder darstellen auf dem Wege vom typischen Kontokorrentkredit zum Raten- oder Abzahlungskredit und ihren abweichenden Charakter besonders in der Art der Rückgewähr des Kreditkapitals zu erkennen geben. Es ist ausdrücklich von "Tilgung" die Rede. Auch findet sich die Festsetzung von Mindestrückzahlungsbeträgen, sei es als allgemeine Untergrenze, sei es als Ergebnis individueller Vereinbarungen, oder der Kredit wird bereits als Kontokorrent-Tilgungskredit bezeichnet. Hinsichtlich der verbleibenden 13 v. H. ist aufgrund der erteilten Antworten zu vermuten, daß sie eher zur erstgenannten als zur zweiten Gruppe gerechnet werden müssen, doch erscheint ihre Zuordnung nicht ganz so eindeutig. Immerhin läßt das Ergebnis der Befragung den Schluß zu, daß es im privaten Kontokorrentkredit Ansätze zu einer Aufweichung der Standardkreditfor-

----

20) Das vorliegende Befragungsergebnis unterscheidet sich deutlich von dem einer 1982 von Bitz/Kissing/Rausch durchgeführten Erhebung über "Leistungsangebot und Ertragslage deutscher Kreditvermittler", derzufolge der Abschluß einer Restschuldversicherung "überaus häufig" stattfindet - und dabei zumeist auf einen Wunsch des Kreditinstituts zurückgeht (S. 123).

men gibt, die zu einer Verwischung ihrer Konturen führen und zugleich die Errechnung des Kreditpreises erschweren kann[21].

Die Form des Ratenkredits schließt die Rückzahlung/Fälligkeit in einer Summe aus.

Auch für Wohnungsbaudarlehen bildet sie schon wegen der absoluten Höhe üblicher Finanzierungen die Ausnahme. Sie dürfte vorwiegend in Verbindung mit der Ablösung durch Bauspardarlehen oder Kapitallebensversicherungen vorkommen; 17 v. H. der mit Wohnungsbaudarlehen umgehenden Institute haben eine Endfälligkeit als denkbare Alternative erwähnt.

2.2.5.2 Annuitäten- und Ratentilgung

a) <u>Wohnungsbaudarlehen</u>

Die Annuitätentilgung ist die bei Wohnungsbaudarlehen vorherrschende Form der Rückzahlung[22], 67 v. H. der befragten Institute bezeichnen sie als die einzige - so sämtliche Realkreditinstitute, weitere 11 v. H. als die des Regelfalls - so einige Institute des Sparkassensektors. Hinzu kommen 17 v. H., mit denen neben der Annuitätentilgung die Ratentilgung bzw. die Gesamtfälligkeit als Rückzahlungsform vereinbart werden kann. Nur für 6 v. H. der berichtenden Institute ist die Ratentilgung die einzige Art der Rückzahlung. Um abzuschätzen, wie hoch der Anteil der Ratentilgung im äußersten Fall sein kann, müßte man die gleichsam fakultativen Merkmalsausprägungen, die in den Segmenten "Annuität als Regelfall" und "Entweder Annuitäten- oder Ratentilgung" einbegriffen sind, nämlich 22 v. H., hinzurechnen. Man käme dann auf nahezu 28 v. H. Doch würde man damit das Gewicht der Ratentilgung vermutlich überschätzen. Zumindest bei Darlehen an Private tritt sie hinter der Annuitätentilgung wegen deren konstanter Jahresleistung an Bedeutung weit zurück.

----

21) Auf die sich aus den verschiedenartigen Mischformen für die Ermittlung des Kreditpreises ergebenden Schwierigkeiten wird in 5.2 näher eingegangen.

22) Vgl. Köndgen, 1987, S. 160.

Die Höhe der Anfangstilgung bei Wohnungsbaudarlehen wird von 44 v. H. der befragten Institute mit 1 % und von 17 v. H. mit 1 bzw. 2 % angegeben. Weitere 11 v. H. nennen mindestens 1 %; 6 v. H. bezeichnen sie als von Risiko und Zinsbindung abhängig und 17 v. H. machen keine verwertbaren Aussagen. Über die Höhe von Ratensätzen liegen Zahlenangaben nicht vor.

Die Laufzeit von Annuitätendarlehen wird durch Nominalzins und Tilgungssatz bestimmt.

b) Ratenkredite

Ratenkredite werden durchgängig mittels einer Annuität, der entsprechenden konstanten Monatsleistung getilgt, die aus einem abnehmenden Zinsteil und einem im gleichen Umfang zunehmenden Tilgungsteil besteht. Unterschiede finden sich auf diesem Feld nur in der Höchstlaufzeit, zu der Ratenkredite gewährt werden. Sie reicht von 48 Monaten über 60 bis zu 72 Monaten; ausnahmsweise trifft man auch 84 Monate oder gar eine solche, die nach Vereinbarung mit dem Kunden zustandekommt (aber wohl kaum länger sein dürfte). Das Schwergewicht liegt bei einer Höchstlaufzeit von 72 Monaten.

Tabelle 12: Höchstlaufzeit von Ratenkrediten

Monate	alle Instituts-gruppen	Großbanken und sonstige Kreditbanken	Sparkassen	Kredit-genossen-schaften	Teil-zahlungs-banken
			in v. H.		
48	4,2			25	
60	20,8	25+)	25		25
72	54,2	75++)	62,5	50	
84	16,7		12,5		75
nach Vereinbarung	4,2			25	
Summe	100	100	100	100	100
n	24	8	8	4	4

+) davon 12,5 v. H. evtl. bis 72 Monate
++) davon 12,5 v. H. ausnahmsweise bis 84 Monate

c) Kontokorrentkredite

Soweit bei Kontokorrentkrediten Tilgungsvereinbarungen getroffen werden - vgl. 2.2.5.1 -, kann es sich nur um Raten handeln, um die eine Kreditschuld zu vorbestimmten Zeitpunkten reduziert werden muß (unmittelbare Vorgabe) oder Kreditobergrenzen, die nach vorbestimmten Zeitpunkten nicht mehr überschritten werden dürfen (mittelbare Vorgabe).

Die Höhe der Rate ist meist von der zuvor beanspruchten Kreditlinie abhängig.

Quantifizierbare Angaben waren nur in Ausnahmefällen erhältlich. Eine allgemeine Aussage läßt sich nicht darauf aufbauen.

2.3 Konditionsbindungsdauer

2.3.1 Zinsbindungsdauer

Eine vertraglich zugesicherte feste Zinsvereinbarung für die gesamte Kreditlaufzeit ist uneingeschränkt nur bei Ratenkrediten anzutreffen.

Umgekehrt ist bei Kontokorrentkrediten eine Zinsbindung unbekannt. Es besteht die Möglichkeit einer jederzeitigen Änderung.

Nichts anderes hat die Befragung der einschlägig tätigen Kreditinstitute ergeben.

Auch bei Wohnungsbaudarlehen, welche noch in den frühen sechziger Jahren zu Festkonditionen für die gesamte Finanzierungsdauer angeboten wurden, überwiegen gegenwärtig zeitlich beschränkte Festzinsvereinbarungen für kürzere bis mittelfristige Finanzierungsabschnitte bzw. Zinsbindungszeiträume. Die Kreditgeber tragen damit den kürzer gewordenen Laufzeiten ihrer Refinanzierungsmittel Rechnung[23)]. Einen breiten Raum nehmen Darlehen mit von vornherein variablem Zins ein. Sie werden selbst von einem Teil der Realkreditinstitute angeboten.

---

23) Vgl. hierzu Statistische Beihefte zu den Monatsberichten der Deutschen Bundesbank, Reihe 2, Tab. 5 d. Danach hatten Ende Oktober 1988 74 % der im Umlauf befindlichen Pfandbriefe (22.860 Mio DM) mittlere Restlaufzeiten von unter 10 Jahren. Der Anteil der Pfandbriefe mit Laufzeiten von weniger als 10 Jahren gemäß Emissionsbedingungen am Brutto-Absatz des Berichtsmonats Oktober 1988 betrug 79 %. Vgl. im grundsätzlichen Paul, 1974, S. 158. Paul hat errechnet, daß die durchschnittliche vereinbarte Laufzeit neu emittierter Pfandbriefe von 1969 bis 1971 von rd. 30 auf 17 Jahre sank.

Tabelle 13: Zinsbindungsdauer von Wohnungsbaudarlehen (alle Institutsgruppen, in v. H. der Nennungen)

Klasse	Zinsbindungsdauer	Realkredit einzeln	Realkredit kum.	Nicht-Realkredit einzeln	Nicht-Realkredit kum.
		in v. H.			
I	voll variabel	20	20	19	19
II	1 bis unter 5 Jahre	20	40	22	41
III	5 bis unter 10 Jahre	20	60	32	73
IV	10 Jahre	19	79	13	86
V	15 Jahre	11	90	8	94
VI	20 Jahre	7	97	1	95
VII	Gesamtlaufzeit	4	100	4	100

Wie Tabelle 13 zeigt, hatten 60 v. H. der im Realkredit und sogar 73 v. H. der im Nicht-Realkredit angebotenen Darlehen Zinsbindungsfristen von weniger als zehn Jahren.

2.3.2 Geltungsdauer von Tilgungsvereinbarungen

Es liegt in der Abwicklungstechnik der sogenannten Zuschlagsmethode begründet, daß bei Ratenkrediten Tilgungsvereinbarungen für die gesamte Laufzeit gelten. Die Division der Gesamtschuld durch die vorgesehene Anzahl an Monatsraten ergibt die zugehörige Ratenhöhe, welche über die Laufzeit konstant bleibt und worin ein hierdurch vorbestimmter Tilgungsanteil enthalten ist. Anzeichen für eine abweichende Handhabung waren nicht erkennbar. Das gilt selbst für die wenigen Ratenkredite, die nicht nach der Zuschlagsmethode abgerechnet werden.

Tilgungsregelungen für Kontokorrentkredite, soweit diese in der Mischform des Kontokorrent-Tilgungskredites eingeräumt werden, gelten allgemein für die Gesamtdauer des Kreditverhältnisses.

Bei Wohnungsbaudarlehen lauten die Antworten hinsichtlich Geltungsdauer von Tilgungsregelungen entweder auf Gesamtlaufzeit (59 v. H.) oder Zinsbindungsfrist/Finanzierungsabschnitt (29 v. H.) oder auf beides (12 v. H.). Doch sollte diese Unterteilung nicht zu vorschnellen Schlüssen verleiten. Wie bereits gezeigt[24)], bewirkt bei bloßer Änderung des Nominalzinses im Rahmen einer Anschlußfinanzierung die Systematik einer Annuitätentilgung, daß sich auch die Tilgungsleistungen verschieben.

Verschiedentlich findet aber auch eine Neuvereinbarung des nominalen Tilgungssatzes statt.

2.4 Beginn der Zahlungspflicht (Zahlungsfälligkeit)

2.4.1 Beginn der Zinszahlungspflicht

Die Ergebnisse der Befragung erscheinen trivial wie die Fragestellung selbst. Sämliche Kreditinstitute haben bei allen drei Kreditarten erklärt, daß die Verzinsung mit der Inanspruchnahme begänne.

Für Kontokorrentkredite mag dieses Resultat auf sich beruhen[25)].

Bei Ratenkrediten und standardisierten Wohnungsbaudarlehen wird dieser Gegenstand in Anbetracht üblicher und zulässiger Pauschalierungen[26)] noch zu untersuchen sein, da von solchen Praktiken Auswirkungen auf den Effektivzins ausgehen[27)]. Die Umfrageergebnisse geben zu diesem Komplex keinen Aufschluß.

---

24) Siehe 1.3.5.

25) Die bereits in Kapitel 1 erwähnte englische Buchungsmethode braucht hier nicht wieder aufgegriffen zu werden, da sie anscheinend in der Praxis keine Anwendung mehr findet.

26) Vgl. Ausführungshinweise zu § 4 PAngV 1985 Ziff. 2.3.

27) Siehe 6.2.2.

2.4.2 Beginn der Provisionszahlungspflicht

Kreditnebenkosten mit der Dimension eines Zeitraumes (wie Kreditprovision) sind in Verbindung mit dem Kontokorrentkredit bei der Umfrage nicht in Erscheinung getreten.

Bei Ratenkrediten berechnete Nebenkosten - sofern sie vorkommen - werden in die sogenannte Kreditgebühr einbezogen und gehen in den Monatsraten auf. Für eine gesonderte Betrachtung solcher Kosten ist daher kein Platz.

Eine eigene Charakteristik besitzt hingegen die bei Wohnungsbaudarlehen übliche Bereitstellungsprovision. Sie wird - gewissermaßen als Negativzins - vor der (Voll-)Inanspruchnahme des Darlehens und solange, wie diese aussteht, fällig. Indes setzt deren Berechnung bei den berichtenden Instituten zu unterschiedlichen Zeitpunkten ein.

Tabelle 14: Beginn der Zahlungspflicht bei Bereitstellungsprovision für Wohnungsbaudarlehen

Monate nach Darlehenszusage bzw. Antragsannahme bzw. Antragstellung	alle Institutsgruppen	Großbanken	Sparkassen	Kreditgenossenschaften	Realkreditinstitute
			in v. H.		
unter 1	11,1		25+)		
1 bis unter 2	27,8		37,5++)		40
2 bis unter 3	38,9	66,7	25+++)	50	40
3	16,7	33,3	12,5		20
keine Gebühr	5,6			50	
Summe	100	100	100	100	100
n	18	3	8	2	5

+) Davon rechnen 12,5 v. H. bei variablem Zins erst ab 3 Monaten nach Darlehensbewilligung
++) Davon rechnen 25 v. H. bei variablem Zins erst ab 3 Monaten nach Antragstellung bzw. Darlehensbewilligung
+++) Davon rechnen 12,5 v. H. bei variablem Zins erst 4 Monate nach Antragstellung
weitere 12,5 v. H. bei variablem Zins erst 6 Monate nach Darlehensbewilligung

Mit 39 v. H. liegt der Häufungswert in der Zeitklasse von 2 bis unter 3 Monaten; doch reicht die Spannweite von acht Tagen nach Bewilligung über drei Monate provisionsfreier Bereitstellung bis hin zum völligen Verzicht auf eine solche Provision. Unterschiedlich ist auch das Ereignis, welches den Beginn der Zeitrechnung auslöst: Darlehenszusage, Antragsannahme oder bereits Antragstellung. Je nach Dauer der Bearbeitung können sich hieraus weitere mehr oder weniger große Zeitdifferenzen ergeben. Anzumerken ist ferner, daß bei einigen Sparkassen eine Bereitstellungsprovision für Darlehen mit voll variablem Zins 1 bis 3 Monate später zu laufen beginnt als für Darlehen mit festem Zins (vgl. Fußnoten zur Tabelle 14).

2.4.3 Beginn der Tilgung/Kreditrückführung

Die Verfahrenstechnik der Zuschlagsmethode[28] läßt auch für den Tilgungsbeginn der so strukturierten Ratenkredite wenig Spielraum. Die Angaben aller nach dieser Methode arbeitenden Institute lauten deshalb im Tenor einheitlich auf eine Zeitspanne von 30 bis äußerstens 45 Tagen, d. h. auf den 1. oder 15. des Folgemonats nach Inanspruchnahme. Nur dort, wo Ratenkredite wie andere Kredite abgerechnet werden, erreicht der tilgungsfreie Vorlauf 8 Wochen.

Im Segment der Wohnungsbaudarlehen begegnet man unterschiedlich langen Vorlaufzeiten. Die Spannweite reicht von der Bedingung eines sofortigen Tilgungsbeginns bis hin zu 5 Freijahren.

---

28) Siehe im einzelnen 4.2.

Tabelle 15: Beginn der Tilgung bei Wohnungsbaudarlehen

Zeitlicher Abstand zur (Voll-)Inanspruchnahme in Monaten	alle Instituts-gruppen	Großbanken	Sparkassen	Kredit-genossen-schaften	Real-kredit-institute
			in v. H.		
0	11,8	33,3			20
max. 1	23,5	33,3+)	28,6	50	
max. 3	17,6		42,9++)		
innerhalb von 6	5,9		14,3		
max. 12	17,6			50+++)	40
max. 60	17,6		14,3		40
nach Vereinbarung	5,9	33,3			
Summe	100	100	100	100	100
n	17	3	7o)	2	5

+) u. U. auch erst 3 Monate nach Vollinanspruchnahme
++) davon 14,3 v. H. bei Neubauten erst nach Fertigstellung
+++) davon 25 v. H. gegebenenfalls max. 15 Monate
o) verminderte Grundgesamtheit wegen fehlender Angaben

Bezüglich Kontokorrent-Tilgungskrediten lassen die spärlichen Angaben keine Schlußfolgerungen zu.

2.5 Häufigkeit der Zahlungen

2.5.1 Einmalige Zahlungen

Nach einem in der Praxis gebräuchlichen Einteilungsschema unterscheidet man zwischen einmaligen und wiederkehrenden Zahlungen. Einmalige Zahlungen - oder kürzer: Einmalzahlungen - sind überwiegend zu Beginn einer Kreditbeziehung fällig. Dazu gehören gegebenenfalls Vermittlungsgebühren, Schätz(ungs)gebühren, Teilauszahlungszuschläge (in Form von Einmalbeträgen), Einmalprovisionen für Bürgschaften und Einmalprämien für Restschuldversicherungen, in erster Linie aber Bearbeitungsgebühren (auch solche, die als Damnum deklariert sind). Auszahlungsabschläge unter der Bezeichnung eines Damnums sind aber nicht in jedem Falle einmalig, sondern nur dann, wenn sie anstelle einer Bearbeitungsgebühr gerechnet werden und über die Gesamtlaufzeit des Darlehens nicht wieder anfallen. Für Zinsvorteils-Disagio-Zahlungen, deren Wirkung sich mit Ablauf des Vorteilszeitraumes erschöpft, gilt das hingegen nicht. Hier kann, wenn der Zinsvorteil über die Bindungsfrist hinaus gewahrt werden soll, sehr wohl ein neues Damnum entstehen.

Konkrete Nennungen bezogen sich auf Bearbeitungsgebühren, Schätz(ungs)gebühren, Teilauszahlungszuschläge und vereinzelt auf Vermittlungs- und Bürgschaftsprovisionen.

Einmalzahlungen entspringen Ansprüchen, die zu irgendeinem Zeitpunkt fällig sind. Sie werden auf verschiedene Weise realisiert. Entgegen ihrer Bezeichnung werden Einmalzahlungen nur in Ausnahmefällen durch einmalige Barleistung erbracht. Häufiger sind dagegen der Abzug vom Kreditbetrag oder die Aufstockung der Kreditschuld durch Zuschlag zum beantragten Kredit.

Wo Einmalzahlungen - auch als Einmalkosten bezeichnet - vom Kreditbetrag abgezogen werden, d. h. die tatsächlich verfügbaren Zahlungsmittel mindern, verschiebt sich die Bezugsbasis für die Effektivzinsermittlung, wie noch zu zeigen sein wird[29], vom Nennbetrag zum Auszahlungsbetrag. Soll der durch Kürzung verursachte Liquiditätsentzug ausgeglichen werden, kann dies durch Aufstockung des Nennbetrages oder durch Gewährung eines Zusatzdarlehens geschehen, so daß der Auszahlungsbetrag wieder dem ursprünglich beantragten Kredit entspricht. Im Ergebnis führt die Geltendmachung aperiodisch begründeter Lasten so zu einer Erhöhung der wiederkehrenden (laufenden) Zahlungen[30].

Einmalzahlungen, die primär zur Verkürzung des verfügbaren Kreditbetrages führen, sind im Segment Wohnungsbaudarlehen verbreitet. Unter

---

29) Siehe 4.2.1.

30) Wegen der Behandlung von sogenannten Einmalkosten bei der Berechnung des Kreditpreises siehe 7.5.

ihnen nehmen Bearbeitungsgebühren den vordersten Rang ein. Allgemein sind sie - nach den Ergebnissen der Befragung - bei erster Inanspruchnahme, in Ausnahmefällen bei Vollauszahlung zu entrichten. Im Zeitpunkt der ersten Auszahlung müssen auch Schätz(ungs)gebühren beglichen werden, zum geringeren Teil bereits nach Vornahme der Schätzung bzw. bei Abrechnung der Schätzkosten oder mit Bereitstellung des Kredites. Wo Angaben über eine einmalige Bürgschaftsprovision gemacht wurden, lauten sie auf Fälligkeit bei Zusage.

Eine mindere Bedeutung kommt Einmalkosten am Anfang eines Kontokorrentkreditverhältnisses zu. Der Anteil an Instituten, der überhaupt eine Bearbeitungsgebühr erhebt (17 v. H.), fordert sie bei erster Inanspruchnahme ein. Für etwaige Schätz(ungs)gebühren gilt das gleiche wie bei Wohnungsbaudarlehen.

Die Aufstockung der Kreditschuld findet man bei Ratenkrediten. Dort werden Bearbeitungsgebühr, Vermittlungsprovisionen und Restschuldversicherungsbeitrag in die Gesamtschuld einbezogen und im Wege der Divisionsrechnung auf die Kreditlaufzeit verteilt. Durch diese Behandlung werden aus sogenannten Einmalkosten - stellt man auf die Art der Begleichung ab - laufende Zahlungen[31]. Nur Schätz(ungs)gebühren - soweit sie anfallen - werden nicht in die Gesamtschuld eingerechnet, sondern sind getrennt zu begleichen.

Einmalzahlungen, die erst einige Monate nach Kreditlaufbeginn zu entrichten sind - und deshalb auf ihren Gegenwartswert abzuzinsen wären - bilden Bereitstellungsprovisionen, über die bei Vollauszahlung abgerechnet wird; so verfahren 18 v. H.[32] derjenigen Institute, die eine Bereitstellungsprovision berechnen und dazu Angaben gemacht haben. Die anderen fordern sie periodisch oder in vom Auszahlungsrhythmus abhängigen Teilschritten.

---

31) Siehe 4.2.2.5 und 7.5.1.

32) Vgl. 2.5.2, Tabelle 18.

Eine Einmalzahlung ist schließlich die Rückgewähr eines nicht der Tilgung unterworfenen Darlehens, also die Gesamtfälligkeit - gegebenenfalls mit einem zu leistenden Agio. Sie wäre gleichfalls auf ihren Barwert abzuzinsen.

2.5.2 Laufende Zahlungen

Unter den periodisch wiederkehrenden Zahlungen sind solche für ein volles Jahr in der Praxis nicht anzutreffen. Die Ergebnisse der Erhebung bestätigen das. Statt dessen ist das Gesamtbild gekennzeichnet durch das Übergewicht kurzer unterjähriger Perioden.

Bei Ratenkrediten ist nach den vorliegenden Resultaten ausschließlich monatliche Zahlungsweise bekannt.

Von den Kontokorrentkrediten, über die berichtet wurde, werden 70 v. H. vierteljährlich und nur 30 v. H. monatlich abgerechnet. Nun lösen Abrechnungen von Kontokorrentkrediten nicht zwangsläufig Zahlungen des Kreditnehmers aus; vielmehr erhöhen sie zunächst nur den Buchsaldo. Doch wenn die periodische Zinsbelastung eine Überschreitung des Kreditrahmens zur Folge hat, wird dies im Regelfall eine Zahlung des Kreditnehmers nach sich ziehen.

Tabelle 16: Berechnungsperiode bei Kontokorrentkrediten

Dauer	alle Instituts-gruppen	Großbanken und sonstigen Kreditbanken	Sparkassen in v. H.	Kredit-genossen-schaften	Teil-zahlungs-banken
vierteljährlich	69,6	50	87,5	50	100
monatlich	30,4	50	12,5	50	
Summe	100	100	100	100	100
n	23	8	8	4	3

Bei Wohnungsbaudarlehen ist die Variationsbreite mit Perioden zwischen einem und sechs Monaten am größten; 50 v. H. der einschlägig tätigen Institute verlangen monatliche Zins- und Tilgungszahlungen, 11 v. H. bieten eine Wahlmöglichkeit zwischen monatlicher und vierteljährlicher Zahlungsweise, 33 v. H. praktizieren die quartalsweise Regulierung und lediglich 6 v. H. lassen Darlehensnehmer in halbjährlichen Abständen zahlen.

Tabelle 17: Berechnungsperiode bei Wohnungsbaudarlehen

Dauer	alle Instituts-gruppen	Großbanken	Sparkassen in v. H.	Kredit-genossen-schaften	Real-kredit-institute
Monat	50	33,3	50+)	100	40
Monat oder Vierteljahr	11,1	66,7			
Vierteljahr	33,3		37,5		60
Halbjahr	5,6		12,5		
Summe	100	100	100	100	100
n	18	3	8	2	5

+) davon bei 12,5 v. H. vierteljährliche Kapitalisierung

Im selben Segment beginnt die Berechnung laufender unterjährlicher Leistungen bereits vor der Inanspruchnahme der Darlehen mit der meist periodisch zu entrichtenden Bereitstellungsprovision.

Tabelle 18: Zahlungsrhythmus von Bereitstellungsprovision bei Wohnungsbaudarlehen

Zahlungshäufigkeit	alle Institutsgruppen	Großbanken	Sparkassen	Kreditgenossenschaften	Realkreditinstitute
			in v. H.		
bei jeder Teilauszahlung	23,5	33,3	25		25
monatlich	35,3	33,3	37,5	50	25
vierteljährlich	11,8		25		
vierteljährlich kapitalisiert (Einbehalt b. letzter Teilauszahlung)	5,9		12,5		
einmalig bei Vollauszahlung	17,6	33,3			50
keine Provision	5,9			50	
Summe	100	100	100	100	100
n	17	3	8	2	4+)

+) Verminderte Grundgesamtheit wegen fehlender Angaben

Stellt man auf den Zahlungsmittelfluß ab, so gehören nur die Nennungen der ersten drei Zeilen der Tabelle 18 zu den Fällen mit laufenden Zahlungen. Unter ihnen überwiegt die monatliche Zahlungsweise. In der vierten Zeile sind jene Merkmalsausprägungen aufgenommen, bei denen die Bereitstellungsprovision vierteljährlich - als sei sie zur Zahlung fällig - der Kreditschuld zugeschlagen wird; damit wird sie gleichzeitig kostenwirksam. Auf die Liquidität des Schuldners wirkt sich das freilich zunächst nicht aus. Die Verrechnung erfolgt erst mit der Auszahlung der letzten Rate im Wege der Kürzung. Der Inhalt der fünften Zeile ist bereits in Abschnitt 2.5.1 berücksichtigt worden.

2.6 Zeitlicher Bezug der Zahlungen zur Berechnungsperiode

Die nachschüssige Zahlungsweise kann nach den vorliegenden Umfrageergebnissen grundsätzlich als Regel gelten. Dabei ist allerdings zu beachten, daß es sich - wie schon oben erwähnt - durchweg um unterjährige Berechnungsperioden handelt.

Im Wohnungsbaudarlehensgeschäft sind bei 83 v. H. der befragten Institute Zins- und Tilgungszahlungen am Ende der Berechnungsperiode fällig. Termine für Zahlung und Verrechnung fallen hier zusammen. Bei den übrigen 17 v. H. liegt die Fälligkeit allerdings 15 bis 30 Tage vor der Wertstellung. Zwischen Zahlung und Verrechnung klaffen dort mehr oder weniger große zeitliche Lücken. Zahlungsfälligkeiten zu Beginn der Berechnungsperiode wurden nicht gemeldet. Die Verrechnung des am Anfang der Kreditlaufzeit stehenden Damnums war nicht Gegenstand der Erhebung[33].

Bei Kontokorrentkrediten scheidet wegen der wechselnden Höhe ihrer Inanspruchnahme irgend eine andere als die nachschüssige Zahlungsweise aus[34].

Auf Ratenkredite, die nach der Zuschlagsmethode abgewickelt werden und bei denen die Nominalzinsen als gleichbleibender Teil eines Quotienten aus einer statischen Durchschnittsrechnung hervorgehen, lassen sich die gebräuchlichen Kategorien des zeitlichen Bezuges nicht anwenden.

----

33) Die damit im weiteren verbundene Frage einer anteiligen Rückerstattung von Einmalkosten wie Damnum (oder gar Bearbeitungsgebühr) im Falle einer vorzeitigen Beendigung des Kreditverhältnisses wird nicht untersucht, da eine vertragsgemäße Abwicklung des Kreditverhältnisses angenommen wird.

34) Siehe jedoch S. 98.

2.7 Bezugsbasis der Zahlungen

Als Bezugsbasis (Berechnungsgrundlage) für die Ermittlung von Zinsen dient bei Kontokorrentkrediten ausnahmslos der in Anspruch genommene Kreditbetrag[35].

Umgekehrt wird bei Ratenkrediten, die mit p. M.-Zinssätzen ausgestattet sind (88 v. H. der Merkmalsträger) ausschließlich der Ursprungskredit zur Grundlage genommen. Bei den verbleibenden ist es die jeweilige Restschuld.

Was Wohnungsbaudarlehen betrifft, muß zunächst zwischen Zinsen, Tilgung und sonstigen Zahlungen unterschieden werden. Als Bezugsbasis für Zinsleistungen ergab die Befragung, daß 61 v. H. der Institute die jeweilige Restschuld zugrunde legen, 33 v. H. die Kreditschuld vom Jahresbeginn bzw. Vorjahresende, der Rest bezieht sich auf die Schuld am Ende des Vorquartals.

Tabelle 19: Bezugsbasis von Zinsen auf Wohnungsbaudarlehen

Bezugsbasis	alle Instituts-gruppen	Großbanken	Sparkassen in v. H.	Kredit-genossen-schaften	Real-kredit-institute
jeweilige Restschuld	61,1	100	50	50	60
Restschuld vom Vorquartalsende	5,6		12,5		
Restschuld vom Vorjahres-ende (Jahresbeginn)	33,3		37,5	50	40
Summe	100	100	100	100	100
n	18	3	8	2	5

----

35) Nur bei der englischen Buchungsmethode wären Ausnahmen dann vorstellbar, wenn Kreditrückzahlungen nicht auf dem debitorisch geführten Sonderkonto, sondern auf einem im Guthaben befindlichen laufenden Konto verbucht würden.

In der Phase der Auszahlung dürfte - abweichende Angaben sind nicht gemacht worden - die jeweilige Darlehensschuld Preisbezugsbasis für die Zinsrechnung sein.

Tilgungsleistungen werden nach den vorliegenden Ergebnissen sämtlich auf der Grundlage des Ursprungskredites festgesetzt. Das gilt im übrigen ebenfalls für Kontokorrent-Tilgungs- und Ratenkredite.

Als Bezugsbasis für die Berechnung der Bereitstellungsprovision wird der jeweils noch nicht in Anspruch genommene Darlehensteil herangezogen.

2.8 Zusatz-Darlehen und Annuitäten-Zuschußdarlehen

2.8.1 Möglichkeiten und Umfang von Zusatz- und Zuschußdarlehen

Gerade eben 50 v. H. der in die Erhebung einbezogenen einschlägig tätigen Institute gewähren auf Wunsch des Kreditnehmers Zusatz- und Zuschußdarlehen.

Tabelle 20: Möglichkeiten einer Inanspruchnahme von Zusatz- und Zuschußdarlehen (n = 18)

Zusatz-/Zuschuß-darlehen	alle Instituts-gruppen	Großbanken	Sparkassen in v. H.	Kredit-genossen-schaften	Real-kredit-institute
Zusatzdarlehen	44,4	33,3	50	50+)	40
Zuschußdarlehen	5,6				20
weder - noch	50	66,7	50	50	40
Summe	100	100	100	100	100
n	18	3	8	2	5

+) Verhandlungssache

Doch die Nennungen stellen lediglich jene meist auch als solche bezeichneten Zusatz-/Zuschußdarlehen dar, die als eigene Darlehen neben die Hauptdarlehen treten, d. h. auf einem besonderen Konto verbucht und mit Konditionen ausgestattet werden, die durchaus von denen des Hauptdarlehens abweichen können. Das Gesamtbild wird indes vervollständigt - und damit korrigiert - durch Aufstockungen des Hauptdarlehens um solche Beträge, welche sich aus dem (Disagio-)Abschlag bei der Auszahlung ergeben. Diese Wiederauffüllungen des um das Damnum gekürzten Darlehensnennbetrages treten zwar nicht als eigene Zusatzdarlehen in Erscheinung, weil ihr Nettobetrag im Hauptdarlehen aufgeht. Doch läßt die Tatsache, daß häufig so verfahren wird, die obengenannte Prozentzahl in einem anderen Licht erscheinen. Immerhin erklärte fast die Hälfte derjenigen Institute, die keine Zusatzdarlehen gewähren, daß sie zwecks Schließung einer Liquiditätslücke so vorgeht. Man darf wohl annehmen, daß sich dieser Anteil noch um eine nicht näher zu bestimmende Dunkelziffer erhöht. Daß Zusatzdarlehen in der überwiegenden Zahl der praktischen Fälle mit dem Hauptdarlehen eine Einheit bilden, geht daraus hervor, daß 44 v. H. dieser Darlehen in Höhe des Auszahlungsabschlages gewährt werden. Jene Fälle, in denen die Höhe individuell vereinbart werden kann (11 v. H.)[36] wird man gewiß hinzurechnen dürfen. Bei Annuitäten-Zuschußdarlehen - auch unter der Bezeichnung Tilgungsstreckungsdarlehen bekannt - ist der Zusammenhang durch die Koppelung an die Kapitaldienstleistungen des Hauptdarlehens ohnehin offenkundig.

---

36) Vgl. Tabelle 21.

Tabelle 21: Höhe von Zusatz- und Zuschußdarlehen (n = 18)

	Zusatzdarlehen				Zuschußdarlehen
	Auszahlungsdifferenz	max. 4 % des Hauptdarlehens	individuell verschieden	keine Angaben	max. 25 % d. Annuität
	in v. H.				
Anteil an jenen Instituten, die solche Darlehen gewähren	44,4	11,1	11,1	22,2	11,1
Anteil an Gesamtheit der berichtenden Institute	22,2	5,6	5,6	11,1	5,6

2.8.2 Zins- und Tilgungssätze von Zusatz-/Zuschußdarlehen

Bei zwei Dritteln all jener Institute, die Zusatz- oder Annuitätenzuschußdarlehen gewähren, haben diese nominal die gleichen Zinskonditionen wie die dazugehörigen Hauptdarlehen, 22 v. H. nennen unterschiedliche variable Zinssätze und 11 v. H. lehnen sich an die Effektivverzinsung des Hauptdarlehens an.

Recht weit voneinander abweichend sind die zur Tilgung getroffenen Vereinbarungen.

Tabelle 22: Tilgung bzw. Laufzeit von Zusatz- und Zuschußdarlehen (n = 18)

	Zusatzdarlehen					Zuschußdarlehen
	innerhalb von ... Jahren		... % p. a. Anfangstilgung			
	4	5	4	2	1	10 Jahre
	in v. H.					
Anteil an jenen Instituten, die solche Darlehen gewähren	22,2	22,2	11,1	11,1	22,2	11,1
Anteil an der Gesamtheit der berichtenden Institute	11,1	11,1	5,6	5,6	11,1	5,6

Unterschiede bestehen auch in Bezug auf die Rangfolge, nach der vom Kreditnehmer erbrachte Tilgungsleistungen auf Haupt- und Zusatzdarlehen verteilt werden. Bei einer nicht genau zu beziffernden, aber größeren Minderheit ist das Zusatzdarlehen zurückzuzahlen, bevor die Tilgung des Hauptdarlehens einsetzt. Bei einem anderen - kleineren - Teil verläuft die Tilgung beider Darlehen nebeneinander. Für die Annuitäten-Zuschußdarlehen beginnt die Tilgung erst, wenn das Hauptdarlehen abgedeckt ist; ihre Höhe orientiert sich an der bis dahin für das Hauptdarlehen vom Kreditnehmer aus eigener Kraft aufgebrachten, also seiner Leistungsfähigkeit angepaßten (Teil-)Annuität.

2.9 Effektiver Jahreszins nach PAngV 1985 - anstelle einer Zusammenfassung

Die durchgeführte Untersuchung hatte zum Ziel, die in Kapitel 1 näher bezeichnete Gegenleistung einer Kreditgewährung im Privatkundengeschäft von Banken und Sparkassen oder genauer: seine Komponenten in ihrer konkreten Ausformung sichtbar zu machen. Dies ist trotz Fernbleibens einzelner Institute und trotz fehlender oder mangelhafter Quantifizierung einzelner Antworten im ganzen gelungen.

Es ist deutlich geworden, daß die Kreditwirtschaft in den betrachteten Segmenten nicht einen "Einheitspreis" verwendet - wie Seckelmann es mit vielen anderen für wünschenswert hält[37)] - sondern sich "verschiedener Kostenelemente" bedient, die allein durch ihr bloßes Zusammentreffen, mehr noch durch ihre Verknüpfung die Ermittlung einer Gesamtgröße erschweren.

Um Leistungsbündel privater Kreditnehmer, die sich aus vielen Elementen zusammensetzen, einander vergleichbar zu machen, hat die PAngV 1985 nun eine bestimmte Methode zur Berechnung für verbindlich erklärt. Mit ihr befaßt sich Teil II der hier vorgelegten Arbeit.

Die nach der vorgeschriebenen Berechnungsmethode ermittelten Effektivzinssätze, soweit sie von den bei der Erhebung befragten Instituten genannt wurden[38)], werden im folgenden auszugsweise aufgeführt.

Tabelle 23 verdeutlicht die angegebenen effektiven Jahreszinssätze für Ratenkredite der Laufzeit 36 Monate in v. H. der Nennungen.

---

37) Vgl. Seckelmann, 1987, S. 488.

38) Bei Kontokorrentkrediten bedarf es gemäß § 4 Abs. 5 PAngV 1985 nicht der Angabe eines Effektivzinssatzes, wenn die Zinsbelastungsperiode nicht kürzer als drei Monate ist und keine weiteren Kreditkosten anfallen. Daher sind Effektivzinsangaben bei Kontokorrentkrediten eher die Ausnahme.

Tabelle 23: Effektive Jahreszinssätze gemäß PAngV 1985 von Ratenkrediten mit 36 Monaten Laufzeit

Klasse	% p. a.	alle Instituts-gruppen	Großbanken und sonstige Kreditbanken	Sparkassen	Kredit-genossen-schaften	Teil-zahlungs-institute
				in v. H.		
I	8,5 bis unter 9	16,7	25	12,5	25	
II	9 bis unter 9,5	12,5		37,5		
III	9,5 bis unter 10	37,5	37,5	50	50	
IV	10 bis unter 10,5	8,3	12,5		25	
V	10,5 bis unter 11	8,3	25			
VI	13 bis unter 13,5	4,2				25
VII	13,5 bis unter 14	4,2				25
VIII	über 15	8,3				50
	Summe	100	100	100	100	100
	n	24	8	8	4	4

Die effektiven Jahreszinssätze gemäß PAngV 1985 zeigen ihren Häufungspunkt in der Klasse III. Das hat sicher zum Teil erhebungstechnische Gründe und muß deshalb mit Vorbehalt zur Kenntnis genommen werden. Der kleine Anteil von Nennungen aus der Gruppe der Teilzahlungsbanken als Folge fehlender Rückmeldungen läßt das Gewicht der höheren Klassen geringer erscheinen, als es sonst der Fall gewesen wäre. Die Klasse III kann daher eher als Häufungspunkt für das Ratenkreditgeschäft der Universalinstitute angesehen werden.

Soweit bei Kontokorrentkrediten Effektivzinssätze genannt worden sind, lassen sie wegen ihres Ausnahmecharakters Feststellungen nicht zu.

Für eine vergleichende Betrachtung der effektiven Jahreszinssätze bzw. anfänglichen effektiven Jahreszinssätze von Wohnungsbaudarlehen - soweit Angaben vorliegen - erscheint dem Verfasser wiederum eine Aufspaltung in Realkredit und nachstellige Darlehen (Nicht-Realkredit)

sowie eine Beschränkung auf drei häufig anzutreffende Zinsbindungsfristen (voll variabel, 5 Jahre und 10 Jahre fest) angezeigt.

Tabelle 24: Effektive Jahreszinssätze bzw. anfängliche effektive Jahreszinssätze gemäß PAngV 1985 von Wohnungsbaudarlehen ausgewählter Zinsbindungsfristen (in v. H. aller Nennungen)

Realkredit

Klasse	% p. a.	Finanzierungsabschnitt / Zinsbindungsdauer: voll variabel		5 Jahre fest		10 Jahre fest	
		einzeln	kumuliert	einzeln	kumuliert	einzeln	kumuliert
I	5 bis unter 5,5	13	13	-	-	-	-
II	5,5 bis unter 6	27	40	-	-	-	-
III	6 bis unter 6,5	20	60	72	72	-	-
IV	6,5 bis unter 7	7	67	24	96	-	-
V	7 bis unter 7,5	20	87	4	100	18	18
VI	7,5 bis unter 8	13	100	-	-	76	94
VII	8 und darüber	-	-	-	-	6	100

Nicht-Realkredit

Klasse	% p. a.	Finanzierungsabschnitt / Zinsbindungsdauer: voll variabel		5 Jahre fest		10 Jahre fest	
		einzeln	kumuliert	einzeln	kumuliert	einzeln	kumuliert
I	5 bis unter 5,5	11	11	-	-	-	-
II	5,5 bis unter 6	5	16	-	-	-	-
III	6 bis unter 6,5	37	53	29	29	-	-
IV	6,5 bis unter 7	-	-	46	75	-	-
V	7 bis unter 7,5	21	74	13	88	14	14
VI	7,5 bis unter 8	26	100	8	96	21	35
VII	8 bis unter 8,5	-	-	4	100	50	85
VIII	8,5 bis unter 9	-	-	-	-	7	92
IX	9 bis unter 9,5	-	-	-	-	7	100

Vergleicht man anhand des vorliegenden Datenmaterials Darlehen im Realkredit mit solchen der gleichen Zinsbindungsfrist des Nicht-Realkredites, so stellt man fest, daß letztere die Modalwerte ihres effektiven Jahreszinses in Klassen haben, die jeweils um eine Stufe, also etwa 0,5 % p. a. über den ersteren liegen. Während die Spannweite der Effektivzinssätze bei Darlehen mit voll variablem Zins sowohl im Realkredit wie im nachstelligen Kredit beträchtlich ist, konzentrieren sich die Effektivzinssätze bei Festzinsdarlehen - so des Realkredites - auf wenige Klassen oder haben - so im Nicht-Realkredit - zumindest dort weit über dem Durchschnitt liegende Besetzungszahlen; 72 v. H. der Nennungen für Realkredite mit 5jähriger Zinsbindung fallen in die Klasse III und 76 v. H. der Nennungen für Realkredite mit 10jähriger Zinsbindung in die Klasse VI. Im nachstelligen Kredit sind es 46 v. H. bzw. 50 v. H., die sich in den jeweils nächsthöheren Zinsklassen sammeln. Bei Darlehen mit voll variablem Zins beträgt die kumulierte Häufigkeit der Klassen bis einschließlich II im Realkredit immerhin 40 v. H., im Nicht-Realkredit bis einschließlich III sogar 53 v. H.. Offenbar sind Effektivzinssätze weit stärker mit Zinsbindungsfristen korreliert als Nominalzinssätze[39].

Im Teil III der vorgelegten Arbeit soll der Frage nachgegangen werden, ob und inwieweit die Maßgröße "effektiver Jahreszins" bzw. "anfänglicher effektiver Jahreszins" gemäß PAngV 1985 als Vergleichszahl für die Preisfindung bei Privatkrediten geeignet ist.

---

39) Vgl. hierzu die hinsichtlich Nominalzinssätzen getroffenen Feststellungen in 2.2.1.1.

Teil II

RECHTS- UND RECHENREGELN DER PREISANGABENVERORDNUNG

3 Rechtliche Rahmenbedingungen

3.1 Vorbemerkungen

Eine kaum überschaubare Vielfalt in Ausprägung und Verknüpfung verschiedenartiger Gegenleistungen macht es - wie Kapitel 2 zeigt - privaten Kreditsuchenden nahezu unmöglich, sich einen Überblick über die Vorziehenswürdigkeit des einzelnen Kredites zu verschaffen.

Sollen Kreditnehmer Offerten unter Kostengesichtspunkten beurteilen können und soll eine im volkswirtschaftlichen Gesamtinteresse liegende Preistransparenz hergestellt und gesichert werden, bedarf es eines besonderen Instrumentariums, mit dessen Hilfe Komponenten in ihrer Auswirkung auf die Gesamthöhe der Gegenleistung durchsichtig werden.

Aus der Erkenntnis dieser Notwendigkeit erklärt sich das Bestreben, potentiellen privaten Kreditnehmern einen Vergleichsmaßstab zur Verfügung zu stellen, der sie in die Lage versetzt, unter verschiedenen Kreditangeboten das günstigste herauszufinden. Die Suche nach dem intersubjektiven Maßstab für ein Auswahl- und Aggregationskriterium, das es ermöglicht, das vorgefundene vieldimensionale Bündel von Gegenleistungen zu messen, mündete in einer Norm, die das Ergebnis der Zuordnung und Zurechnung solcher "Belastungen" als Preis (Endpreis) bezeichnet und die darüber hinaus umreißt, wie dieser Preis gebildet wird. Er ist umschrieben als "das Verhältnis aller Kosten zur je einjährigen Kapitalnutzung" ausgedrückt "in einem einzigen Zahlenwert"[1].

---

1) Grundsätze des BL-A PrA vom 03.12.1980 GABl. 1983, S. 511.

Dies ist zugleich die Legaldefinition des "effektiven Jahreszinses"[2]. Die PAngV 1985 setzt Preis bei Krediten gleich mit der "Gesamtbelastung pro Jahr in einem Vomhundertsatz des Kredites"[3].

Die geltende Gesetzesnorm hat eine Vorgeschichte. Diese ist durch Auseinandersetzungen über den materiellen Gehalt der getroffenen Regelungen wie deren formale Voraussetzungen geprägt. Der mit allen, auch verfahrensrechtlichen Mitteln geführte Meinungsstreit ging

materiell	um den sachlichen Geltungsbereich (Erstreckung auf Realkredite), die Rechenmethode, den Umfang der in die Rechnung einzubeziehenden Faktoren und die Verrechnung aperiodisch begründeter Lasten,
formal	um die verfassungsrechtlichen Grundlagen.

Sieht man von dem letzteren Streitpunkt einmal ab, - er wurde durch die Schaffung einer verfassungskonformen Gesetzesgrundlage[4] inzwischen ausgeräumt - sind die kontrovers geführten Diskussionen zu diesen Themen, also die inhaltlichen, auch nach Verabschiedung der PAngV 1985 nicht gänzlich verstummt.

Dieser Umstand fordert, daß in einer Arbeit, deren eigentliche Aufgabe die kritische Würdigung der herrschenden Situation ist, eine Rückwendung zu Zuständen und Entwicklungen stattfindet, die bereits der Vergangenheit angehören (3.2). Die seinerzeit von Kritikern beklagten Mängel sind nämlich durch die Neufassung entweder nur teilweise beho-

---

2) Vgl. die Definition in der amtlichen Begründung zu § 4 Abs. 1 Gimbel/Boest, 1985, S. 78 f. Siehe hierzu 3.3.3.1; vgl. auch Definitionen bei Däumler, 1982, S. 2366; Ulbricht, 1982, S. 298. Hier soll wegen der Ausrichtung auf PAngV 1985 die Begriffsbestimmung der Grundsätze und der Ausführungshinweise verwandt werden.

3) § 4 Abs. 1 Satz 1.

4) Gesetz zur Regelung von Preisangaben vom 03.12.1984 (BGBl. I, S. 1429-1430).

ben worden[5], oder ihre Beseitigung hat andere Probleme entstehen lassen[6]. Kurz: die alten Unzulänglichkeiten wirken bis heute fort.

In 3.3 wird die seit 1985 geltende Preisangabenverordnung bezüglich Zielsetzung, Regelungsinhalt und Legaldefinition abgehandelt. Im Mittelpunkt steht der "effektive Jahreszins" als Preis, seine Berechnungsmethode, die einzubeziehenden Faktoren und obligaten Zusatzangaben sowie Angaben- und Rechengenauigkeit. Die Regelung von Preisangaben für Kredite, deren Konditionen nicht für die Gesamtlaufzeit fest vereinbart sind ("anfänglicher effektiver Jahreszins"), wird gesondert dargestellt. Der Abschnitt schließt mit einem Hinweis auf die Ausnahmeregelung für bestimmte Kontokorrentkredite, die diese von der Pflicht zur Angabe eines Effektivzinssatzes befreit.

Der letzte Abschnitt (3.4) verweist auf mögliche Änderungen nationaler Rechtsnormen im Zuge einer Umsetzung der durch den Rat der Europäischen Gemeinschaften aufgestellten und am 22. Dezember 1986 verabschiedeten Richtlinie zur Angleichung der Rechts- und Verwaltungsvorschriften der Mitgliedstaaten über den Verbraucherkredit[7].

---

5) Siehe 5.1, 6.1, 6.2., 7.2 und 7.3.

6) Siehe 7.4 und 7.5.

7) Vgl. Amtsblatt der Europäischen Gemeinschaften Nr. L 42 vom 12.02.1987, S. 48-53.

3.2 Die Preisangabenverordnung von 1973 als Vorläuferin der geltenden Regelung

3.2.1 Gesetzesimmanente Probleme

3.2.1.1 Gesetzliche Einführung des "effektiven Jahreszinses" bei ungenügender Bestimmtheit des Regelungsinhalts

Erstmals durch die Verordnung über Preisangaben vom 10. Mai 1973 (PAngV 1973); BGBl. I, S. 461-463) wurde eine gesetzliche Regelung getroffen, die die Pflicht zur Angabe von Preisen auf sämtliche Dienstleistungen und damit auch auf die Kreditwirtschaft ausdehnte[8]. Hierdurch sollte der wachsenden Bedeutung von Dienstleistungen für die Volkswirtschaft Rechnung getragen werden[9].

Auf dem Kreditsektor verpflichtete die PAngV 1973 Gewerbetreibende für den Fall, daß sie Letztverbrauchern Kreditangebote unterbreiteten oder unter Angabe von Preisen warben, d. h. in ihrer Werbung einen Zins[10] nannten, stets auch einen Preis anzugeben und diesen als "effektiven Jahreszins" (§ 1 Abs. 4)[11] zu bezeichnen. Dieser Begriff entsprang einer seit Anfang der 60iger Jahre im Konsumentenratenkredit verbreiteten Praxis. Damals war zur Vermeidung von Mißverständnissen, wie sie sich aus einer falschen Interpretation des Laufzeitzinses durch den Kreditnehmer ergeben hatten, bereits auf freiwilliger Grundlage ein

---

8) Die Preisauszeichnungsverordnung vom 18. September 1969 (PrAVO; BGBl. I, S. 1733-1735) - Vorgängerin der PAngV 1973 - beschränkte die Preisauszeichnungspflicht noch auf den Handel und wenige namentlich aufgeführte Dienstleistungsbereiche (§§ 3 Abs. 1, 4-6 PrAVO).

9) Vgl. amtliche Begründung zur PAngV 1973 (veröffentlicht im Bundesanzeiger Nr. 97 vom 27.05.1973), zitiert bei Gelberg, 1975, S. 126-131.

10) Gemeint ist Nominalzins. Zins wird von manchen Autoren schlechthin dem Preis des Kredites gleichgesetzt, so von Gelberg, 1975, S. 48; Ungnade, 1975, S. 1079; Scholz, 1980, S. 322 m. w. N.; enger dagegen die juristische Begriffsbestimmung von Zins bei Canaris (siehe 1.3.1).

11) Wegen der (Legal-)Definitionen der PAngV 1973 siehe die Ausführungen zur PAngV 1985 unter 3.3.3.1.

durch Umrechnung des p. M.-Zinssatzes im Wege der sogenannten Uniformmethode[12] ermittelter Vergleichszins in die Kreditgespräche eingeführt worden[13].

Zur Methodik der Berechnung des effektiven Jahreszinses enthielt die PAngV 1973 keine Angaben. Auch in anderer Hinsicht ließ sie Fragen offen. Die Auffassungsunterschiede betrafen außer der Berechnungsmethode den sachlichen Geltungsbereich, den Umfang der einzubeziehenden Faktoren, die Verrechnung aperiodisch begründeter Lasten, die Möglichkeit zivilrechtlicher Konsequenzen und - nicht zum geringsten - die Frage nach einer verfassungsmäßigen Ermächtigungsgrundlage. Darüber kam es im Laufe der Zeit zu Meinungsverschiedenheiten[14], an denen sich Kreditwirtschaft und Verbraucherverbände, Länderpreisaufsichtsbehörden und zunehmend auch Gerichte verschiedener Rechtszüge beteiligten.

3.2.1.2 Meinungsstreit über den sachlichen Geltungsbereich

Solange die PAngV 1973 galt, blieb umstritten, ob Kreditgeber verpflichtet seien, den effektiven Jahreszins für jede Art von Krediten, so auch für die im Privatkundengeschäft häufig vorkommenden Realkredite oder nur für Ratenkredite anzugeben. Der Wortlaut der Verordnung sprach für erstere Alternative; dort war von Krediten schlechthin die Rede[15]. Auch unterschied die amtliche Begründung nicht zwischen einzelnen Kreditarten, wenn sie formulierte:

> "Die Verpflichtung zur Angabe des effektiven Jahreszinses trifft jeden, der Kredit anbietet oder für Kredite unter Angabe von Preisen wirbt"[16].

---

12) Siehe Anhang 3.

13) Vgl. Geiger, 1980, S. 255 f.

14) Vgl. Mailänder, 1980, S. 456.

15) VerwGE Stuttgart vom 24.01.1980, WM 1980, S. 348; a. A. Kohler, 1979, S. 68.

16) Amtliche Begründung Gelberg, 1979, S. 128.

Andererseits zielte die Initiative des Verordnungsgebers im Zeitpunkt ihrer Verkündung erkennbar auf Ratenkredite ab. Dazu heißt es an anderer Stelle:

> "Durch die in Absatz 4 begründete Verpflichtung zur Angabe der effektiven Jahreszinsen soll dem Verbraucher vor allem der Preisvergleich bei Ratenkrediten erleichtert werden"[17].

Hierdurch waren zwar andere Kredite nicht ausdrücklich ausgenommen. Für eine eingegrenzte Zielrichtung sprachen indes sowohl die Entstehungsgeschichte der Gesetzesmaßnahme[18] als auch die Tatsache, daß mit § 16 Hypothekenbankgesetz bereits eine Norm existierte, die eine detaillierte Bezeichnung der Konditionen für Realkredite vorschrieb.

Einer Anwendung der PAngV 1973 auf Realkredite standen aber weniger die von verschiedenen Seiten geäußerten Zweifel am Regelungsbedarf als vielmehr die Untauglichkeit der Norm im Wege[19]. In § 1 Abs. 4 schrieb die Verordnung die Angabe des effektiven Jahreszinses unter Zugrundelegung der gesamten Laufzeit vor. Dieser Gesetzesbefehl mußte bei den meisten Realkrediten zu Schwierigkeiten führen. Denn anders als bei Ratenkrediten werden die Konditionen von Realkrediten im allgemeinen seit längerem nicht mehr für deren gesamte Laufzeit fest vereinbart[20], sondern nur für die Dauer eines Finanzierungsabschnittes. Alle diese Darlehenskonditionen unterliegen einer nicht voraussehbaren Entwicklung. Um einen Effektivzins für die gesamte Laufzeit zu ermitteln - wie die PAngV 1973 es forderte - wären Annahmen zu treffen, welche, da sie sich auf eine Fiktion gründeten, die tatsächliche Entwicklung nur zufällig genau widerspiegeln könnten.

----

17) Amtliche Begründung Gelberg, 1979, S. 127.

18) Wegen der Gründe für eine Ausgrenzung des Realkredits nach dem Verständnis der Beteiligten vgl. Schabel, 1980, S. 15.

19) Hierzu mit differenzierender Auffassung Kähler/Daniel, 1983, S. 357 f.

20) Siehe 2.3.1.

Hinzu käme erschwerend, daß wegen der Variationsbreite der Konditionengestaltung Preiskomponenten in die Rechnung einfließen müßten, die weitgehend einzelfallabhängig sind (wie etwa Tilgungshöhe, tilgungsfreie Jahre, Bereitstellungszinsen, Teilauszahlungszuschläge, Zusatzdarlehen u. ä.). Ihre Erfassung und Quantifizierung wäre im Stadium einer Werbemaßnahme nur mit Hilfe von Beispielsrechnungen möglich; selbst die Abgabe eines Angebotes könnte nur auf der Grundlage von Annahmen erfolgen. Somit begegnet die vorausschauende Bestimmung eines allgemein gültigen Effektivzinses zwei voneinander verschiedenen Problemkreisen: der Ungewißheit künftiger Konditionen und der Einzelfallabhängigkeit. Darauf wird später noch einzugehen sein[21].

Als mehrere Länderaufsichtsbehörden - gestützt auf den Wortlaut der Verordnung - die Angabe des Effektivzinses auch bei Hypothekarkrediten verlangten, setzten das Bundesfinanzministerium und das Bundeswirtschaftsministerium eine Sachverständigenkommission ein, welche klären sollte, ob und - wenn ja - wie die Vorschriften der PAngV im Falle von Realkrediten erfüllt werden könnten. Die Kommission kam zu folgendem Ergebnis: "Der Hypothekarkredit ist in der Regel kein Standardkredit, der von den Banken zu festen Konditionen angeboten wird. Bei den Verhandlungen des Kunden im Vorfeld müssen der Berechnung des effektiven Jahreszinses zahlreiche fiktive Elemente zugrundegelegt werden. Ein so errechneter effektiver Jahreszins würde der Preiswahrheit (§ 1 Abs. 7 PAngV) kaum entsprechen und den Kunden möglicherweise zu falschen Entscheidungen veranlassen. Hinzu kommt, daß bei der endgültigen Vertragsgestaltung einzelne Elemente (z. B. Beleihungshöhe) sich entscheidend gegenüber den Ansätzen ändern können"[22].

Die Preisaufsichtsbehörden der Länder erklärten sich daraufhin bereit, zunächst nicht auf der Angabe von Effektivzinsen zu bestehen, machten ihr Zugeständnis aber davon abhängig, daß alle wesentlichen Konditi-

---

21) Siehe 6.1.

22) Ausschußbericht vom 07.08.1975 - AZ VII B 3-6412 13 - 12/75 zitiert nach Reichstein, 1978, S. 484.

onen, also neben dem Nominalzins besonders Laufzeit und Auszahlungskurs, auch bereits in der Werbung erwähnt würden[23].

Doch bereits Ende 1976 erhob das baden-württembergische Ministerium für Wirtschaft, Mittelstand und Verkehr als federführende Preisaufsichtsbehörde erneut die Forderung, bei Realkrediten den Effektivzins zu nennen[24]. Dabei sollten in die Berechnung des effektiven Jahreszinses Konditionsänderungen - auch wenn sie ausdrücklich vorbehalten waren -, Bereitstellungszinsen, Zinsaufschläge und Aufwendungen für die Absicherung des Darlehens nicht einbezogen werden. Auf einen Änderungsvorbehalt sollte lediglich - verbal - hingewiesen werden[25]. Gerade die Maßgabe, nicht voraussehbare oder individuell unterschiedliche Komponenten in der Rechnung unberücksichtigt zu lassen, lieferte der Kreditwirtschaft das Argument, der Verbraucher werde durch unvollständige Informationen eher irregeführt[26]. Ein kurzer Schriftwechsel zwischen dem Zentralen Kreditausschuß und dem baden-württembergischen Wirtschaftsministerium endete damit, daß die Preisaufsichtsbehörde den Kreditinstituten anheimgab, abweichende Auffassungen im Rechtswege geltend zu machen[27].

In der Folgezeit kam es - durch Klagen von zwei Vereinen, zu deren satzungsmäßigen Aufgaben vornehmlich die Beachtung der Regeln des lauteren Wettbewerbes gehört - zu zwei Entscheidungen von Oberlandesgerichten, die im wesentlichen den Standpunkt der Kreditwirtschaft über-

---

23) Vgl. Steppeler, 1985, S. 124.

24) Schreiben an Zentralen Kreditausschuß, Geschäftsstelle öffentlich-rechtlicher Bausparkassen und Verband privater Bausparkassen e. V. vom 10.12.1976, zitiert bei Knauss, 1978, S. 872.

25) Vgl. Schreiben an Zentralen Kreditausschuß (Fn. 24).

26) Vgl. Reichstein, 1978, S. 484; vgl. auch Brych, 1982, S. 304.

27) Vgl. Schabel, 1980, S. 16.

nahmen[28]. Beide gelangten übereinstimmend zu dem Schluß, daß aus Gründen der Praktikabilität und des Normzweckes § 1 Abs. 4 PAngV nicht auf Realkredite anwendbar sei[29]. Beide hoben hervor, daß die Anforderung der Norm, wonach der unter Zugrundelegung der gesamten Laufzeit des Kredites sich ergebende Preis zu nennen sei, angesichts der Variabilität der Konditionen nicht erfüllt werden könne. Außerdem wiesen sie darauf hin, daß die im Hypothekarkredit anzutreffende Vielfalt an Preisbildungsfaktoren ihren Einfluß auf den Effektivzins jeweils erst im Einzelfall geltend mache. Im Zeitpunkt der Werbung sei dieser noch ungewiß, so daß mit Fiktionen gearbeitet werden müsse, was zur Folge hätte, daß ein so errechneter effektiver Jahreszins dem Gebot der Zinswahrheit (§ 1 Abs. 7 PAngV) eher entgegenstände, indem er geeignet sei, den Kunden irrezuführen. Auch der andere Weg, die fiktiven Elemente aus der Rechnung herauszulassen, würde dem Interesse des Kunden, informiert zu werden, nicht gerecht. Das OLG Hamm zog sogar den Schluß, ein Fortlassen der Angabe des "effektiven Jahreszinses" könne eine Irreführung eher vermeiden als bewirken[30].

Hatten die vorstehend erwähnten zivilrechtlichen Entscheidungen ihren Schwerpunkt auf die formalrechtliche Problematik gelegt - Unmöglichkeit der Effektivzinsangabe für die gesamte Laufzeit -, so kam es infolge der Feststellungsklage einer baden-württembergischen Hypothekenbank zu einem im Berufungsverfahren ergangenen Urteil des Verwaltungsgerichtshofes Baden-Württemberg, das - abgesehen von anderen rechtserheblichen Einwendungen gegen die Verordnung und deren Ermächtigungsgrundlage[31] - vor allem den materiellen Problemgehalt einer eingehenden Betrachtung unterzog[32]. Dabei nahmen Überlegungen zur Verrechnung

---

28) Vgl. OLGE Hamm vom 09.11.1978 (in Sachen einer Einstweiligen Verfügung), NJW 1979, S. 1713-1715, und vom 13.12.1979 im daran anschließenden Hauptverfahren), KGE Berlin vom 08.12.1978 - WRP 1979, S. 303-305, sämtlich in Wettbewerbssachen.

29) Vgl. Kohler, 1979, S. 68 betreffend OLGE Hamm vom 09.11.1978.

30) Vgl. OLGE Hamm vom 09.11.1978, NJW 1979, S. 1714.

31) Vgl. 3.2.2.2.

32) VGHE Baden-Württemberg vom 13.03.1981 - WM 1981, S. 460-468.

von Einmalkosten einen breiten Raum ein; das Gericht bemängelte insoweit das Fehlen von "hinreichend bestimmten Ableitungen"[33]. Bei Krediten mit Änderungsvorbehalt sei zu bedenken, daß eine Effektivzinsangabe nur "Momentanvergleiche" ermögliche[34]. Was die hier interessierende Frage nach der Anwendbarkeit auf Kredite mit veränderlichen Konditionen anbelangt, wurde diese vom VGH Baden-Württemberg ebenso wie von der Vorinstanz verneint[35].

In die Zeit der genannten Gerichtsverfahren fällt die Verabschiedung einer Neufassung der "Grundsätze zur Berechnung des effektiven Jahreszinses nach der PAngV" durch den BL-A PrA[36]. Ihrer Rechtsnatur nach handelt es sich dabei um Verwaltungsanordnungen, die nur die nachgeordneten Behörden binden und im nicht-öffentlichen Rechtsraum keine normative Wirkung zu entfalten vermögen. In der Kreditwirtschaft, der sie im Wege von Rundschreiben bekanntgegeben wurden, finden sie gleichwohl starke Beachtung. Dies gilt in besonderem Maße für die Grundsätze vom 06.11.1979. Sie waren entgegen der Erwartung der Bundesregierung[37] ohne Mitwirkung der Verbände des Kreditgewerbes zustandegekommen und sollten die Verpflichtung zur Erstreckung der PAngV

---

33) a. a. O., S. 467.

34) a. a. O., S. 468.

35) Das Urteil des VGH Baden-Württemberg erlangte keine Rechtskraft. Die vom Lande Baden-Württemberg angestrengte Revision beim BGH erledigte sich durch die Entscheidung des BVerfG vom 08.11.1983 - NJW 1984, S. 861-862. - In diesem Beschluß wurden § 1 Abs. 1 und § 2 Abs. 1 PAngV 1973 für verfassungswidrig erklärt (siehe 3.2.2.2). Eine wenig später im Rechtsbeschwerdeverfahren ergangene Entscheidung des OLG Stuttgart (Beschluß vom 03.04.1981 - NJW 1981, S. 2479-2480) gelangte zu dem Ergebnis, daß bei Realkrediten mit variablem Zins die Angabe eines Effektivzinses nicht möglich sei.

36) Der Bund/Länger-Ausschuß "Preisauszeichnung", später "Preisangaben" (BL-A PrA) - die Bezeichnung hat wiederholt gewechselt - ist ein Gremium, in dem vertreten sind der Bundeswirtschaftsminister und die Wirtschaftsminister/-senatoren der Bundesländer. - Ihre erste Fassung hatten die Grundsätze im oben erwähnten Schreiben des baden-württembergischen Wirtschaftsministeriums vom 10.12.1976 gefunden. Es folgten die Neufassungen vom 06.11.1979 und 04.12.1980. Die Grundsätze mitsamt der "Anwendungshinweise" sind die Vorläufer der "Ausführungshinweise" zu § 4 PAngV vom 31.07.1985 bzw. 06.11.1986.

37) Vgl. BT-Drucks. 8/3047, S. 6.

auf Realkredite festschreiben. Der Schwerpunkt lag freilich auf der Einführung einer verbindlichen Berechnungsmethode.

3.2.1.3 Wechsel in der Methode der Berechnung des Effektivzinses und des Umfanges der einzurechnenden Komponenten

Der Verordnungsgeber hatte es unterlassen, die Methode, nach der der Effektivzins zu berechnen ist, in den Text der Verordnung aufzunehmen. Das mochte hingehen, solange es hierüber zwischen Normadressaten und Verwaltung keine Meinungsverschiedenheiten gab.

Als die PAngV 1973 in Kraft trat, war dies der Fall[38]. Seit mehr als zehn Jahren[39] wurde beim Ratenkredit die sogenannte "Uniformmethode"[40] angewandt, auch "Löwe`sche Formel"[41] genannt.

Das Presse- und Informationsamt der Bundesregierung hatte in den Aktuellen Beiträgen zur Wirtschafts- und Finanzpolitik Nr. 79/1973 vom 13. August 1973 diese Berechnungsmethode eingehend beschrieben und ihre Benutzung angeregt[42]. Auch die Rechtsprechung hatte sich bei einschlägigen Urteilen der Uniformmethode bedient[43].

Die Uniformmethode geht vereinfachend von der Fiktion gleichbleibender Zins- und Tilgungsanteile an den einzelnen Monatsraten aus, während tatsächlich wegen der Verringerung der Darlehensschuld der Zinsanteil

---

38) Vgl. hierzu besonders Scholz, 1980, S. 322.

39) Vgl. Schabel, 1981, S. 268.

40) Ihr Name leitet sich nach Chr. und Fr. Sièvi davon ab, daß die Zahlungs- und Ertragsströme über die Zeit gemittelt (= uniformiert) werden; 1979, S. 20 Fn. 7.

41) Bezeichnung zitiert bei Scholz, 1983, S. 10 - Zur Rechenmethode siehe Anhang 3.

42) Zitiert nach Gelberg, 1975, S. 147 ff, der auf die dortigen Berechnungsbeispiele an anderer Stelle - S. 49 - hinweist.

43) Vgl. LGE Frankfurt vom 14.02.1977 - BB 1977, S. 314 f, worin die exakte Berechnung nach der Methode des internen Zinsfußes als "für die tägliche Praxis im standardisierten Mengengeschäft ... kaum zumutbar" bezeichnet und - in Übereinstimmung mit der Bundesbank - die Berechnung nach der Löwe`schen Formel vorgenommen wird.

ab- und der Tilgungsanteil dementsprechend zunimmt. Man erhält über diesen Weg nur die jährliche Zinslast ins Verhältnis gesetzt zur durchschnittlich verfügbaren Kreditsumme[44]. Unterjährliche Zahlungen läßt die Uniformmethode unberücksichtigt. Ein Ansatz nach der Uniformmethode verfehlt mithin absolut gesehen den Effektivzins[45], gibt aber, solange alle Anbieter einheitlich nach dieser Methode verfahren, einen - relativ betrachtet - brauchbaren Vergleichswert, allerdings nur für den Bereich der standardisierten Ratenkredite[46] zu p.-M.-Sätzen[47]. Vergleiche mit anders abgerechneten Krediten oder gar mit Anlagealternativen läßt die Uniformmethode nicht zu.

Diese Mängel waren zwar allen Beteiligten seit langem bekannt[48]. Das stärkere Vordringen von Konsumentenkrediten abweichender Konzeption wie Krediten mit variablem Zins, Abzahlungsdarlehen, Annuitätendarlehen mit p. a.-Zinssätzen[49] ließ sie indes immer offener zutage treten. Außerdem beharrten die Länderaufsichtsbehörden auf ihrer Forderung an die Kreditinstitute, bei jedem Kreditangebot an Letztverbraucher eine Vergleichszahl in Gestalt des Jahreseffektivzinses zu nennen[50]. Dieses Dilemma veranlaßte den BL-A PrA, sich wiederholt mit der Berechnungsmethode zur Ermittlung des Effektivzinses zu befassen. Kähler und Daniel haben für die Zeit von 1976 bis 1983 "vier im Ergeb-

---

44) Vgl. Steppeler, 1984, S. 56; siehe im einzelnen Anhang 3.

45) Laux zeigt - auch grafisch - die Abweichungen zwischen Uniformmethode und mathematisch exakter Rechenmethode - 1980, S. 204-206.

46) Siehe 1.3.1.1.

47) Vgl. auch Schabel, 1981, S. 268.

48) Vgl. Scholz, 1980, S. 322; Schabel, 1981, S. 268.

49) Siehe 2.2.5.2.

50) Vgl. Geiger, 1980, S. 256.

nis unterschiedliche Berechnungsvorschläge" dieses Gremiums gezählt[51].

In deren Folge kam es auch zur Neufassung der "Grundsätze" vom 06.11.1979 mit der für die Kreditwirtschaft einschneidenden Forderung, anstelle der Uniformmethode künftig die sogenannte "360-Tage-Methode" anzuwenden, eine Variante der Methode des internen Zinsfußes[52]. Mit ihrer Hilfe sollten vornehmlich unterjährliche Zahlungen und Verrechnungen erfaßt werden - etwas, was die Uniformmethode nicht zu leisten vermag. Die Kreditwirtschaft folgte nur widerstrebend dem von Behördenseite verlangten Wechsel in der Berechnungsmethode, machte er doch den Einsatz dafür besonders programmierter Rechner oder zumindest die Heranziehung umfänglicher Tabellenwerke erforderlich.

Etwa zeitgleich mit dem Übergang von der Uniform- zur 360-Tage-Methode nahm der Meinungsstreit um den "richtigen" Effektivzins seinen Anfang[53]. Hielt die eine Gruppe von Autoren den nunmehr erforderlichen Rechenaufwand für unnötig oder gar unzumutbar[54], so ging dieser Schritt einer anderen nicht weit genug[55]. Auch in Gesetzgebung und Judikatur finden sich unterschiedliche Begriffsinhalte und Praktiken[56].

Streitig oder zumindest unklar war auch der Kreis der in die Effektivzinsrechnung einzubeziehenden Faktoren[57]. Der Verordnungsgeber der

---

51) Kähler/Daniel, 1983, S. 360, Fn. 34 "Gesichertes Datum im Streit um den Effektivzins ist die Vielzahl der möglichen und richtigen Berechnungsansätze, aus denen eine ebenso große Vielfalt von Rechenergebnissen folgt".

52) Vgl. im einzelnen Schierenbeck/Rolfes, 1986, S. 766-778.

53) Vgl. Geiger, 1980, S. 256; vgl. Scholz, 1980, S. 322 ff.

54) Vgl. Scholl, 1979, S. 1138; Scholz, 1980, S. 322 ff; im gleichen Sinne bereits Löwe, 1974, S. 2258 und LG Frankfurt vom 17.02.1977 - BB 1977, S. 315.

55) Vgl. Seckelmann, 1980, S. 907; Sièvi, Chr. und F. (Brief vom 30.05.1980).

56) Dazu sehr anschaulich Bartsch, 1983, S. 1652, Fn. 10.

57) Seckelmann, 1981, S. 2314.

PAngV 1973 hatte darauf verzichtet, durch namentliche Aufzählung oder eine Generalklausel diese Komponenten verbindlich festzulegen. Vielmehr waren in den oben erwähnten "Grundsätzen" Listen von Preiselementen enthalten, die durch den einleitenden Satz: "Die gebräuchlichen Konditionen sind wie folgt zu behandeln ..."[58)] eher den Charakter von Muster- oder Regelanforderungen trugen. Ihre Anzahl veränderte sich zudem im Laufe der Zeit. Das OLG Stuttgart hob in der Begründung seines Beschlusses vom 03.04.1981[59)] hervor, daß der Positivkatalog in der Fassung der "Grundsätze" vom 10.12.1976 sieben Positionen, in derjenigen vom 29.09.1980 hingegen 11 Faktoren umfaßte, der Negativkatalog entsprechend drei bzw. sieben. Es stützte u. a. darauf seine These, daß "bestimmte Berechnungsmethoden ... geduldet oder von einem bestimmten Zeitpunkt an nicht mehr geduldet"[60)] werden, und kam zu dem Schluß, daß "die Vorschrift (des § 1 Abs. 4 PAngV 1973, d. Verf.)... im Rahmen der von der Rechtssicherheit gezogenen Schranken keine zuverlässige Grundlage für eine Bußgeldsanktion" böte.[61)]

3.2.1.4 Unterschiedliche Auffassungen über die Verrechnung aperiodisch begründeter Lasten

In § 1 Abs. 4 PAngV 1973 wurde die Forderung erhoben, den Preis des Kredites unter Zugrundelegung seiner Gesamtlaufzeit anzugeben. Der für die Ausführung der Verordnung zuständige Referent des baden-württembergischen Wirtschaftsministeriums folgerte hieraus, daß auch das Damnum (Disagio) eines Darlehens bei seiner Verrechnung auf die gesamte Laufzeit verteilt werden müsse[62)]. Er ließ dabei jedoch unberücksichtigt, daß der mit einem Damnum zumeist verbundene Vorteil beim laufen-

---

58) Z. B. Anlage zur Anordnung des (baden-württembergischen) Ministeriums für Wirtschaft, Mittelstand und Verkehr zum Vollzug der Verordnung über Preisangaben vom 25. März 1983 - AZ IV 3811.30/313 - GABl. 1983, S. 508-517 und 778-779, 512.

59) OLGE Stuttgart vom 03.04.1981, NJW 1981, S. 2479 f.

60) a. a. O., S. 2479.

61) a. a. O., S. 2480.

62) Vgl. Knauss, 1978, S. 873.

den Zins regelmäßig nur für die Dauer des Finanzierungsabschnittes eingeräumt wird, daß nach dessen Ablauf aber, wenn der Zinsvorteil erhalten bleiben soll, notwendig ein neues Damnum fällig wird[63]. Erst in den "Grundsätzen" vom 06.11.1979 - und in den darauf folgenden - schrieben die Preisaufsichtsbehörden vor, das Disagio bei Krediten mit Zinsänderungsvorbehalt "im Zweifel nur auf die Festlegungszeit zu verrechnen"[64]. Gleichzeitig wurde bestimmt, bei Krediten mit jederzeit änderbaren Konditionen von einer einjährigen Verrechnungszeit auszugehen, wenn anderslautende vertragliche Regelungen fehlten.

Der VGH Baden-Württemberg stellte in seiner Entscheidung vom 13.03.1981 dazu fest, daß sich die in den Grundsätzen neuerer Fassung ausbedungene unterschiedliche Behandlung von Einmalkosten der PAngV nicht entnehmen lasse[65]. Er sprach in diesem Zusammenhang von einem "normative(n) Defizit", welches eine Entscheidung des Gesetzgebers (oder eines hinreichend ermächtigten Verordnungsgebers)[66] erfordere.

3.2.2 Gesetzestranszendente Probleme

3.2.2.1 Ungewißheit zivilrechtlicher Konsequenzen

Nach einhelliger Auffassung von Judikatur und Schrifttum zählt die Preisangabenverordnung - ob PAngV 1973 oder PAngV 1985 - zum (öffentlichen) Preisordnungsrecht[67]. Sie entfaltet mithin keine materiellen Wirkungen für die Rechtsgültigkeit zivilrechtlicher Verträge. Gleichwohl war nicht völlig ausgeschlossen, daß Regelungen der Preisangabenverordnung, die ausschließlich der exakten Preisermittlung dienen, als Anspruchsgrundlage für die Geltendmachung von zivilrechtlichen Forde-

---

63) Vgl. Reichstein, 1978 a, S. 911.

64) Z. B. Grundsätze vom 03.12.1980, GABl 1983, S. 513.

65) WM 1981, S. 467.

66) a. a. O., S. 468.

67) Vgl. BGHE vom 16.11.1978, WM 1979, S. 52; Kunz, 1985, S. 539.

rungen durch Kreditnehmer benutzt werden könnten. Hierfür könnte etwa die Angabe des Verrechnungszeitraumes bezüglich aperiodischer Leistungen herangezogen werden, obgleich sie nur Zwecken der Preisangabe zu dienen bestimmt ist. Trotz der Aufnahme einer entsprechenden Formulierung in den Text der PAngV 1985 - ein solcher fehlt in der PAngV 1973 - bleiben Unklarheiten hinsichtlich denkbarer zivilrechtlicher Konsequenzen insofern, als die Verrechnungsregelung in § 4 Abs. 2 Satz 2 Nr. 2, indem sie am Gegenleistungszeitraum ansetzt, auf die materielle Vertragslage abhebt[68].

3.2.2.2 Fehlen einer verfassungsmäßigen Ermächtigungsgrundlage

Eine weit bedeutendere Rechtsunsicherheit war die in der Fachdiskussion wie auch später in der Rechtsprechung immer wieder erhobene Frage nach der verfassungsmäßigen Ermächtigungsgrundlage der PAngV 1973[69].

Ermächtigungsgrundlage für die PAngV 1973 war § 2 Abs. 1 des Übergangsgesetzes über Preisbildung und Preisüberwachung (Preisgesetz) vom 10. April 1948[70]. Das Preisgesetz sah vor, daß die für die Preisbildung zuständigen Stellen zur Festsetzung oder Genehmigung von Preisen und zur Aufrechterhaltung des Preisstandes, also des allgemeinen Preisniveaus, Anordnungen und Verfügungen erlassen konnten. Eine solche Anordnung war die PAngV 1973.

Mit Beschluß vom 08.11.1983[71] befand das Bundesverfassungsgericht, daß die Bestimmungen des § 1 Abs. 1 und § 2 Abs. 1 PAngV 1973 durch die in § 2 Preisgesetz enthaltene Ermächtigung nicht gedeckt und somit verfassungswidrig seien. Nicht der Festsetzung oder Genehmigung von

---

68) Im einzelnen hierzu Steppeler/Astfalk, 1986, S. 136 f.

69) Vgl. Praxl, 1979, S. 2-7; Kohler, 1979, S. 68-71; VGHE Baden-Württemberg vom 13.03.1981, WM 1981, S. 464-466; betreffend die Vorgängerin, die PrAVO, bereits Hartmann, 1969, S. 1416-1418; Wittkowsky, 1970, S. 286-287; Gallwas, 1971, S. 1-4.

70) Vgl. Gesetz- und Verordnungsblatt des Wirtschaftsrates des Vereinigten Wirtschaftsgebietes, 1948, S. 27-28.

71) Vgl. NJW 1984, S. 861-862.

Preisen oder der Stabilisierung des Preisniveaus, sondern in erster Linie der Information und dem Schutz des Verbrauchers solle die PAngV dienen und ihm optimale Preisvergleichsmöglichkeiten bieten.

Da § 1 Abs. 1 und § 2 Abs. 1 zugleich den Kern der Rechtsnorm bildeten und deren Nichtigkeit wesentliche Bestimmungen der Regelung als ganzer ihres Sinnes entkleiden mußte, gelangte man im Schrifttum zu der Auffassung, daß die PAngV 1973 insgesamt nicht mehr zu beachten sei[72].

Es verdient betont zu werden, daß die PAngV 1973 nicht aus materiellrechtlichen Gründen, sondern ausschließlich wegen des formalen Mangels einer unzureichenden Ermächtigungsgrundlage für verfassungswidrig erklärt wurde. So ist es denn auch nicht erstaunlich, daß ihre Nachfolgerin weitgehend gleichlautende Vorschriften enthält und daß ebenso Rechtsprechung wie Vollzugspraxis an das anknüpfen, was unter der Geltung der PAngV 1973 entwickelt worden ist[73].

Etwa achtzehn Monate nach dem Beschluß des Bundesverfassungsgerichtes, der die PAngV 1973 für nichtig erklärt hatte, wurde auf der Rechtsgrundlage des Gesetzes zur Regelung der Preisangaben vom 03. Dezember 1984 (BGBl. I., S. 1429-1430) die Verordnung zur Regelung der Preisangaben vom 14. März 1985 (BGBl. I, S. 580-583) verabschiedet. Die Anschlußregelung trat mit ihrem allgemeinen Teil am 01. Mai 1985, mit der Vorschrift des § 4 zur Regelung von Preisangaben bei Krediten am 01. September 1985 in Kraft.

---

72) So Jacobs, 1984, S. 280-282; mit den Rechtsfolgen für anhängige Verfahren, bereits rechtskräftige Entscheidungen und geschlossene Verträge befassen sich Sommerlad, 1984, S. 1489-1496; Luckner, 1984, S. 186-189; v. Goetze, 1984, S. 460-462; Schibel, 1984, S. 362-364.

73) Vgl. Boest, 1985, S. 1440.

3.3 Die Preisangabenverordnung von 1985 (PAngV 1985)

3.3.1 Zielsetzung

Zielsetzung der PAngV 1985 - wie schon ihrer Vorgängerin - ist eine Verbesserung der Position des Verbrauchers[74]. Gelberg hatte diese Vorgängerin in seinem Kommentar[75] bereits - etwas verkürzend - als Verbraucher-Schutzgesetz bezeichnet.

Doch beschränkt sich der Zweck der PAngV 1985 nicht auf den bloßen Schutz des Verbrauchers vor Benachteiligung als Marktpartei, sondern soll in erster Linie seinen Informationssstand verbessern[76], so daß er in der Lage ist, das preisgünstigste Angebot auszuwählen. Dazu bedarf es eines optimalen Preisvergleichesl[77]. Diesen soll die PAngV 1985 gewährleisten.

Gute Möglichkeiten zum Preisvergleich werden im übrigen als eine "Voraussetzung für das Funktionieren" der "marktwirtschaftlichen Ordnung" genannt[78]. Damit wird der PAngV zugleich eine gesamtwirtschaftliche Aufgabe, nämlich die der Preisdämpfung, zugeschrieben.

Allgemein gilt für die PAngV 1985: alle Angaben müssen der allgemeinen Verkehrsauffassung und den Grundsätzen von Preisklarheit und Preiswahrheit entsprechen (§ 1 Abs. 6 PAngV 1985). Er ist der Maßstab für die Anwendung der Rechtsverordnung.

---

74) Vgl. amtliche Begründung Gimbel/Boest, 1985, S. 75.

75) Vgl. Gelberg, 1975, S. 6.

76) Vgl. Gesetz zur Regelung der Preisangaben, § 1. Danach wird der Bundesminister für Wirtschaft ermächtigt, eine Rechtsverordnung "zum Zwecke der Unterrichtung und des Schutzes der Verbraucher" zu erlassen.

77) Vgl. amtliche Begründung Gimbel/Boest, 1985, S. 75.

78) a. a. O.

3.3.2 Regelungsinhalt des § 1 Abs. 1 Satz 1 PAngV 1985

Die PAngV 1985 entspricht - wie bereits angedeutet - inhaltlich weitgehend ihrer Vorgängerin. Nur bei wenigen Vorschriften sind "tiefergreifende"[79] Änderungen notwendig geworden[80]. Die wesentlichste Änderung aber betrifft die Regelung der Preisangabe bei Krediten[81].

Die PAngV verpflichtet in § 1 Abs. 1 Satz 1 jeden, der

- Letztverbrauchern
- gewerbs- oder geschäftsmäßig oder regelmäßig in sonstiger Weise
- Waren oder Leistungen
- anbietet oder dafür unter Angabe von Preisen wirbt,

jene Preise, die einschließlich Umsatzsteuer und sonstiger Preisbestandteile unabhängig von einer Rabattgewährung zu zahlen sind, d. s. Endpreise, zu nennen.

Hiervon ausgenommen sind nach § 7 Abs. 1 Ziff. 1 "Angebote oder Werbung gegenüber Letztverbrauchern, die die Ware oder Leistung in ihrer selbständigen beruflichen oder gewerblichen oder in ihrer behördlichen oder dienstlichen Tätigkeit verwenden"[82].

Normadressat der PAngV, d. h. zur Einhaltung ihrer Vorschriften verpflichtet ist jeder, auf den die in § 1 Abs. 1 Satz 1 genannten, vorstehend aufgeführten Kriterien zutreffen und nicht zugleich die Ausnahmevorschriften des § 7 Anwendung finden.

---

79) a. a. O.

80) Diese Änderungen betreffen lt. amtlicher Begründung die Preisangabe an außerörtlichen Tankstellen und Ergänzungen des § 7 Abs. 1 Nr. 1. Sie liegen außerhalb des behandelten Themas. Ihnen wird hier nicht weiter nachgegangen.

81) Daneben finden sich einige Klarstellungen, wo die Anwendung der Verordnung hatte Zweifel aufkommen lassen. Alles übrige sind Umgruppierungen aus Gründen der Systematik.

82) Weitere Ausnahmen betreffen Leistungen besonderer Anbieter oder besondere Waren und Leistungen, die hier nicht relevant sind (§ 7 Abs. 1 Ziff. 2, 3, 5, Abs. 2 und 3).

Das Kreditgewerbe tritt mit seinen Angeboten und seiner Werbung - wenn man von wenigen Spezialinstituten absieht - auch privaten Kunden mit Kreditwünschen gegenüber. Sie sind Letztverbraucher[83] im Sinne der PAngV und genießen deren Schutz. Das gilt nicht, wenn Privatkunden den gewünschten Kredit zu beruflichen Zwecken, etwa zur Einrichtung einer Praxis nutzen. Allgemein ist bei der Werbung für Geschäftskredite oder bei Angeboten, die solche Kredite betreffen, auf Grund der Ausnahmeregelung des § 7 Abs. 1 Ziff. 1 eine Effektivzinsangabe nicht erforderlich[84][85].

Wenn Banken und Sparkassen Kredite anbieten oder für Kredite werben, so geschieht dies gewerbsmäßig. Nach einer durch die Rechtsprechung gefestigten, durchgängig vertretenen Meinung handelt gewerbsmäßig, wer sich dabei "von der Absicht leiten läßt, durch wiederholte Tätigkeit dauernd Gewinn von einigem Umfang zu erzielen"[86]. Solches trifft für das Kreditgewerbe zu.

Ob Kredite zu den Waren oder Leistungen zu rechnen sind, kann dabei auf sich beruhen. Beide Begriffe sind nach Ansicht des offiziellen Kommentars[87] inhaltlich so weit gefaßt, daß mindestens einer von ihnen auf Kredite zutrifft. Aus dem Kontext der Verordnung, die mit § 4 eine Spezialnorm für die Preisfestsetzung bei Krediten enthält, ist zudem zweifelsfrei zu entnehmen, daß § 1 Abs. 1 Satz 1 auch Kredite umfassen soll.

---

83) Vgl. Gelberg, 1979, S. 1. Die PAngV 1985 verwendet nebeneinander die Wörter "Letztverbraucher" und "Verbraucher", worauf Bülow hinweist, 1985, S. 254; beide Bezeichnungen werden offenbar synonym verwandt im Sinne von "privater Endverbraucher" (Bülow).

84) Vgl. hierzu Gimbel/Boest, 1985, S. 3, auch wegen des Schutzes, den die PAngV selbständigen Letztverbrauchern gewährt für den Fall, daß sie betriebsfremde Waren oder Leistungen für ihren privaten Bedarf erwerben; Steppeler/Astfalk, 1986, S. 47.

85) Scholz verweist auf Grenzfälle, 1983, S. 30, Rdnr. 65.

86) Gimbel/Boest, 1985, S. 3.

87) Gimbel/Boest, 1985.

Der Begriff Angebot ist nicht im engen rechtstechnischen Sinne des § 145 BGB auszulegen. Das wird schon aus dem Wortlaut der Verordnung deutlich[88], die in § 2 Schaufensterwerbung ausdrücklich der Preisauszeichnung unterwirft; zivilrechtlich käme sie einer Aufforderung zur Abgabe von Geboten gleich[89]. Diese Ansicht wird auch von der Rechtsprechung gestützt[90]. Ein Angebot sei immer dann anzunehmen, wenn mit ihm die Bereitschaft zum Ausdruck komme, eine bestimmte Ware, Leistung oder Kredit gegen Entgelt zur Verfügung zu stellen[91]. Maßgebend sei dabei, ob die Ankündigung ihrem Inhalt nach so konkret gefaßt sei, daß sie nach Auffassung des Verkehrs den Abschluß eines Geschäftes auch aus der Sicht des Kunden ohne weiteres zuließe[92]. Die amtliche Begründung zur PAngV 1985 nimmt auf die bisherige Rechtsprechung ausdrücklich Bezug, in der vom weiter gezogenen "untechnischen" Begriff des Anbieters ausgegangen wird.

Anbieter von Krediten sind überdies gemäß § 3 Abs. 1 PAngV verpflichtet, ein Preisverzeichnis anzufertigen und in den Geschäftsräumen sowie zusätzlich im Schaufenster anzubringen.

Auf mündliche Angebote, die ohne Preise abgegeben werden, findet die PAngV keine Anwendung (§ 7 Abs. 1 Ziff. 4 PAngV).

Die PAngV regelt neben der Abgabe von Angeboten die Werbung unter Angabe von Preisen. Normadressaten sind nicht schlechthin verpflichtet, unter Angabe von Preisen zu werben. Dies ist ihnen vielmehr freigestellt[93]. Enthält die Werbung allerdings Preisbestandteile, so muß

---

88) In der amtlichen Begründung zur PrAVO heißt es bereits: "Das Wort "anbieten" ist ... untechnisch zu verstehen", zitiert bei Gelberg, 1975, S. 138.

89) Vgl. Bülow, 1985, S. 255.

90) Vgl. BGHE vom 16.01.1980, NJW 1980, S. 1388-1389; BGHE vom 04.03.1982, NJW 1982, S. 1877-1878; BGHE vom 23.06.1983, NJW 1983, S. 2703-2705.

91) BGHE 1980, S. 1388.

92) BGHE 1983, S. 2704.

93) So schon OLGE Stuttgart vom 28.02.1978, BB 1978, S. 573-574.

der Endpreis genannt werden. Den einschlägigen BGH-Urteilen kann der Grundsatz entnommen werden, daß immer dann, "wenn der Verbraucher durch eine Werbung mit Preisangaben zu Vorstellungen über die Preiswürdigkeit oder zu Preisvergleichen veranlaßt wird, ihm durch Angabe des tatsächlich geforderten Endpreises auch ein tauglicher Vergleichsmaßstab zur Verfügung stehen" soll[94].

§ 1 Abs. 1 Satz 1 PAngV 1985 bestimmt - anders als die korrespondierende Regelung der PAngV 1973 -, daß ein Endpreis zu nennen ist, d. h. ein Gesamtpreis, der es dem Verbraucher erspart, sich selbst durch Zusammensetzung von Teilpreisen oder durch Umrechnung von Basispreisen den Endpreis bilden zu müssen und, wenn ihm dies mißlingt, gar einer Selbsttäuschung über die Gesamthöhe des Entgeltes zu erliegen[95].

Andererseits gehören nicht zu den einzubeziehenden Preisbestandteilen solche Belastungen, die zwar mit dem Erwerb der Ware oder Leistung verbunden sind, "deren Höhe aber von Umständen abhängt, die zum Zeitpunkt des Angebotes oder der Werbung noch nicht bekannt sind"[96].

3.3.3 Der "effektive Jahreszins" als Preis

3.3.3.1 Definitionen

Für Preise von Krediten enthält die PAngV 1985 in § 4 eine besondere Regelung. Endpreis eines Kredites ist demgemäß "die Gesamtbelastung pro Jahr in einem Vomhundertsatz des Kredites"[97]. Sie ist anzugeben und als "effektiver Jahreszins" zu bezeichnen.

---

94) BGHE vom 23.06.1983, S. 2706 - wegen weiterer einschlägiger BGH-Urteile siehe NJW 1983, S. 2703-2705 und 2707.

95) Vgl. amtliche Begründung Gimbel/Boest, 1985, S. 76.

96) a. a. O.

97) § 4 Abs. 1 Satz 1 PAngV.

Ist eine Änderung des Zinses oder anderer preisbestimmender Faktoren vorbehalten, so muß dieser Endpreis als "anfänglicher effektiver Jahreszins" bezeichnet werden. Hierauf wird an anderer Stelle einzugehen sein[98].

Bei der Festlegung des Preises für Kredite kam es dem Verordnungsgeber darauf an, die Gesamtheit der dem Kreditnehmer entstehenden Kosten in ihrem Verhältnis zum ausgezahlten Kreditbetrag und ihrer zeitlichen Verteilung mit einer einzigen Vergleichszahl zu erfassen[99]. Diese Vergleichszahl, die es dem Kreditsuchenden ermöglichen soll, Kreditangebote zu vergleichen und unter ihnen das günstigste herauszufinden, soll der auch als solcher bezeichnete effektive Jahreszins sein[100].

Die Definition des "effektiven Jahreszinses" im Sinne der PAngV 1985 geht zurück auf die vom BL-A PrA entwikkelten Grundsätze, die u. a. als Anlage zur Anordnung des Ministeriums für Wirtschaft, Mittelstand und Verkehr des Landes Baden-Württemberg vom 25. März 1983 (berichtigt am 20. Juni 1983)[101] veröffentlicht worden sind und worauf die amtliche Begründung ausdrücklich Bezug nimmt[102]. Dort hatte es unter A. I. geheißen:

> "Als Preis des Kredits ist derjenige Preis für das Jahr in vom Hundert des Kredits anzugeben, der das Verhältnis aller Kosten zur je einjährigen Kapitalnutzung in einem einzigen Zahlenwert, dem "effektiven Jahreszins" ausdrückt[103]."

---

98) Siehe 3.3.3.6.

99) Vgl. Boest, 1985, S. 1441.

100) Vgl. Gimbel, 1985, S. 157.

101) GABl. 1983, S. 508-517 und 778-779.

102) Vgl. amtliche Begründung Gimbel/Boest, ebenda, S. 78.

103) Abweichend ermittelt wurde der Effektivzins zeitweilig nach der einschlägigen Rechtsprechung gemäß § 138 BGB und gleichfalls - aber wiederum davon verschieden - gemäß § 1 a Abs. 1 Nr. 4 AbzG; vgl. Bartsch, 1983, S. 1651. Die Divergenzen scheinen noch nicht ausgeräumt.

Nachfolger der "Grundsätze" als Vollzugsanordnung sind die Ausführungshinweise zu § 4 PAngV des BL-A PrA, nach Abstimmung mit der Kreditwirtschaft - vertreten durch den Zentralen Kreditausschuß - verabschiedet am 31.07.1985 und am 06.11.1986 neu gefaßt.

3.3.3.2 **Berechnungsmethode**

Ziffer 1 der Ausführungshinweise trägt die Überschrift "Grundsatz" und beschreibt konkret die Methode der Ermittlung des (anfänglichen) effektiven Jahreszinses.

Danach sind die Zahlungsströme, wie sie sich aus einer staffelmäßigen Darstellung des - wirklichen - Kreditkontos ergeben, auf einen Vergleichskredit zu übertragen, welcher 360 Zinstage nach Auszahlung nachschüssig entsprechend der jeweiligen Kredithöhe zu verzinsen ist und keine weiteren Kosten verursacht. Ist die Kredit(rest)laufzeit kürzer als ein Jahr, so gilt die als 360-Tage- oder als Staffelmethode bezeichnete Handhabung für den Zeitpunkt des Kreditendes. Die 360-Tage-Methode geht insoweit von dem in § 608 BGB zugrundegelegten Fall aus, wonach bei Krediten Zinsen erst nach dem Ablauf eines Jahres - gerechnet zu 360 Tagen - bzw. bei Kreditende zu entrichten sind[104].

Die Berechnung muß denjenigen Zinssatz ergeben, mit dem sich der Kredit auf der Grundlage taggenauer Verrechnung aller Leistungen und nachschüssiger Zinsbelastung gemäß § 608 BGB staffelmäßig abrechnen läßt. Dabei ist von den tatsächlichen Zahlungen auszugehen. Effektiver Jahreszins bzw. anfänglicher effektiver Jahreszins ist der Zinssatz, mit dem der Vergleichskredit zu verzinsen wäre, wenn man die Zahlungsströme des wirklichen Kreditkontos zugrunde legte.

---

104) In der Praxis sind Vereinbarungen über kürzere Zinsberechnungsperioden üblich; vgl. Schönle, S. 178.

Ist der Effektivzins richtig berechnet, so führt eine Abstaffelung des Kredites mit ihm am Ende der Laufzeit auf Null[105].

Die in den Ausführungshinweisen dergestalt konkret beschriebene Berechnungsmethode wurde für rechtsverbindlich erklärt. Andere Methoden wurden im gleichen Zuge von der Verwendung ausgeschlossen[106].

3.3.3.3 Einzubeziehende und nicht einzubeziehende "Faktoren"

Im Gegensatz zu der früheren Regelung einer beispielhaften Aufzählung einzubeziehender "Faktoren" bestimmt die PAngV 1985 im Wege einer Generalklausel, wie sich der Endpreis zusammensetzt, nämlich

> unter Einbeziehung aller "bei regelmäßigem Kreditverlauf preisbestimmenden Faktoren ..., die sich unmittelbar auf den Kredit und seine Vermittlung beziehen" (§ 4 Abs. 2 Satz 1 PAngV 1985).

Auf diese Weise soll sichergestellt werden, daß alle Einflüsse auf die Preisbildung in die Berechnung eingehen und so die zu vergleichenden Angebote nach einem einheitlichen Maßstab ermittelt werden[107].

Die Ausführungshinweise - welche weitgehend mit den oben zitierten Grundsätzen übereinstimmen - sehen die Einbeziehung folgender Faktoren vor:

a) Nominalzins (auch als Kreditgebühr bezeichnet)[108],
b) Zinssollstellungstermine,

---

105) Wegen der Einzelheiten der Berechnungsmethode und eines Berechnungsbeispieles siehe 4.2.3.

106) Vgl. Gimbel/Boest, 1985, S. 45 - Im ersten Entwurf der Ausführungshinweise des Landes Baden-Württemberg - , Ministerium für Wirtschaft, Mittelstand und Technologie - vom 26.03.1985 waren die ausgeschlossenen Methoden, darunter die Uniform-Methode, aber auch die rule 803 der AIBD (siehe 4.3) noch ausdrücklich genannt.

107) Vgl. Boest, 1985, S. 1441.

108) Vgl. Gimbel/Boest, 1985, S. 41.

c) Tilgungshöhe[109],
d) tilgungsfreie Zeiträume,
e) Disagio und Agio,
f) Bearbeitungsgebühr und Verwaltungsbeiträge,
g) Maklerprovision und sonstige Kreditvermittlungskosten,
h) Zahlungstermine entsprechend individuellem Angebot bzw. individueller Vereinbarung,
i) Annuitäten-Zuschußdarlehen, sofern sie mit dem Kredit eine Einheit bilden,
j) Zusatzdarlehen zur Finanzierung eines Disagios oder Agios und ähnlichem, sofern sie mit dem Kredit eine Einheit bilden,
k) von den Zahlungsterminen abweichende Tilgungsverrechnungstermine.

Nicht einzubeziehen sind hingegen:

a) Inhaltlich noch nicht feststehende Änderungen in den Konditionen des Darlehens während der Laufzeit, auch wenn sie ausdrücklich vorbehalten werden,
b) Bereitstellungszinsen und Teilauszahlungs-Zinsaufschläge,
c) Aufwendungen, die im Zusammenhang mit der Absicherung des Darlehens individuell unterschiedlich anfallen (z. B. Notariatsgebühren, Grundbuchkosten für die Bestellung von Hypotheken und Grundschulden, Schätzgebühren; letztere jedoch nur, wenn auch tatsächlich eine Schätzung vorgenommen wird und die Höhe der Gebühr marktüblich ist)[110],
d) Aufwendungen für Versicherungen. Dies gilt auch, wenn die Darlehensgewährung vom Abschluß einer Tilgungs- oder Rechtschutzversicherung abhängig ist,
e) Ansparleistungen (z. B. bei Bausparkrediten), Eigenleistungen (z. B. Anzahlungen bei Abzahlungskaufkrediten), Mitgliedschaften und ähnliche Vorleistungen des Kreditnehmers, die nur die Voraus-

---

109) Wiedergegeben in der Fassung vom 06.11.1986.

110) Geändert bzw. ergänzt durch Fassung vom 06.11.1986.

setzung für die Kreditgewährung bilden, die Abwicklung des eigentlichen Kredites aber nicht unmittelbar beeinflussen,

f) die bei Verzug des Darlehensnehmers entstehenden zusätzlichen Aufwendungen,

g) allgemeine Kontoführungsgebühren, die unabhängig von der Kreditsumme in bisher allgemein üblichem Umfang erhoben werden[111].

Die Aussonderung der vorstehend aufgeführten Faktoren wird wie folgt begründet:

- es besteht nur ein mittelbarer Zusammenhang mit dem Kredit (z. B. Kosten für die Bestellung von Sicherheiten),
- es handelt sich um Kosten, die bei regelmäßigem Verlauf nicht vorkommen und folglich nicht unter die Generalklausel fallen (z. B. Säumniszuschläge),
- es sind Kosten, die vom Einzelfall abhängig sind (z. B. Bereitstellungszinsen).

Durch die erst in der letzten Fassung erfolgte Klarstellung bei Schätz(ungs)gebühren (tatsächliche Vornahme, marktübliche Höhe), soll einem etwaigen Mißbrauch vorgebeugt werden, Kostenbestandteile als Schätzkosten zu deklarieren und sie damit aus der Rechnung auszugrenzen. Gleiches gilt für die Beschreibung der Kontoführungsgebühren. Die geforderte Einschränkung, Kontoführungsgebühren nur in bisher allgemein üblichem Umfang und unabhängig von der Kreditsumme zu berechnen, soll verhindern, daß im Zusammenhang mit einer Kreditgewährung solche Gebühren neu - und das bedeutet in diesem Falle: höher - festgesetzt werden.

---

111) Geändert bzw. ergänzt durch Fassung vom 06.11.1986.

3.3.3.4 Angaben- und Rechengenauigkeit

§ 4 Abs. 2 schreibt für die Errechnung des Vomhundertsatzes vor, daß diese "mit der im Kreditwesen üblichen Genauigkeit" zu erfolgen habe. Die Vorschrift wird durch die Ausführungshinweise weitgehend konkretisiert.

Der Effektivzins, eine Prozentzahl, ist mit mindestens einer, höchstens zwei Stellen hinter dem Komma anzugeben. Rundungen können sich folglich nicht stärker als 0,05 Prozentpunkte auswirken. Werden Zahlungsraten gerundet - z. B. auf volle DM-Beträge -, so muß das im effektiven Jahreszins seinen Niederschlag finden. Von dieser Grundregel kann in folgenden Fällen abgewichen werden:

- Bei Krediten mit Laufzeitzins (pro-Monat-Zins) kann der effektive Jahreszins auf der Grundlage der mathematischen Durchschnittsrate ermittelt werden, wenn Rundungen nach oben auf den vollen DM-Betrag stets bei der ersten (niedrigeren) Rate und Rundungen nach unten bei der letzten (höheren) Rate vorgenommen werden und dieses Verfahren innerhalb der Kreditwirtschaft einheitlich angewandt wird[112].

- Sind Zahlungs- und Verrechnungstermine kalendermäßig festgelegt, kann stets davon ausgegangen werden, daß der Kredit genau eine Zahlungsperiode früher ausgezahlt wurde. Abweichungen in der tatsächlichen Auszahlung müssen auf der Grundlage des effektiven Jahreszinses ausgeglichen werden, sofern die Auszahlung später stattgefunden hat. Sie können ausgeglichen werden, wenn sie früher erfolgte. Bei Krediten, die in Teilbeträgen ausgezahlt werden, kommt es auf die Abrechnungsperiode der ersten Auszahlung an. Voraussetzung ist taggenaue Abrechnung der Zinsen[113].

---

112) Wegen der Auswirkungen siehe 6.2.3.

113) Wegen der Größenordnung siehe 6.2.2 und Anhang 6.

Über die vorstehend genannten Abweichungen hinausgehende Ungenauigkeiten werden von den Preisaufsichtsbehörden nicht hingenommen[114].

3.3.3.5 Zusatzangaben

Aus den Prinzipien von Preisklarheit und Preiswahrheit leiteten bereits die "Anwendungshinweise zu den Grundsätzen für die Berechnung des effektiven Jahreszinses"[115] die Pflicht zu weiteren Angaben her, falls die Gefahr bestand, der Kreditsuchende könnte aufgrund der bloßen Nennung eines Effektivzinses bei seiner Entscheidungsfindung irregeleitet werden.

Gemeint sind etwa besondere Voraussetzungen, von denen die Gewährung eines Kredites allgemein abhängig gemacht wird. Die PAngV 1985 nennt in § 4 Abs. 3 Mitgliedschaften - beispielsweise in Genossenschaften oder Vereinen - und den Abschluß von Versicherungen. Der Wortlaut der amtlichen Begründung läßt erkennen, daß mit letzterem nicht auf Versicherungen schlechthin abgezielt wird[116]. Vielmehr ist von obligatorischen Restschuld-, Berufsunfähigkeits- und Tilgungslebensversicherungen die Rede, also von solchen, "die unmittelbar die Gefahr abdecken, daß der Kreditnehmer ... seinen Rückzahlungsverpflichtungen nicht mehr nachkommen kann"[117]. Diese Voraussetzungen sind im übrigen lediglich dann zu nennen, wenn eine Mitgliedschaft oder Versicherung allgemein gefordert wird - nicht im Einzelfall aufgrund besonderer Umstände.

Entwickelt das anbietende oder werbende Kreditinstitut in Hinsicht auf die Versicherung keine eigenen geschäftlichen Aktivitäten, so genügt ein bloßer Hinweis auf das Erfordernis eines Abschlusses. Wird die Versicherung aber außer dem Kredit dem Kreditsuchenden angeboten oder wirbt das Kreditinstitut für ein bestimmtes Versicherungsunternehmen,

---

114) Vgl. Ausführungshinweise Fassung vom 06.11.1986 Ziff. 2.3.4.

115) Zitiert nach GABl. 1983, S. 512.

116) Vgl. amtliche Begründung zu § 4 Abs. 3.

117) Gimbel/Boest, 1985, S. 47.

so muß darüber hinaus auch eine Preisangabe erfolgen. Da die Kosten von individuellen Voraussetzungen des Versicherungsnehmers abhängen, müssen bei Werbung mit Preisangaben "gängige Beispiele" zugrundegelegt werden[118].

Obligatorische Zusatzangaben sind auch die nach § 4 Abs. 1 Satz 2 geforderten Daten über den Zeitpunkt, zu dem preisbestimmende Faktoren geändert werden können, und zur Verrechnungszeit für Auszahlungsdifferenzen. Sie werden im nächsten Abschnitt behandelt.

3.3.3.6 Preisangaben bei Krediten, deren Konditionen nicht über die gesamte Laufzeit fest sind

Eine wesentliche Neuerung der 1985 erlassenen Preisangabenverordnung betrifft die Behandlung solcher Kredite, deren Konditionen einem Änderungsvorbehalt unterliegen[119]. In derartigen Fällen kann naturgemäß nur ein anfänglicher effektiver Jahreszins errechnet werden. Da alle künftigen Tendenzen, die aufgrund von Marktentwicklungen den Preis zu beeinflussen vermögen, noch unbekannt sind, geschieht dies, indem fingiert wird, der zum Zeitpunkt des Angebotes bzw. der Werbung errechnete - anfängliche - Effektivzins bleibe unverändert über die gesamte Laufzeit bestehen (§ 4 Abs. 2 Satz 2 Nr. 1).

Gemäß § 4 Abs. 1 Satz 1 ist der errechnete Preis als "anfänglicher effektiver Jahreszins" zu bezeichnen. Es ist nicht zulässig, statt dessen nur vom "effektiven Jahreszins" zu sprechen[120].

Darüber hinaus muß angegeben werden, wann preisbestimmende Faktoren geändert werden (können), und schließlich, auf welchen Zeitraum Belastungen aus der nicht vollständigen Auszahlung des Kreditbetrages oder

---

118) Ausführungshinweise Fassung vom 06.11.1986 Ziff. 2.6.4.

119) Vgl. Scholz, 1986, S. 587, mit kritischen Anmerkungen.

120) Ausführungshinweise Fassung vom 06.11.1986 Ziff. 2.6.1.

einem Zuschlag zum Kreditbetrag (Disagio oder Agio) verrechnet werden (§ 4 Abs. 1 Satz 2).

Es entspricht allgemeiner Übung, daß Banken und Sparkassen ihren Kreditnehmern neben dem Zins weitere Kosten in Rechnung stellen. Hierdurch sollen entweder besondere Leistungen wie Beschaffungs- oder Bearbeitungsaufwand abgegolten werden, oder es handelt sich um ein Äquivalent für eine Ermäßigung des laufenden Zinses in Gestalt eines Damnums (Disagios) bzw. Agios[121]. Dabei ist die Art und Weise der Erhebung für das wirtschaftliche Ergebnis der Kostenbelastung grundsätzlich ohne Belang[122]. Entscheidend ist vielmehr, daß solche Kostenelemente in die Gesamtrechnung Eingang finden.

Bei Krediten mit auf Dauer festen Konditionen sind diese Entgelte auf die Gesamtlaufzeit[123] zu verrechnen. Bei anderen Krediten bestimmt sich die Verrechnungsperiode nach dem Zeitraum, für den der Kreditnehmer bei regelmäßigem Kreditverlauf in den Genuß einer damit abgegoltenen Leistung kommen soll (§ 4 Abs. 2 Satz 2 Nr. 2). Sie richtet sich nach der Art des Entgelts bzw. seiner Zweckbestimmung.

Werden Bearbeitungsgebühren - wie es der Regel entspricht - nur einmal erhoben, dann sind sie auf die gesamte Laufzeit zu verrechnen. Profitieren Kreditnehmer von einem Entgelt hingegen nicht über die gesamte Laufzeit des Kredites hin, sondern nur während eines Teilzeitraumes, so ist dieser der Verrechnung zugrunde zu legen. Häufiges Beispiel ist ein Disagio bzw. Rückzahlungsagio, mit dem ein Zinsvorteil für eine gewisse Zeitspanne "erkauft", d. h. der laufende Zins ermäßigt wird. Das ist bei Abschnittsfinanzierungen regelmäßig der Finanzierungsab-

---

121) Wegen der Rechtsnatur des Damnums vgl. Frenz, 1981, S. 460-462; siehe zu Damnum im weiteren 7.5.2.

122) Steuerliche Aspekte sollen in dieser Arbeit außer Betracht bleiben.

123) Zur Laufzeit siehe 3.3.3.7.

schnitt, bei Krediten mit Zinsbindungsfrist der dieser Frist entsprechende Zeitraum[124].

Als Indiz für die sachlich richtige Verrechnungsperiode soll gelten, daß, solange sie andauert, für die honorierte Leistung kein neuerliches Entgelt anfallen darf[125] bzw. ein eingeräumter Vorteil Bestand hat. Das bedeutet, daß bei Krediten mit vollvariablen Konditionen jener Zeitraum der Verrechnung zugrunde zu legen ist, für den dem Kreditnehmer ein Zinsvorteil eingeräumt worden ist. Dieser Zeitraum muß nach § 4 Abs. 1 Satz 2 zusätzlich angegeben werden. Das soll bewirken, daß bei Zinssatzänderungen während dieses Zeitraumes der Kreditzins nur in gleichem Ausmaß wie bei voll ausgezahlten Krediten korrigiert werden darf, der Zinsabstand zu Krediten mit Vollauszahlung mithin gewahrt werden muß[126][127].

Kommt es vor, daß verschiedene aperiodisch begründete Lasten im Falle einer Kreditgewährung zusammentreffen, - Bearbeitungsgebühren werden auf die gesamte Laufzeit verrechnet, das Disagio, dem nur ein Zinsvorteil für wenige Jahre gegenübersteht, auf eben diesen Teilzeitraum (Splitting) -, so ist für die Ermittlung des anfänglichen Jahreseffektivzinses von der kürzesten Verrechnungszeit auszugehen[128].

Die Ausführungshinweise in ihrer gegenwärtig geltenden Fassung lassen das Splitting nur noch in der Weise zu, daß die anteilige Verrechnung der "Einmalkosten" sich auch im - wirklichen - Kreditkonto niederschlägt. Dann nämlich entspricht die tatsächliche Abrechnung des Kre-

---

124) Wegen Auswirkungen, welche die von der PAngV und ihren Ausführungshinweisen zu § 4 vorgesehene Verrechnungsmethode auf die Vergleichbarkeit von Kreditpreisofferten hat, siehe 7.5.3.

125) Vgl. amtliche Begründung Gimbel/Boest, 1985, S. 80; vgl. Boest, 1985, S. 1441.

126) Vgl. Steppeler/Breier, 1985, S. 145.

127) Die zivilrechtliche Zulässigkeit einer abweichenden Handhabung ist hiervon nicht berührt (vgl. Gimbel/Boest, 1985, S. 45).

128) Ausführungshinweise Fassung vom 06.11.1986 Ziff. 1.

ditkontos dem im Kreditangebot genannten Effektivzins. Für die praktische Durchführung sind zwei Wege gestattet:

- entweder Belastung des Kreditkontos bei Einmalkosten nur in Höhe des auf den kürzesten Verrechnungszeitraum entfallenden Teiles

- oder aber Belastung des Kreditkontos mit Einmalkosten zunächst in voller Höhe und Wiedergutschrift des noch unverbrauchten Teiles am Ende des kürzesten Verrechnungszeitraumes[129].

Damit soll einer willkürlichen Aufspaltung von Kostenelementen entgegengewirkt werden, der die Tendenz innewohnen könnte, einen möglichst großen Teil des Auszahlungsverlustes als Bearbeitungsgebühr auszuweisen, um so den anfänglichen Jahreseffektivzins gering zu halten[130].

3.3.3.7 Laufzeit

Die PAngV 1985 regelt nicht ausdrücklich, für welchen Zeitraum der Effektivzins zu berechnen und anzugeben ist; das läßt sich nur indirekt aus den Vorschriften über die Verrechnung von Einmalkosten herleiten.

Befindet sich unter den aperiodischen Leistungen eine solche, die auf einen Teilzeitraum verrechnet werden muß, so ist damit zugleich klargestellt, für welchen Zeitraum der (anfängliche) effektive Jahreszins berechnet und angegeben werden muß[131]. Zweifel können naturgemäß auch nicht bei typischen Ratenkrediten aufkommen, da sich die Verrechnung aus der kreditspezifischen Berechnungsart der Zuschlagsmethode (pro-Monat-Zuschlag in Verbindung mit fest vereinbarter Anzahl von Monatsraten) von selbst ergibt.

---

129) Ausführungshinweise Fassung vom 06.11.1986 Ziff. 1.

130) Vgl. K. O., 1985, Heft 11, S. 4.

131) Siehe 3.3.3.6.

Nicht so eindeutig ist die Sachlage bei Krediten, die zum Nennbetrag ausgezahlt werden oder bei denen allenfalls Bearbeitungs- oder Vermittlungsgebühren in Abzug gebracht werden. Nach Auffassung der Preisaufsichtsbehörden ist der Berechnung des Effektivzinses in solchen Fällen grundsätzlich die gesamte Laufzeit zugrunde zu legen. Dabei stellen diese zwar dem einzelnen Institut frei, für welchen Zeitraum es den Effektivzins berechnet und angibt. Doch darf in Anwendung des Auffangtatbestandes, wonach Preisangaben den Grundsätzen von Preisklarheit und Preiswahrheit entsprechen müssen, der Effektivzins dadurch nicht niedriger erscheinen, als wenn er für einen längeren Zeitraum oder die volle Laufzeit gerechnet würde[132]. Das heißt, daß wenn unterjährliche Zinseszinseffekte zu berücksichtigen sind (unterjährliche Abrechnung), der Effektivzins auf die volle Laufzeit gerechnet werden muß, da sich solche Effekte um so mehr verstärken, desto höher der in einer Gesamtleistung enthaltene Tilgungsanteil wird. Wie eng die Grundsätze von Preisklarheit und Preiswahrheit ausgelegt werden, ist allerdings eine offene Frage. Immerhin gilt hilfsweise die Berechnung des Effektivzinses für die Festschreibungszeit, also einen im allgemeinen kürzeren Zeitraum. Dabei würde ein Teil jener Zinseszinseffekte eben gerade weggeschnitten. Freilich ist eine Verkürzung der Verrechnungszeit in ihrer Wirkung auf den Effektivzins stets auch von der Fallgestaltung abhängig. So schlägt eine Belastung von Einmalkosten um so stärker zu Buch, je kürzer die Laufzeit ist.

Sind Kreditkonditionen nicht festgeschrieben - auch nicht für einen Teilzeitraum -, so soll die Verrechnungszeit aus diesen Konditionen oder über die Tilgungshöhe entnommen werden. Ist dies nicht möglich, so muß - wiederum nach den Grundsätzen von Preisklarheit und Preiswahrheit - von einer einjährigen Laufzeit ausgegangen werden[133]. Durch die Pflicht, ein Jahr als Mindestlaufzeit anzusetzen, soll et-

---

132) Vgl. Arbeitsgruppe "Effektiver Jahreszins" des BL-A PrA, Ergebnisniederschrift über Besprechung mit Kreditwirtschaft am 24.02.1986, Bericht mit Sammelschreiben des Deutschen Sparkassen- und Giroverbandes vom 05.12.1986.

133) Vgl. Ausführungshinweise Fassung vom 06.11.1986, Ziff. 2.4.

waigen Versuchen, unterjährliche Zinsbelastungen zu vernachlässigen, entgegengewirkt werden.

3.3.3.8 Abweichende Behandlung von Kontokorrentkrediten

Bei Krediten, die auf einem laufenden Konto zur Verfügung gestellt werden (Kontokorrentkredite, auch als Dispositions- oder Überziehungskredite bezeichnet), sind abweichend von der Grundregel, nach der ein (anfänglicher) effektiver Jahreszins anzugeben ist, statt dessen die Nennung des Nominalzinses pro Jahr und die Angabe der Zinsbelastungsperiode zulässig - vorausgesetzt, daß

- diese nicht kürzer als drei Monate ist und
- weitere Kreditkosten nicht anfallen (§ 4 Abs. 5 PAngV).

Die Rechnungsabschlußperiode muß im Preisaushang bezeichnet werden[134].

Nach der amtlichen Begründung wird eine Ausnahme in der Behandlung von Kontokorrentkrediten geduldet, wenn die Abweichung von dem ansonsten zu benennenden Effektivzins noch relativ gering ist[135]. Trifft dies nicht zu - und weitergehende kostenwirksame Abweichungen vom Effektivzins als vorstehend genannt, etwa durch kürzere Abschlußperioden, werden nicht geduldet -, muß wie in allen anderen Fällen ein Effektivzins angegeben werden.

Für die Berechnung des Effektivzinses dürfen keine unrealistisch kurzen oder langen, auch keine zu niedrigen Inanspruchnahmen zugrunde gelegt werden. Zu kurze und zu niedrige Inanspruchnahmen nicht, weil dabei Belastungen aus unterjährlichen Rechnungsabschlüssen nicht voll zum Zuge kommen, zu lange nicht, weil die Belastungswirkung von Einmalkosten durch ihre Verteilung auf einen ausgedehnten Zeitraum "baga-

---

134) Vgl. Anlage zu Ausführungshinweisen.

135) Vgl. amtliche Begründung Gimbel/Boest, 1985, S. 81.

tellisiert" wird[136]. Beides wäre mit den Grundsätzen von Preisklarheit und Preiswahrheit nicht vereinbar. Die Arbeitsgruppe "Effektiver Jahreszins" sieht es als richtig an, für Kontokorrentkredite eine einjährige Laufzeit zugrunde zu legen, wenn nicht konkrete Anhaltspunkte für eine abweichende Laufzeit sprechen.

Die Ausführungshinweise[137] schreiben deshalb vor, daß der anfängliche effektive Jahreszins auf der Basis einer konstanten einjährigen Inanspruchnahme des Höchstsaldos zu berechnen ist. Wenn sich bei kürzerer oder niedrigerer Inanspruchnahme eine höhere effektive Belastung ergibt, muß der Kunde hierauf durch einen Zusatz hingewiesen werden[138].

3.4 Bestrebungen zur Vereinheitlichung des Preisangabenrechtes auf EG-Ebene

Am 22. Dezember 1986 verabschiedete der Rat der Europäischen Gemeinschaften die Richtlinie 87/102/EWG, die "zur Angleichung der Rechts- und Verwaltungsvorschriften über den Verbraucherkredit"[139] führen soll. Die Mitgliedstaaten sind gehalten, "die erforderlichen Maßnahmen" zu treffen, "um dieser Richtlinie spätestens am 1. Januar 1990 nachzukommen"[140].

---

136) Vgl. Arbeitsgruppe "Effektiver Jahreszins" des BL-A PrA. Ergebnisniederschrift über Besprechung mit Kreditwirtschaft am 24.02.1986, Bericht mit Sammelschreiben des Deutschen Sparkassen- und Giroverbandes vom 05.12.1986.

137) Fassung vom 06.11.1986, Ziff. 2.5.

138) Dies ist bei unterjährigen Abrechnungsperioden und wechselnder Inanspruchnahme oder auch bei der Berechnung von Bearbeitungsgebühren oder Höchstsaldo-Provisionen der Fall.

139) Vgl. Amtsblatt der Europäischen Gemeinschaften Nr. L 42 vom 12.02.1987, S. 48.

140) Artikel 16 der Richtlinie 87/102/EWG.

Im folgenden sollen ausschließlich die preis- und preisangabenrechtlichen Bestimmungen der Richtlinie erörtert werden[141]. Dabei wird die Aufmerksamkeit des Lesers besonders auf Diskrepanzen zwischen den in der Richtlinie enthaltenen Rechtsnormen und der derzeit geltenden nationalen Regelung aufgrund PAngV 1985 gelenkt. In diesem Zusammenhang ist zu beachten, daß die Mitgliedstaaten sehr wohl zum Strengeren hin vom Regelungsgehalt der Richtlinie abweichen dürfen, indem sie "weitergehende Vorschriften zum Schutze der Verbraucher" aufrechterhalten oder erlassen können[142]. Hingegen haben die Mitgliedstaaten sicherzustellen, daß innerstaatliche Vorschriften sich nicht zum Nachteil der Kreditnehmer von der Richtlinie unterscheiden[143].

Grundsätzlich ist dem Kreditnehmer bei jedem Angebot, welches Angaben über den Zinssatz oder andere Zahlen zu Kreditkosten enthält, der effektive Jahreszins zu nennen. Darüber hinaus sind die Bedingungen anzugeben, unter denen er geändert werden kann[144]. Diese Angaben sind in die Urkunde über den Kreditvertrag aufzunehmen, welcher in jedem Falle der Schriftform bedarf[145]. Nach geltendem deutschen Recht kann ein Kreditvertrag auch mündlich geschlossen werden; doch dürfte das in der Praxis kaum vorkommen[146]. Auch schreibt die PAngV 1985 nicht die Wiederholung der Effektivzinsangabe im Kreditvertrag vor[147]. Die Kreditinstitute sind allerdings in der Mehrzahl von sich aus hierzu übergegangen[148].

---

141) Die Vorschriften der Richtlinie erstrecken sich auch auf Wandlungs-, Zahlungsverweigerungs- und andere Verbraucherschutzrechte sowie gewerbepolizeiliche Regelungen (vgl. Artikel 7, 10, 11 und 12 der Richtlinie 87/102/EWG).

142) Vgl. Artikel 15.

143) Vgl. Artikel 14.

144) Artikel 3 und 4 Abs. 2.

145) Vgl. Artikel 4 Abs. 1.

146) Vgl. z. B. Falter, 1987, S. 93, zum Darlehensvertrag.

147) Vgl. Artikel 4 Abs. 2 der Richtlinie 87/102/EWG.

148) Vgl. Steppeler/Astfalk, 1986, S. 46.

In Artikel 5 der erwähnten Richtlinie ist die "Einführung einer Methode oder von Methoden der Gemeinschaft für die Berechnung des effektiven Jahreszinses" vorgesehen. Die Kommission nimmt zur Voraussetzung für die Berechnung des effektiven Jahreszinses:

1. die Verwendung einer mathematischen Formel

2. die Berücksichtigung der verschiedenen Kostenfaktoren einschließlich der Zinsen[149)].

Auf beiden Gebieten konnte eine Einigung der Mitgliedstaaten, die einer Zweidrittelmehrheit bedurft hätte, bisher nicht erzielt werden.

Immerhin glaubt die Kommission nunmehr, einer qualifizierten Mehrheit für die Einführung einer einheitlichen Berechnungsmethode nahe zu sein. Nach dem Wortlaut der Begründung sollen "die meisten Mitgliedstaaten bereit ... sein, die Darlehensgeber zu verpflichten, die von Prof. E. S. Kirschen, dem Berater der Kommission in dieser Angelegenheit, in seinem Bericht vom 19. Oktober 1984 empfohlene versicherungstechnische Methode zu verwenden"[150)]. Es handelt sich dabei um die Zinseszinsmethode, auch internationale oder finanzmathematische Methode genannt. Diese Methode unterscheidet sich von der in der Bundesrepublik verbindlich vorgeschriebenen 360-Tage-Methode weniger in den rechnerischen Ergebnissen, als vielmehr im mathematischen Ansatz. Ein tabellarischer Vergleich zwischen beiden Methoden zeigt nennenswerte Abweichungen vor allem im kurzfristigen Bereich und bei extrem hohen Effektivzinssätzen[151)]. Diese Abweichungen erklären sich aus der unterschiedlichen Behandlung unterjährlicher Zinseffekte: exponentiell bei der Zinseszins-Methode und linear bei der 360-Tage-Methode[152)].

----

149) Vgl. Begründung zum Vorschlag für eine Richtlinie zur Änderung der Richtlinie 87/102/EWG vom 02.05.1988 - KOM (88) 201 endg. S. 3.

150) Vgl. Begründung a. a. O.

151) Siehe Anhang 4.

152) Siehe hierzu 4.3.2 wie auch 7.2 und 7.3.

Nach dem Wortlaut eines in die Richtlinie 87/102/EWG einzufügenden Artikels I A Abs. 3 soll die Verwendung einer anderen als der vorgeschriebenen Methode allerdings zulässig sein, "wenn der sich daraus ergebende effektive Jahreszins um nicht mehr als ein Zehntel Prozent von dem Zinssatz abweicht"[153], der sich bei Anwendung der Methode ergibt. Prof. Kirschen war in seinem Gutachten vom 19. Oktober 1984, auf das sich die EG-Kommission bei ihrem Vorschlag stützt, selbst zu dem Ergebnis gelangt, daß die Abweichungen der 360-Tage-Methode von der finanzmathematischen Methode "im allgemeinen gering sind"[154]. Soweit bekannt ist, haben die Bundesregierung und das inländische Bankgewerbe die Einführung der EG-Methode bereits abgelehnt und darauf aufmerksam gemacht, daß sich die 360-Tage-Methode in der Praxis bewährt habe[155]. Steppeler hat in einem Aufsatz die nach seiner Meinung bestehenden Vorzüge des deutschen Verfahrens gegenüber der EG-Methode hervorgehoben[156]. Noch ist nicht entschieden, ob es zur Einführung der EG-Methode kommt[157]. Der Richtlinienentwurf soll z. Zt. dem Wirtschafts- und Sozialausschuß und dem Europäischen Parlament vorliegen[158].

Was die Vereinheitlichung des Katalogs einzubeziehender "Kostenfaktoren" anbetrifft, so hat das inländische Kreditgewerbe darauf aufmerksam gemacht, daß der Festsetzung einer einheitlichen Rechenmethode eine Entscheidung über die Frage voraufgehen müsse, welche Komponenten einzubeziehen seien, da anderenfalls "der zweite Schritt vor dem er-

---

153) Artikel I A Abs. 3 Vorschlag für eine Richtlinie.

154) Gutachten vom 19. Oktober 1984, S. 28.

155) Vgl. ZIP aktuell 1988 A 141, S. IX; BR-Drucks. 283/88 (wegen dementsprechender Empfehlung).

156) Vgl. 1988, S. 1615. Steppeler nennt vor allem ihre leichte Überprüfbarkeit als auch den inhaltlichen Aussagegehalt, welcher eher geeignet sei, die Belastung des Kreditnehmers wiederzugeben als die EG-Methode, welche vielmehr der Interessenlage des Kapitalanlegers gerecht werde.

157) Stand bei Redaktionsschluß 31.12.1988.

158) Vgl. ZIP aktuell, 1988 A 141, S. IX.

sten getan"[159] werde. Die Richtlinie 87/102/EWG enthält sich in diesem Punkte einer einheitlichen Regelung, indem sie auf die in den Mitgliedstaaten angewandten Vorschriften verweist[160]. Demgegenüber war von Prof. Kirschen in dem erwähnten Gutachten aus dem Jahre 1984 bereits kritisiert worden, daß es nicht zu einer einheitlichen Auffassung über die Behandlung der Kostenbestandteile gekommen sei[161]. Es hat nun mündlichen Quellen zufolge den Anschein, als bemühten sich die zuständigen Gremien, dieses Problem gleichfalls einer Lösung zuzuführen.

Die Richtlinie schränkt die Pflicht zur Angabe des effektiven Jahreszinses in Artikel 4 Abs. 2 für den Fall ein, daß diese Angabe "nicht möglich ist". Dann sind dem Verbraucher "in der Vertragsurkunde angemessene Informationen zu geben", die ihn über den Jahreszins und die bei Vertragsabschluß erhobenen Kosten sowie davon unterrichten, unter welchen Voraussetzungen die Konditionen geändert werden können. Eine solche Klausel ist der PAngV 1985 unbekannt.

Von der Angabepflicht gänzlich ausgenommen sind Überziehungskredite auf laufenden Konten außer Kreditkarten-Konten[162]. Diese Ausnahmeregelung geht über die inländische hinaus, insofern sie Überziehungskredite schlechthin freistellt, ohne dies von der Zahl der Abrechnungstermine und dem Verzicht auf Nebenkosten abhängig zu machen. Der Kreditnehmer eines Überziehungskredites muß aber vor oder bei Vertragsabschluß

- über die etwaige Höchstgrenze des Kreditbetrages
- über den Jahreszins und die bei Abschluß des Vertrages in Rechnung gestellten Kosten sowie darüber, unter welchen Voraussetzungen sie geändert werden können

---

159) Vgl. Steppeler, 1988, S. 1615.

160) Vgl. Artikel 1 d der Richtlinie 87/102/EWG.

161) Vgl. Gutachten S. 6.

162) Artikel 2 Abs. 1 g der Richtlinie 87/102/EWG.

- und über die Modalitäten einer Beendigung des Vertragsverhältnisses

unterrichtet werden - und zwar in schriftlicher Form.

Ferner ist der Kreditnehmer während der Kreditlaufzeit über jede Zinsänderung und jede Änderung der in Rechnung gestellten Kosten im Zeitpunkt der Änderung zu informieren. Dies kann in Form eines Kontoauszuges oder in anderer üblicher Weise geschehen. Wo stillschweigend Kontoüberziehungen zulässig sind, muß eine innerstaatliche Regelung getroffen werden, die sicherstellt, daß eine Unterrichtung dann erfolgt, wenn ein Konto länger als drei Monate überzogen wird[163].

Der Vorschlag der Kommission zur Änderung der Richtlinie 87/102/EWG sieht aber auch bei Kontokorrentkrediten eine Präzisierung für den Fall vor, daß der Effektivzins angegeben werden soll. Danach ist bei seiner Berechnung von bestimmten Vermutungen auszugehen. Dazu gehört die Fiktion eines unveränderten Zinssatzes. Sofern kein fester Rückzahlungsplan besteht, ist als Laufzeit ein Jahr zugrunde zu legen. Sieht der Vertrag eine Kreditobergrenze vor, so ist davon auszugehen, daß der Kreditnehmer diese Grenze ausschöpft. Ist hingegen keine Kreditobergrenze angegeben, so gilt die vom jeweiligen Mitgliedstaat dafür festgesetzte Obergrenze[164].

Ob die vorgeschlagene Regelung in dieser oder ähnlicher Form eingeführt wird, läßt sich noch nicht absehen[165].

Sämtlich ausgenommen von der Anwendung der Richtlinie sind ferner Kredite, die hauptsächlich zum Erwerb oder zur Beibehaltung von Eigentumsrechten an einem Grundstück oder einem Gebäude oder zu dessen Renovierung oder Verbesserung bestimmt sind. Das gleiche gilt für

---

163) Artikel 6 Abs. 2 und 3.

164) Vgl. Vorschlag für eine Richtlinie, Anhang 3, KOM(88)201 endg.

165) Stand bei Redaktionsschluß 31.12.1988.

- Kredite über weniger als 200 ECU oder mehr als 20.000 ECU,
- solche, die innerhalb von 3 Monaten zurückzuzahlen, und schließlich für
- solche, die innerhalb von höchstens 12 Monaten in nicht mehr als 4 Raten zurückzuzahlen sind.

Das heißt, Kredite unter und über einer gewissen Größenordnung sowie alle Immobiliarkredite sind von der einheitlichen Regelung ausgenommen.

4 Rechenverfahren zur Ermittlung des Effektivzinses - unter Voranstellung der nach PAngV anzuwendenden Rechenregeln

4.1 Vorbemerkungen

Im folgenden Kapitel wird das Verfahren zur Berechnung und Kontrolle des (anfänglichen) effektiven Jahreszinses nach der sogenannten 360-Tage-Methode beschrieben. Es ist durch die PAngV 1985 und die zu deren § 4 erlassenen Ausführungshinweise verbindlich geregelt[1]. Die Beschreibung der hierzu nötigen Einzelschritte folgt der unter Ziff. 1 der Ausführungshinweise geforderten Vorgehensweise. Demgemäß steht am Anfang (4.2.1) die Bildung einer Zahlungsreihe, in welche die preisbeeinflussenden Einzelelemente nach ihrer zeitlichen Verteilung aufzunehmen sind. Der Unterabschnitt befaßt sich auch mit der Art, wie dies zu geschehen hat. Daran schließt sich in 4.2.2 die Darstellung des eigentlichen Rechenverfahrens an. Die Schwierigkeiten, die sich einer Ermittlung des internen Zinses entgegenstellen, sind im Schrifttum oft erörtert und herausgestellt worden[2]. Bei mehr als vier Perioden ($n > 4$) scheidet eine explizite Berechnung durch Auflösung nach i aus[3]. Es bleibt nur die Iteration. Um deren Aufwand in ökonomischen Grenzen zu halten, empfiehlt sich die Benutzung einer Formel. Aufbauend auf einer von der Investitionstheorie entwickelten Grundgleichung zur Errechnung des Kapitalwertes bei jährlicher Zahlungsweise wird diese Formel abgeleitet, indem nach und nach unterjährliche Zahlungsweise und "gebrochene" Laufzeiten in die Rechnung einbezogen werden. Für den Fall der Ermittlung des anfänglichen effektiven Jahreszinses wird diese Formel um eine verbleibende Restschuld erweitert. In den Ausführungshinweisen sind zu den dort abgedruckten drei Zahlenbeispielen Gleichungen enthalten, die offenbar durch ihren Aufbau der jewei-

---

1) Siehe 3.3.3.2.

2) Vgl. statt anderer Wright, 1936, S. 438; Kilger, 1965, S. 765 - 798; Witten/Zimmermann, 1977, S. 109-113.

3) Vgl. Schneider, D., 1980, S. 190.

ligen Fallgestaltung entsprechen sollen[4]. So lag es nahe, die zuvor hergeleitete Standardformel in die drei formalen Ausdrücke umzuwandeln. Eine Beschreibung des Prinzips der numerischen Ermittlung des Effektivzinses und die Kontrolle des errechneten Ergebnisses bilden den Abschluß dieses Untersuchungsganges (4.2.3).

Die Vorschriften der Preisangabenverordnung lassen keinen Raum für Rechenmethoden außerhalb der 360-Tage-Methode. So ist auch die Zinseszins-, finanzmathematische oder internationale Methode der Association of International Bond Dealers (AIBD)[5] nicht zugelassen. Eine kritische Auseinandersetzung mit dem rechtsgültigen Instrumentarium kann jedoch nicht darauf verzichten, diesem Alternativkonzepte gegenüberzustellen. Das macht es erforderlich, solche Problemlösungen in ihren hier interessierenden Eigenschaften einzuführen (4.3.1). Darum ist ein Exkurs unter anderem der Zinseszins-Methode (4.3.2) gewidmet. Dieser Exkurs umfaßt aus dem soeben genannten Grunde noch eine Weiterentwicklung der Methode des internen Zinsfußes, die Methode des realen Zinsfußes (4.3.3). Auch für sie gilt, daß ihre Anwendung mit der herrschenden Rechtslage nicht vereinbar ist. Gleichwohl macht die an der geltenden Regelung vorzubringende Kritik eine vergleichende Betrachtung dieses Modells sinnvoll. Deshalb wird die Methode des realen Zinsfußes hier vorgestellt.

---

4) Siehe Anhang 1.

5) Diese Methode wird ferner unter den Bezeichnungen interne Methode oder Methode des internen Zinsfußes, Rentenmethode, theoretische, versicherungsmathematische bzw. versicherungstechnische Methode im Schrifttum behandelt.

4.2 Berechnung und Kontrolle des effektiven Jahreszinses nach PAngV 1985

4.2.1 Bildung einer Zahlungsreihe

Eine Zahlungsreihe besteht aus Ein- und Auszahlungen, die jede nach ihrem jeweiligen zeitlichen Anfall auf einem Zeitstrahl aufgetragen werden. Es handelt sich dabei stets um einen echten Transfer von Zahlungsmitteln, nicht um rein buchmäßige Vorgänge. So bleibt zum Beispiel die Belastung von Zinsen auf einem Konto des Kreditnehmers, sofern ihr keine Änderung seines Zahlungsmittelbestandes entspricht, für die Zahlungsreihe und damit auch für die Ermittlung des Effektivzinses außer Betracht.

In den Ausführungshinweisen zur PAngV kommt der unterschiedliche Charakter zahlungsrelevanter und buchmäßiger Vorgänge nicht klar zum Ausdruck. Obwohl dort von den "Zahlungsströmen des Kredits" die Rede ist[6)], sind weder im (wirklichen) Kreditkonto, noch in dem für die Effektivzinsrechnung eigens anzulegenden Vergleichskonto Zahlungen und - reine - Buchungsvorgänge deutlich voneinander getrennt[7)].

Die Gegenleistungen für die Kreditgewährung, welche der Kreditnehmer letztlich zu erbringen hat, haben ihren Ursprung in einmaligen Einzelelementen (wie Bearbeitungs- und Vermittlungsgebühren) und wiederkehrenden (wie Zins- und Tilgungszahlungen). Eine Zusammenstellung der gemäß Ausführungshinweisen[8)] in den Zahlungsstrom einfließenden "Faktoren" findet sich in Kapitel 3[9)]. Ihr schließt sich eine Aufreihung der nicht einzubeziehenden "Faktoren" an. Ein Blick auf die in Teil I vorgestellten Komponenten in ihren konkreten Erscheinungsformen läßt vermuten, daß Zahl und Art möglicher Einflußgrößen über den numerus

----

6) Siehe Anhang 1, Ziff. 1.

7) Siehe Anhang 1, Ziff. 4.1 und 4.3.

8) Fassung vom 06.11.1986, Ziff. 2.1.

9) Siehe 3.3.3.3.

clausus der Ausführungshinweise hinausreichen. Darauf wird in Teil III noch einzugehen sein.

Die Einfügung in die Zahlungsreihe des Kredites[10] ist abhängig von der Funktionsweise, in der Einzelelemente auf den Endpreis einwirken[11].

Sind einmalig vorkommende "Faktoren" vorweg zu entrichten, d. h. werden sie von der Brutto-Kreditsumme gekürzt, so daß der Auszahlungsbetrag unter den Nennbetrag des Kredites sinkt, so ist dies durch Einsetzen des Auszahlungsbetrages in die Zahlungsreihe zu berücksichtigen.

Anders verhält es sich mit Komponenten, die - wie beim typischen Ratenkredit - im Wege des Zuschlagsverfahrens festgesetzt werden[12]. Solche "Einmalkosten" werden dem beantragten Kreditbetrag zugeschlagen. Die auf diese Weise entstehende Brutto-Kreditsumme wird im Wege der Division gleichmäßig auf die Laufzeitmonate verteilt und ergibt so die Höhe der Monatszahlung. Einmalig auftretende Kostenfaktoren werden durch das Zuschlagsverfahren in wiederkehrende umgewandelt. In solchen Fällen stimmen beantragter Kredit und Auszahlungsbetrag überein. Auch hier ist der Auszahlungsbetrag in die Zahlungsreihe einzusetzen.

Bei allen übrigen Kreditformen werden wiederkehrende Kostenfaktoren nach den zwischen Kreditgeber und Kreditnehmer getroffenen vertraglichen Vereinbarungen fallweise auf die Gesamtdauer des Kreditverhältnisses oder auf einen kürzeren Zeitabschnitt der Kreditbeziehung verteilt. So kann z. B. der Nominalzinssatz eine geringere, von der Kreditlaufzeit abweichende Bindungsfrist haben. Außer der absoluten Höhe bestimmen Beginn der Zahlungspflicht, Häufigkeit der Zahlungen (Zahlungsrhythmus), zeitlicher Bezug der Zahlungsfälligkeit zur jeweiligen

---

10) Vgl. Ausführungshinweise Fassung vom 06.11.1986 Ziff. 1.

11) Vgl. Sigl, 1982, S. 486.

12) Siehe im einzelnen 4.2.2.5.

Berechnungsperiode und Bezugsbasis der Zahlungen einzelner Kostenkomponenten die zeitliche Struktur einer Zahlungsreihe[13]. Dies gilt gleichermaßen für Determinanten, die in der Terminologie der Kreditgeber als Entgelte für die Kreditgewährung betrachtet werden (z. B. Zinsen, Provision, laufende Gebühren), wie für Tilgungsleistungen, deren Modifikationen (Tilgung durch Einmalzahlung, Raten-, Annuitätentilgung, tilgungsfreie Jahre) ebenso prägend sind. Die Zahlungsreihe wird schließlich in einem Teilabschnitt mitgeformt durch (Disagio)-Zusatz- und Annuitäten-Zuschußdarlehen, deren Konditionen sich auf unterschiedliche Weise niederschlagen.

Bei der Verteilung der wiederkehrenden Leistungen auf den Zeitstrahl wird unterstellt, daß die Kreditauszahlung mit dem Anfang einer Berechnungsperiode zusammenfällt; d. h., Zinsen werden 360 Tage nach Kreditgewährung kapitalisiert. Die Zahlungsreihe bildet insofern einen Idealfall ab. Findet die Inanspruchnahme nämlich zu einem anderen Termin statt, so ergeben sich - außer bei Teilzahlungskrediten mit p. M.-Zinsrechnung - Abweichungen in der Höhe des Effektivzinses. Auf die Konsequenzen wird in Abschnitt 6.2 eingegangen werden.

Die zeitliche Ausdehnung der Zahlungsreihe ist weitgehend abhängig von der inneren Struktur des Kredites[14]. Für Ratenkredite, deren Laufzeit durch volle Tilgung der Kreditschuld zu einem fest vereinbarten Zeitpunkt endet, deckt sich das Ende der Zahlungsreihe mit diesem Termin. Das gleiche gilt für Darlehen, wenn deren Konditionen für die ganze Laufzeit fest vereinbart sind und keine "Einmalkosten" im Sinne von § 4 Abs. 1 PAngV 1985 anfallen, die auf einen kürzeren Zeitraum zu verrechnen wären. Ist dies hingegen der Fall, tritt die kürzere Verrechnungszeit an die Stelle der Gesamtlaufzeit. Auch bei anderen Krediten beschränkt sich die der Effektivzinsermittlung dienende Zahlungsreihe auf den Verrechnungszeitraum solcher "Einmalkosten". Gleiches gilt für die Zinsbindungsdauer (Festschreibungszeit). Ist ein

---

13) Siehe hierzu die Ausführungen in Teil I, besonders in Kapitel 1.

14) Wegen der Regelung durch PAngV 1985 und Ausführungshinweise siehe 3.3.3.7.

Kredit zu 100 % ausgezahlt und sein Zins variabel, so umfaßt die Zahlungsreihe mindestens ein volles Jahr.

Zur Vorgehensweise bei der Darstellung des Kreditkontos in Form einer Staffel enthalten die Ausführungshinweise unter Ziff. 4 verschiedene Beispiele. Dem Beispiel zu b) lassen sich folgende Angaben entnehmen[15]:

Kredithöhe (Rückzahlungsbetrag)	:	DM 8.000,--
Nominalzinssatz (bezogen auf Kontostand am Quartalsende)	:	8 % jährlich
Auszahlungskurs	:	98 % (= 2 % Damnum)
Laufzeit	:	10 Quartale (= 30 Monate)
Tag der Kreditauszahlung	:	17. April 1980
Fälligkeit und Verrechnung der Raten jeweils nachträglich zum Quartalsende, erstmals am	:	30. Juni 1980
Quartalsrate	:	DM 890,61

Als Rechenanleitung zur Ermittlung der Quartalsrate bieten die Ausführungshinweise in einer Fußnote folgende Formel an[16]:

---

15) Siehe Anhang 1.

16) Zur Herleitung der Formel (0): (nach Bosch, 1987, S. 54) Die Restschuld eines Kredites (RS) nach t Perioden entspricht der Differenz zwischen dem aufgezinsten Auszahlungsbetrag und dem Endwert der nachschüssigen Annuitätenzahlungen

$$RS = K_o \cdot q^t - c_d \frac{q^t - 1}{q - 1} .$$

Bei vorgegebener Laufzeit erhält man für RS = 0 die Bedingung

$$c_d \frac{q^t - 1}{q - 1} = K_o \cdot q^t \qquad \text{oder} \qquad c_d = \frac{K_o \cdot q^t (q - 1)}{q^t - 1} .$$

Dieser Ausdruck entspricht der Gleichung (0), nur mit anderen Symbolen (q = 1 + relativer Zins).

(0)

$$R = \frac{K_{nom} \cdot \frac{z}{100 \cdot r} \cdot \left(1 + \frac{z}{100 \cdot r}\right)^{N}}{\left(1 + \frac{z}{100 \cdot r}\right)^{N} - 1}$$

R	=	Quartalsrate
K_{nom}	=	nominaler Kreditbetrag (Rückzahlungsbetrag)
z	=	Nominalzins in % p. a.
r	=	Raten pro Jahr
N	=	Anzahl der vereinbarten Quartalsraten

Die Formel berücksichtigt die im inländischen Sparverkehr übliche Zinsrechnungsmethode (360 Zinstage p. a., lineare Zinsermittlung während der Zinsberechnungsperiode, bei jedem Zinstermin saldowirksame Kapitalisierung des Zinsbetrages auf dem Konto). Das (wirkliche) Kreditkonto zeigt danach den im Anhang 1 unter Ziff. 4.1 b) abgedruckten Verlauf[17]. Doch interessiert für die Ermittlung des Effektivzinses nicht die Verbuchung auf dem wirklichen Konto, sondern der vom Kreditnehmerstandpunkt aus betrachtete Zahlungsstrom, welcher sich aus der Kreditauszahlung (= Kreditvalutierung) und dem sogenannten Kapitaldienst (= Kreditverzinsung und -rückzahlung) zusammensetzt. Es sind im Beispielsfalle

Kreditauszahlung t_0	DM 7.840,--
	(DM 8.000,-- ./. DM 160,-- Damnum)
Kapitaldienst in $t_1 \ldots n$	DM 890,61[18]

Die entstandene Zahlungsreihe ist nach den Ausführungshinweisen zunächst auf ein Vergleichskonto zu übertragen[19].

---

17) Siehe Anhang 1, Ziff. 4.1.

18) Siehe Anhang 1, Ziff. 4.1 b).

19) Siehe Anhang 1, Ziff. 4.3 b).

Dieses Konto (in den Ausführungshinweisen Kapitalkonto genannt) weist folgende Zahlungselemente auf:

30.03.1980	Kreditvalutierung	DM	7.840,--	Soll
30.06.1980	1. Quartalsrate	DM	890,61	Haben
30.09.1980	2. Quartalsrate	DM	890,61	Haben
30.12.1980	3. Quartalsrate	DM	890,61	Haben
30.03.1981	4. Quartalsrate	DM	890,61	Haben
30.06.1981	5. Quartalsrate	DM	890,61	Haben
30.09.1981	6. Quartalsrate	DM	890,61	Haben
30.12.1981	7. Quartalsrate	DM	890,61	Haben
30.03.1982	8. Quartalsrate	DM	890,61	Haben
30.06.1982	9. Quartalsrate	DM	890,61	Haben
30.09.1982	10. Quartalsrate	DM	890,61	Haben

Die im Vergleichskonto (Kapitalkonto) der Ausführungshinweise aufscheinenden Übertragungsbuchungen vom Zinskonto haben hierunter keinen Platz, da sie keine Zahlungen darstellen.

Somit ist eine Zahlungsreihe entstanden und der erste Schritt zur Berechnung des Effektivzinses getan.

4.2.2 Berechnung des effektiven Jahreszinses

4.2.2.1 Einführung des internen Zinsfußes als investitionstheoretische Kennziffer

Der zweite Schritt zur Ermittlung des Effektivzinses ist die Umrechnung des Materials der Zahlungsreihe in eine Relativ- oder Vergleichszahl, den effektiven Jahreszins. Hierbei geht es nur noch um rechnerische Verfahren.

Vergleicht man die Einzahlung mit der Summe der Auszahlungen, so findet man, daß diese jene um DM 1.066,10 übersteigen. Leistung und Gegenleistung erscheinen einander ungleich. Erst die Abzinsung der Auszahlungen, welche ihre zeitliche Dimension berücksichtigt, kann zur Äquivalenz führen. Es erhebt sich mithin die Frage, mit welchem Zins die Auszahlungen abgezinst werden müßten, um die beiden Seiten der Formel einander gleichwertig zu machen.

Wählt man versuchsweise 10 % p. a. als Zins, so müßte das Konto wie folgt abgerechnet werden:

Kapitalkonto	DM		Zinskonto DM	
30.03.1980	7.840,--		784,--	(Zinsen für 360 Tage)
30.06.1980	890,61	-	66,80	(Zinsen für 270 Tage)
30.09.1980	890,61	-	44,53	(Zinsen für 180 Tage)
30.12.1980	890,61	-	22,27	(Zinsen für 90 Tage)
30.05.1981	890,61	-	0,00	(Zinsen für 0 Tage)
Saldo	4.277,56		650,40	
Zinsbelastung	650,40			
Neuer Saldo	4.927,96		492,80	(Zinsen für 360 Tage)
30.06.1981	890,61	-	66,80	(Zinsen für 270 Tage)
30.09.1981	890,61	-	44,53	(Zinsen für 180 Tage)
30.12.1981	890,61	-	22,27	(Zinsen für 90 Tage)
30.03.1982	890,61	-	0,00	(Zinsen für 0 Tage)
Saldo	1.365,52		359,20	
Zinsbelastung	359,20			
Neuer Saldo	1.724,72		86,24	(Zinsen für 180 Tage)
30.06.1982	890,61	-	22,27	(Zinsen für 90 Tage)
30.09.1982	890,61	-	0,00	(Zinsen für 0 Tage)
Saldo	56,50		63,97	
Zinsbelastung	63,97			
Endsaldo	7,47			

Das Vergleichskonto wird, wie man sieht, durch die Abzinsung mit 10 % p. a. nicht ausgeglichen. Der gewählte Zinssatz ist also falsch. Nun könnte man Proberechnungen mit anderen Zinssätzen anstellen, doch wäre ein solches Vorgehen mühsam und zeitraubend.

Die Suche wird vereinfacht, wenn man den Zins mit Hilfe einer Formel errechnet. Dies kann zwar nicht explizit, sondern nur durch Iteration geschehen; immerhin erfordert es einen vergleichsweise geringeren Aufwand[20].

20) Vgl. Dibbern, 1983, S. 73.

Zuvor ist es nötig, sich die der Konzeption des (anfänglichen) effektiven Jahreszinses zugrundeliegenden Vorstellungen des Verordnungsgebers zum Vergleichskredit zu vergegenwärtigen. Nach Ziff. 1 der Ausführungshinweise sind die Zahlungsströme des Kredites auf einen Vergleichskredit zu übertragen. Für den Vergleichskredit gelten folgende Abrechnungsvorschriften:

Der Vergleichskredit ist jährlich, d. h. "360 Zinstage nach Auszahlung bzw. - bei Restlaufzeiten von weniger als einem Jahr - am Kreditende nachschüssig nach der jeweiligen Kredithöhe zu verzinsen". Weitere Kreditkosten fallen nicht an. "Effektiver Jahreszins ... ist der Zinssatz, mit dem der Vergleichskredit bei Zugrundelegung der Zahlungsströme des (wirklichen) Kreditkontos zu verzinsen wäre"[21]. Bei Krediten, deren Konditionen nicht für die gesamte Laufzeit fest sind, gibt der anfängliche effektive Jahreszins die entsprechende Belastung auf der Basis der Anfangskonditionen wieder.

In der Investitionstheorie ist es gebräuchlich, den effektiven Zins, auch interner Zins genannt, durch Bewertung der Zahlungsströme nach ihrem Kapitalwert zu ermitteln. Die von der Investitionstheorie entwickelte Kapitalwertfunktion hat für jährliche Zahlungsweise folgendes Aussehen:

----

21) Ausführungshinweise Fassung vom 06.11.1986, Ziff. 1.

(1)

$$B_o = \sum_{t=o}^{\bar{t}} s_t \bullet (1 + i)^{-t} = o$$

i = interner Zinsfuß = $\frac{e}{100}$;
e = Effektivzinssatz in % p. a. (= i • 100)[22)]

B_o = Kapitalwert

s_t = Zahlungsüberschuß im Zeitpunkt (Zeitabschnitt) t

t = Index für unterschiedliche Zeitpunkte (Zeitabschnitte)

$\bar{t}$ = letzter noch in die Betrachtung miteinbezogener Zeitpunkt (Zeitabschnitt)

Effektivzinsermittlung stellt sich mithin dar als die Suche nach jenem Zinsfuß, bei welchem der Kapitalwert einer Zahlungsreihe bzw. die Summe aller Barwerte (Gegenwartswert) Null beträgt. Anders betrachtet: Die Summe aller Barwerte der Schuldnerleistungen ist dem Netto-Kreditbetrag (K_o) dann äquivalent, wenn jene mit dem internen Zinsfuß abgezinst werden. Dies geschieht, indem man jeden einzelnen Betrag auf den Gegenwartswert diskontiert.

Erfolgen die Zahlungen periodisch, d. h. in gleichen Zeitabständen, und ist auch ihre Höhe gleich - was bei Raten für Teilzahlungskredite regelmäßig und bei Annuitäten stets der Fall ist -, so spricht man von Renten. Erfolgt die Zahlung am Ende der Berechnungsperiode, so nennt man diese Zahlungsweise "nachschüssig".

Die Summe der Barwerte einer nachschüssigen Rente, kurz Rentenbarwert genannt, kann auf einfache Art durch Verwendung der Rentenbarwertfor-

---

22) In Anlehnung an die Begriffsbestimmungen der Ausführungshinweise (4.3) wird hier e = 100 • i als Effektivzinssatz (% p. a.) gebraucht. Die verwendete Terminologie ist uneinheitlich.

mel errechnet werden[23]. Sie lautet bei ganzjährlich nachschüssiger Zahlungsweise:

$$B_o = c_J \cdot \frac{1}{q^t} \cdot \frac{q^t - 1}{q - 1} \qquad (2a)$$

oder, da $q - 1 = i$

$$B_o = c_J \cdot \frac{q^t - 1}{i} \cdot \frac{1}{q^t} \qquad (2b)$$

c_J = Annuität; ganzjährlich nachschüssige Zahlung (tritt im folgenden an die Stelle von s_t)
q = $1 + i$ = Zinsfaktor
q^t = Aufzinsungsfaktor für t Jahre
t = Kreditlaufzeit in vollen Jahren

4.2.2.2 Behandlung unterjährlicher Zahlungen

Die im vorigen Abschnitt dargestellten Formeln zur Ermittlung des Gegenwartswertes von Zahlungsreihen gehen von ganzjährigen Berechnungsperioden aus. Sind unterjährliche Zahlungen zu berücksichtigen, so sind die Formeln zu erweitern.

Jährliche Zahlungen findet man in der Kreditpraxis kaum. Vielmehr ist es üblich, Annuitätendarlehen in Halb- oder Vierteljahresraten, Teilzahlungskredite in monatlichen Raten zu bedienen. Nach den zur PAngV ergangenen offiziellen Verlautbarungen[24] sind für Zeiträume von weniger als einem Jahr gemäß "der deutschen banküblichen Praxis" einfache

----

23) Die Darstellung folgt im wesentlichen Bitz, 1988, S. 40-42 und im weiteren Astfalk, 1980a, S. 290.

24) Vgl. Grundsätze des BLA-PrA zur Berechnung des effektiven Jahreszinses vom 03.12.1980 - GABl. 1983, S. 511.

Zinsen und "bei nach Jahren bemessenen Zeiträumen" Zinseszinsen zu rechnen[25].

Unterjährliche Raten (c_d), d. h. solche, die vor Ablauf von 360 Tagen Kreditlaufzeit erbracht werden, sind in vollem Umfange wie Tilgungen zu behandeln, da Zinsbelastungen gemäß § 4 Abs. 2 PAngV 1985 erst nach 360 Tagen vorgenommen werden dürfen. Das geschieht, indem man die unterjährlichen Raten unter Berechnung einfacher (linearer) Zinsen so wie bei einem Sparkonto zu einer jeweils am Jahresende fälligen äquivalenten Größe aufzinst. Nimmt man den Fall der vierteljährlich nachschüssig fälligen Leistungen, so trägt die erste Kreditrate Zinsen über 270 Tage oder ein dreiviertel Jahr und wächst auf $c_d \cdot (1 + 3/4 \cdot i)$. Die zweite Rate, welche Ende des ersten Halbjahres gezahlt wird, bringt Zinsen über 180 Tage oder ein halbes Jahr und wächst bis zum Jahresende auf $c_d \cdot (1 + 2/4 \cdot i)$. Die dritte Rate ist schließlich noch auf $c_d \cdot (1 + 1/4 \cdot i)$ aufzuzinsen, während die vierte Rate, die erst am Schluß des Jahres entrichtet wird, demzufolge keine Zinsen mehr tragen kann. Bezeichnet man mit u die Gesamtzahl der unterjährigen Perioden, so wird die erste Rate u - 1, die zweite Rate u - 2, die dritte Rate u - 3 Perioden, die letzte Rate indessen gar nicht aufgezinst. Die erste Rate wächst bis zum Jahresende auf

$$c_d \left(1 + \frac{u - 1}{u} \cdot i\right),$$

die zweite Rate auf

$$c_d \left(1 + \frac{u - 2}{u} \cdot i\right)$$

usw. Zieht man die Summe dieser Einzelwerte und faßt zusammen, so erhält man

---

25) Diese Methode ist von Finanzmathematikern kritisiert worden (vgl. insbes. Sièvi, Chr. und F., 1980; Seckelmann, 1979, S. 12-22, 1981, S. 16-19, 1981 a, S. 2313-16, 1984, S. 96-102 m. w. N.).

$$c_d \cdot u + c \frac{i}{u} \left((u - 1) + (u - 2) + \ldots \right)$$

als Jahresendgröße. Bei den in der äußeren Klammer befindlichen u - 1 Gliedern handelt es sich um Summanden einer arithmetischen Reihe. Wendet man die dafür gültige Summenformel an, so ergibt sich folgender Ausdruck

$$c_J' = c_d \left(u + \frac{u - 1}{2} \cdot i\right). \tag{3}$$

c_J' = eine unterjährlichen Zahlungen äquivalente Jahresendgröße

Es ist das mathematische Ergebnis der Aufzinsung unterjährlicher Zahlungen und deren Zusammenfassung zu einer äquivalenten Jahresendgröße (c_J'). Dadurch wird der unterjährliche Zahlungsrhythmus der jährlichen Zinsberechnung angeglichen.

Nachdem man auf die beschriebene Weise unterjährliche Zahlungen in eine Jahresendgröße transformiert hat, muß diese in einem weiteren Schritt auf den Zeitpunkt t_0 abgezinst werden. Dazu bedient man sich wieder der Rentenbarwertformel (2b). Setzt man die rechte Seite von Formel (3) in die Formel (2b) ein - wobei c_J' an die Stelle von c_J tritt -, so entsteht die Gleichung für den Barwert einer aus nachschüssigen[26)] unterjährlichen Raten c_d zusammengesetzten Jahresendgröße.

$$B_0 = c_d \left(u + \frac{u - 1}{2} \cdot i\right) \frac{q^t - 1}{i} \cdot \frac{1}{q^t} \tag{4}$$

----

26) Im vorstehend betrachteten Falle erfolgen die unterjährlichen Zahlungen stets am Schluß des Teilzeitraums, d. h. also bei vierteljährlicher Zahlungsweise am Ende des jeweiligen Quartals und nicht zu irgendeinem innerhalb dieses Zeitabschnitts liegenden Termin, etwa am Ende des zweiten Quartalsmonats. Andernfalls müßte die Formel (4) entsprechend modifiziert werden.

4.2.2.3 Behandlung "gebrochener" Laufzeiten

Endet die Laufzeit eines Kredites nicht mit dem Ablauf eines Kreditjahres, sondern mit einer Schlußrate nach Ablauf von weniger als 360 Tagen, so muß diese Schlußrate zunächst unter Berechnung einfacher Zinsen auf den Endzeitpunkt des vorausgegangenen vollen Kreditjahres abgezinst werden. Der rechnerische Ausdruck für den Vorgang der linearen Abzinsung der Restrate c_r lautet

$$c_r \cdot \frac{1}{1 + f \cdot i} \, . \tag{5a}$$

Dabei bezeichnet f den der Restlaufzeit der Schlußrate entsprechenden Bruchteil des - unvollendet bleibenden - Kreditjahres, innerhalb dessen mit einfacher Verzinsung gerechnet wird[27].

Der gefundene Wert wird anschließend mit Zinseszinsen auf den Zeitpunkt t_o diskontiert. Der gesamte Ausdruck heißt dann

$$c_r \cdot \frac{1}{1 + f \cdot i} \cdot \frac{1}{q^t} \, . \tag{5b}$$

Gibt die Gleichung (2b) nur den Barwert eines Kredites wieder, der bei <u>kreditjährlicher</u> Zahlung nach 360 Tagen oder einem Mehrfachen davon ausläuft, so führt die Einfügung von (5b) zum Barwert eines Kredites mit kreditjährlichen Zahlungen und <u>einer</u> zusätzlichen Schlußrate, also eines Kredites mit sogenannter "gebrochener" Laufzeit:

---

27) Vgl. Köhler, S. 49.

$$B_0 = c_J \cdot \frac{q^t - 1}{i} \cdot \frac{1}{q^t} + c_r \cdot \frac{1}{1 + f \cdot i} \cdot \frac{1}{q^t} \tag{5c}$$

Endet die Laufzeit eines Kredites, für den unterjährliche Zahlungen vereinbart sind, mit einem "gebrochenen" Teilzeitraum, innerhalb dessen mehrere Zahlungen zu leisten sind, so müssen die während dieses Zeitabschnittes fällig werdenden Leistungsraten gleichfalls in eine nachschüssig zu zahlende Ersatzgröße transformiert werden. Doch anders als bei den unterjährlichen Zahlungen eines vollen Kreditjahres werden die Raten dieses Restzeitraumes nicht auf das - folgende - Jahresende (t_{J+1}), sondern auf das Kreditende t_{max}, d. h. auf den Zeitpunkt, zu dem das Kreditverhältnis seinen Abschluß findet, aufgezinst. Da es sich um einen Teilzeitraum innerhalb eines Jahres handelt, sind einfache Zinsen zu rechnen. Dieser "Bruchteil" eines Kreditjahres wird rechnerisch durch einen Bruch ausgedrückt, dessen Dividend die Anzahl der durch Zahlungen markierten Zeitanteile (r) angibt, in die sich der Restzeitraum gliedert, und dessen Divisor die Gesamtzahl der einem vollen Kreditjahr entsprechenden unterjährigen Perioden (u) bezeichnet. Es sind die erste Rate mit r - 1 Zeitanteilen, die zweite Rate mit r - 2 Zeitanteilen, die dritte mit r - 3 Zeitanteilen u. s. f. auf den Zeitpunkt des Kreditendes t_{max} aufzuzinsen. Man erhält - wiederum in Anwendung der Summenformel der arithmetischen Reihe - einen Endwert c_{tmax}, welcher lautet

$$c_{tmax} = c_d \cdot r \left(1 + \frac{r - 1}{2u} \cdot i\right). \tag{6a}$$

Dieser wird anschließend auf den Beginn der "gebrochenen" Laufzeit, d. h. auf das Ende des voraufgegangenen Kreditjahres (t_J) linear[28)]

---

28) Wie bei der voraufgegangenen Aufzinsung sind auch bei der folgenden Abzinsung einfache Zinsen - keine Zinseszinsen - zu rechnen, da es sich um einen unterjährigen Zeitraum handelt, für den die Zinberechnung erfolgt.

abgezinst und dann mit Zinseszinsen auf den Zeitpunkt t_o diskontiert. Sein Barwert lautet in formaler Ausdrucksweise

(6b)

$$c_d \cdot r \left(1 + \frac{r-1}{2u} \cdot i\right)\left(\frac{1}{1 + \frac{r}{u} \cdot i}\right) \frac{1}{q^t} .$$

Um die Vorgehensweise bei der rechnerischen Behandlung der unterjährlichen Zahlungen im letzten - "gebrochenen" - Kreditjahr dem Leser einprägsam zu vermitteln, sei die vorstehend beschriebene Schrittfolge noch einmal zusammenfassend aufgeführt:

1. Lineare Aufzinsung aller unterjährlichen Zahlungen des letzten "gebrochenen" Kreditjahres (t_{J+1}) auf das Ende der Kreditlaufzeit (t_{max}).
2. Lineare Abzinsung der gemäß 1. ermittelten Aufzinsungssumme auf das Ende des letzten vollen Kreditjahres (t_J).
3. Exponentielle Abzinsung der gemäß 2. ermittelten abgezinsten Aufzinsungssumme auf den Zeitpunkt t_o.

Diese Schrittfolge kann anhand des folgenden Schaubildes 6 nachvollzogen werden.

Schaubild 6: Rechnerische Behandlung unterjährlicher Zahlungen im "gebrochenen" Kreditjahr (Die Ziffern beziehen sich auf die Schrittfolge; z = Zahlungstermine im Restzeitraum)

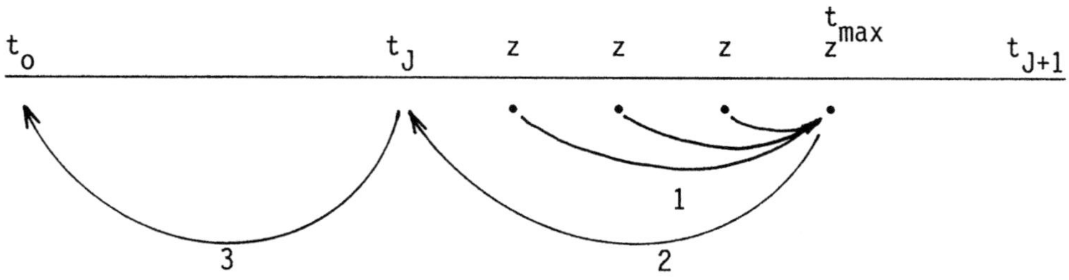

Faßt man nun den Barwert der für die vollen Kreditjahre aus unterjährlichen Ratenzahlungen zusammengesetzten Ersatzgröße (Formel 4) und den Barwert der aus unterjährlichen Ratenzahlungen für eine "gebrochene" Restlaufzeit gebildeten Ersatzgröße (Formel 6b) zusammen, so entsteht die Formel für den Barwert sämtlicher vorstehend behandelter Schuldnerleistungen

(7a)

$$B_o = c_d \left(u + \frac{u-1}{2} \cdot i\right)\frac{q^t - 1}{i} \cdot \frac{1}{q^t} + c_d \cdot r \left(1 + \frac{r-1}{2u} \cdot i\right)\left(\frac{1}{1 + \frac{r}{u} \cdot i}\right)\frac{1}{q^t}$$

oder nach Ausklammerung von c_d und $1/q^t$

(7b)

$$B_o = c_d \left(\left(u + \frac{u-1}{2} \cdot i\right)\frac{q^t - 1}{i} + \left(1 + \frac{r-1}{2u} \cdot i\right)\frac{r}{1 + \frac{r}{u} \cdot i}\right)\frac{1}{q^t} .$$

Im Vorstehenden wurde versucht zu zeigen, daß unterjährliche Effekte im letzten Jahr anders als in den übrigen Jahren behandelt werden. Während unterjährliche Zahlungen eines vollen Kreditjahres auf das

Jahresende aufgezinst werden, geschieht dies mit den unterjährlichen Zahlungen des Restzeitraumes nur bis zum Ende der Kreditlaufzeit.

Dieser Unterschied in der Behandlung - so willkürlich er auf den ersten Blick erscheinen mag - ist jedoch Ausfluß eines übergeordneten Prinzips. Nach dem Wortlaut der PAngV 1985 § 4 Abs. 2 ist § 608 BGB Grundlage der Zinsberechnung. Derzufolge sind Zinsen jeweils nach dem Ablauf eines Jahres und - wenn ein Kredit vor dem Ablauf eines Jahres zurückzuerstatten ist - bei der Rückerstattung, d. h. zum Ende der Kreditlaufzeit zu entrichten[29]. Letzteres trifft auf die Elemente der Zahlungsreihe im "gebrochenen" Kreditjahr zu. Es ist daher konsequent, vorfällige Zahlungen, also solche, die vor dem Ablauf der Kreditzeit geleistet werden, auf das Kreditende anstatt auf das Jahresende aufzuzinsen.

4.2.2.4 Erweiterung der Gleichung bei Verbleib einer Restschuld

Mit der im vorigen Abschnitt abgeleiteten Formel läßt sich der Kapitalwert einer Zahlungsreihe ermitteln, innerhalb deren ein Kredit durch gleichbleibende Leistungen voll zurückgeführt wird. Hat man es aber mit einem Kredit zu tun, bei dem Konditionen nur für einen Teil der geplanten Laufzeit vereinbart sind - etwa für einen Finanzierungsabschnitt bzw. eine Zinsbindungsdauer -, so daß am Ende des Teilzeitraumes eine Restschuld verbleibt, dann muß diese Restschuld (RS) in die Gleichung eingefügt werden.

Auch die Restschuld als im Zeitpunkt $\bar{t}$ verbleibende negative Bestandsgröße ist auf ihren Gegenwartswert abzuzinsen. Dies geschieht im Falle, daß die Zinsbindungsdauer nicht zugleich mit dem Kreditjahr endet ($\bar{t} = t_{max}$), analog Formel (5b)

----

29) Siehe auch 3.3.3.2.

in einem ersten Schritt
durch lineare Abzinsung auf den Schluß des letzten vollen Kreditjahres (t_J):

$$\frac{1}{1 + f \cdot i}$$

und in einem zweiten Schritt
durch Abzinsung einschließlich Zinseszinseffekten auf den Zeitpunkt der Kreditaufnahme (t_0):

$$\frac{1}{q^t}$$

Die Formel lautet danach

$$B_o = c_d \left(\left(u + \frac{u-1}{2} \cdot i\right) \frac{q^t - 1}{i} + \left(1 + \frac{r-1}{2u} \cdot i\right) \frac{r}{1 + \frac{r}{u} \cdot i} \right) \frac{1}{q^t} + \frac{RS}{(1 + f \cdot i) q^t} . \tag{8}$$

Endet die Zinsbindungsdauer mit dem Ablauf eines (vollen) Kreditjahres, d. h. $f = 0$, reduziert sich der Klammerausdruck im Nenner des letzten Bruchs auf 1; es verbleibt die Abzinsung auf t_0.

Auch über diesen Stand hinaus läßt sich die Formel erweitern[30]. Davon soll jedoch abgesehen werden.

In vorliegender Gestalt bildet die Gleichung das grundlegende Regelwerk für die formale Umsetzung des verbalen Konzepts der PAngV 1985. Danach entspricht die Summe der laufenden Zahlungen des Kreditnehmers

---

30) So z. B. um tilgungsfreie Zeiträume oder die Bedienung eines (Disagio-)Zusatzdarlehens zu berücksichtigen, welches, wenn es mit dem Hauptdarlehen eine Einheit bildet, auch in den Effektivzins Eingang findet.

- abgezinst mit dem Effektivzins auf ihren Gegenwartswert - dem Netto-Kreditbetrag K_0, d. h. der zur Verfügung gestellten Kreditsumme. Der Barwert (B_0) ist bei Vorliegen dieser Voraussetzung dem ausgezahlten Kreditbetrag (K_0) gleichwertig ("äquivalent").

$$K_o = c_d \left(\left(u + \frac{u-1}{2} \cdot i\right) \frac{q^t - 1}{i} + \left(1 + \frac{r-1}{2u} \cdot i\right) \frac{r}{1 + \frac{r}{u} \cdot i} \right) \frac{1}{q^t} + \frac{RS}{(1 + f \cdot i) q^t} \tag{9}$$

4.2.2.5 **Abwandlungen der Grundgleichung für einige Beispielsfälle**

In die Ausführungshinweise zu § 4 PAngV 1985 sind anstatt einer Grundgleichung drei Abwandlungen der Formel für drei verschiedene Kreditformen aufgenommen worden[31]. Sie sollen offensichtlich die unterschiedliche Fallgestaltung berücksichtigen.

Ratenkredite werden gewöhnlich mit pro-Monat-Zinssätzen ausgestattet, die sich auf den Ursprungsbetrag beziehen. Die zu zahlenden Zinsen werden vor Kreditbeginn durch Multiplikation des Kreditbetrages (K_0) mit der Kreditlaufzeit (= Anzahl der Monate) M und dem Monatszins p errechnet. Das Produkt wird zusammen mit einer Bearbeitungsgebühr b - meist in % des ursprünglichen Kreditbetrages ausgedrückt - dem beantragten Kredit zugeschlagen. Beantragter Kredit, akkumulierte Zinsen sowie Bearbeitungsgebühr und sonstige vom Kreditnehmer zu tragende Kosten ergänzen einander zur Gesamtschuld (G). Die Gesamtschuld (G) setzt sich mithin aus

----

31) Vgl. Ziff. 4.2.

verfügbarem Kreditbetrag	K_o
Bearbeitungsgebühr	$K_o \cdot b : 100$
Zinsen für die Laufzeit M	$K_o \cdot M \cdot p : 100$

zusammen.

(10a)

$$G = K_o \left(1 + \frac{b}{100} + M \cdot \frac{p}{100}\right)$$

Aus einer Division der Gesamtschuld durch die Anzahl der Laufzeitmonate ergibt sich die monatliche Rückzahlungsrate[32].

(10b)

$$\frac{G}{M} = \frac{K_o \left(1 + \frac{b}{100} + M \cdot \frac{p}{100}\right)}{M}$$

oder vereinfacht

---

32) Beispiel:

beantragter Ratenkredit (= Auszahlungsbetrag) (K_o)				DM 1.000,--
Laufzeit	(M)	24 Monate		
Bearbeitungsgebühr	(b)	2 %	$K_o \cdot \frac{b}{100}$	DM 20,--
Zinsen	(p)	0,36 % p. M.	$K_o \cdot M \cdot \frac{p}{100}$	DM 86,40
Gesamtschuld	(G)			DM 1.106,40

1.106,40 : 24 = DM 46,10 = Monatsrate $\left(\frac{G}{M}\right)$

(vgl. Köhler, 1987, S. 249)

$$\frac{G}{M} = K_o \left(\frac{1 + \frac{b}{100}}{M} + \frac{p}{100} \right) . \tag{10c}$$

Da bei Ratenkrediten mit pro-Monat-Zinsen die Zahl der unterjährlichen Perioden stets 12 beträgt, kann man in der Formel (9)[33] an die Stelle des abstrakten Symbols u und des Index d die konkrete Zahl 12 setzen. Zudem benutzt die Verordnung die Schreibweise q^J für q^t zur Bezeichnung des Aufzinsungsfaktors für volle Kreditjahre.

$$K_o = c_{12} \left((12 + \frac{12 - 1}{2} \bullet i)\frac{q^J - 1}{i} + (1 + \frac{r - 1}{2 \bullet 12} \bullet i)\frac{r}{1 + \frac{r}{12} \bullet i} \right) \frac{1}{q^J} \tag{11a}$$

Analog wird die restliche Laufzeit r (für die Zahl der Zeitanteile) in Monaten m gemessen.

$$K_o = c_{12} \left((12 + \frac{11}{2} \bullet i)\frac{q^J - 1}{i} + (1 + \frac{m - 1}{24} \bullet i)\frac{m}{1 + \frac{m}{12} \bullet i} \right) \frac{1}{q^J} \tag{11b}$$

---

33) Konditionen werden für die gesamte Laufzeit festgelegt. Bei Ende der Konditionsbindungsfrist beträgt die Restschuld stets Null. Die erweiterte Fassung der Gleichung (9) geht daher von selbst in Formel (7b) über.

Geringfügig umgewandelt lautet die Formel

(11c)

$$K_o = c_{12} \left(\left(\frac{12}{i} + \frac{11}{2}\right) \bullet (q^J - 1) + \left(1 + \frac{m-1}{24} \bullet i\right) \frac{m}{1 + \frac{m}{12} \bullet i} \right) \frac{1}{q^J} .$$

An die Stelle von c_{12} tritt die in vorstehend beschriebenem Verfahren ermittelte Monatsrate G/M. Nach Einsetzung des Ausdrucks gemäß (10c) in die Gleichung (11c) findet man

(12a)

$$K_o = K_o \left(\frac{1 + \frac{b}{100}}{M} + \frac{p}{100} \right) \left(\left(\frac{12}{i} + \frac{11}{2}\right)(q^J - 1) + \left(1 + \frac{m-1}{24} \bullet i\right) \frac{m}{1 + \frac{m}{12} \bullet i} \right) \frac{1}{q^J} .$$

Bringt man den Ausdruck für die Monatsrate auf die linke Seite der Gleichung, so gewinnt man

(12b)

$$\frac{K_o}{K_o \left(\frac{1 + \frac{b}{100}}{M} + \frac{p}{100} \right)} = \left(\left(\frac{12}{i} + \frac{11}{2}\right)(q^J - 1) + \left(1 + \frac{m-1}{24} \bullet i\right) \frac{m}{1 + \frac{m}{12} \bullet i} \right) \frac{1}{qJ}$$

Durch Kürzen verschwindet auf der linken Seite K_o. Stürzt man die Gleichung nun, so nimmt sie die in den Ausführungshinweisen zu Beispiel a) gezeigte Gestalt an:

(12c)

$$\frac{1 + \frac{b}{100}}{M} + \frac{p}{100} = \frac{q^J}{(\frac{12}{i} + \frac{11}{2})(q^J - 1) + (1 + \frac{m - 1}{24} \cdot i)\frac{m}{1 + \frac{m}{12} \cdot i}} .$$

Die zwei anderen in den Ausführungshinweisen zu findenden Ausformungen der Grundgleichung betreffen Kredite mit auf das Jahr bezogenen Zinssätzen (p. a.), deren Bezugsbasis der jeweilige Kontostand ist. Sie unterscheiden sich voneinander nur dadurch, daß im Falle b) keine Änderung der Zinsen vorbehalten ist, im Falle c) hingegen wohl.

Die Betrachtung gilt zunächst dem Beispiel b)[34]. Wie gesagt gelten die vereinbarten Konditionen bis zum Ende der Laufzeit, genauer: bis zur vollen Rückzahlung des Kredites nach 2 1/2 Jahren. Es verbleibt am Ende der Zinsbindungsdauer mithin keine Restschuld. Formel (9) geht wieder in Formel (7b) über.

Da der Kapitaldienst, wie häufig bei Realkrediten zu beobachten, in dem gewählten Beispielsfall vierteljährlich geleistet wird, kann das Symbol u durch die konkrete Zahl 4 ersetzt werden. Die Gleichung (8) sieht danach so aus:

(13a)

$$K_o = c_d \left((4 + \frac{4 - 1}{2} \cdot i)\frac{q^J - 1}{i} + (1 + \frac{r - 1}{2 \cdot 4} \cdot i)\frac{r}{1 + \frac{r}{4} \cdot i} \right) \frac{1}{q^J}$$

---

34) Die konkreten Einzelheiten wurden bereits in Abschnitt 4.2.1 und 4.2.2.1 dargestellt.

Analog wird die restliche Laufzeit r in Quartalen gemessen und mit dem Symbol n gekennzeichnet[35].

(13b)

$$K_o = c_d \left((4 + \frac{3}{2} \cdot i)\frac{q^J - 1}{i} + (1 + \frac{n-1}{8} \cdot i)\frac{n}{1 + \frac{n}{4} \cdot i} \right) \frac{1}{q^J} .$$

Anstelle der abstrakten unterjährlichen Rate c_d tritt die konkrete Quartalsrate R[36].

(13c)

$$K_o = R \left((4 + \frac{3}{2} \cdot i)\frac{q^J - 1}{i} + (1 + \frac{n-1}{8} \cdot i)\frac{n}{1 + \frac{n}{4} \cdot i} \right) \frac{1}{q^J}$$

Aus nicht ersichtlichen Gründen findet die Gleichsetzung von Gläubiger- und Schuldnerleistungen in diesem Falle und im Falle c) nicht durch Diskontierung auf den Gegenwartswert, sondern durch Aufzinsung des Kreditauszahlungsbetrages auf den Endwert am Schluß der Kreditlaufzeit und entsprechender Aufzinsung der Schuldnerleistungen statt.

(14a)

$$K_o \cdot q^J (1 + \frac{n}{4} \cdot i) = R (4 + \frac{3}{2} \cdot i)\frac{q^J - 1}{i} (1 + \frac{n}{4} \cdot i) + R \cdot n (1 + \frac{n-1}{8} \cdot i)$$

---

35) Das Symbol n wird nur in diesem Unterabschnitt im Sinne der Ausführungshinweise verwendet. Im übrigen bezeichnet n eine allgemeine Anzahl von Zeitpunkten (Zeitabschnitten).

36) Errechnet gemäß 4.2.1, Formel (0).

Da bei Äquivalenz beider Seiten deren Differenz = 0 sein muß, kann man auch schreiben

(14b)

$$0 = \left(K \cdot q^{J} - R \left(4 + \frac{3}{2} \cdot i\right) \frac{q^{J} - 1}{i} \right) \left(1 + \frac{n}{4} \cdot i\right) - R \cdot n \left(1 + \frac{n - 1}{8} \cdot i\right)$$

und findet damit die in den Ausführungshinweisen abgedruckte Formel.

Um von hier zu der Gleichung des Beispieles c) zu gelangen, bedarf es nur der Einfügung einer Restschuldgröße für den Zeitpunkt am Ende der Festschreibungsfrist, d. h. im konkreten Falle nach 2 Jahren. Ausgehend von der Formel (9) und nach deren entsprechender Umwandlung und Auflösung nach 0 erhält man

(15)

$$0 = \left(K \cdot q^{J} - R \left(4 + \frac{3}{2} \cdot i\right) \frac{q^{J} - 1}{i} \right) \left(1 + \frac{n}{4} \cdot i\right) - R \cdot n \left(1 + \frac{n - 1}{8} \cdot i\right) - RS .$$

Wie gezeigt wurde, präsentieren die drei Modifikationen der Grundgleichung das mathematische Verfahren der Effektivzinsberechnung in unterschiedlicher Schreibweise. Die Unterschiede berücksichtigen die jeweilige Fallgestaltung (so etwa die Zuschlagsmethode bei p. M.-Krediten oder den bei Annuitätendarlehen häufig anzutreffenden vierteljährlichen Zahlungsrhythmus), gehen aber noch darüber hinaus. So werden in dem einen Beispiel die Glieder der Zahlungsreihe auf den Gegenwartswert diskontiert, in den beiden anderen hingegen auf den Endwert aufgezinst. Die Formel zu a) setzt den verfügbaren Kredit den abgezinsten Schuldnerleistungen gleich, während die Formeln zu b) und c) die Gleichung nach Null auflösen. Abweichungen bestehen auch in der Behandlung von i zwischen der Formel (12c) einerseits und den Formeln (13c) und (15) andererseits. Gründe für die heterogene Darstellungsweise sind dem Verfasser nicht bekannt.

Was die Anwendungsbereiche der drei in den Ausführungshinweisen abgedruckten Gleichungen anbelangt, so eignet sich die unter a) aufgeführte Formel - wie sich bereits aus dem zur Herleitung des Ausdrucks Gesagten ergibt - für Ratenkredite einer bestimmten Struktur, nämlich solche mit einer pro-Monat-Zinsberechnung bezogen auf den Ursprungsbetrag. Sie verkörpern die ursprüngliche und wohl am weitesten verbreitete Ausformung eines Ratenkredites. Die Formeln b) und c) hingegen finden sich bei Krediten mit einer p. a.-Verzinsung gerechnet vom jeweils geschuldeten (Rest-)Betrag und einem Kapitaldienst, wie er bei mittel- und längerfristigen Krediten anzutreffen ist. Dabei trägt die Formel zu c) dem Umstand Rechnung, daß solche Kredite häufig nur für einen Teil ihrer Laufzeit eine feste Zinsbindung aufzuweisen haben. Man begegnet ihnen vornehmlich im Bereich der Wohnungsbaufinanzierung.

Indessen ist anzumerken, daß die den drei Ausgestaltungen der Grundgleichung (9) hervortretenden Unterschiede den Inhalt der Rechnung und ihr Ergebnis völlig unberührt lassen. Die Art, in der im einzelnen Leistung und Gegenleistung zur Deckung gebracht werden, orientiert sich lediglich an Zweckmäßigkeitserwägungen und kann deshalb für die weitere Untersuchung außer Betracht bleiben.

4.2.3 Numerische Ermittlung des effektiven Jahreszinses und Kontrolle der aufgestellten Gleichung

Bei Zahlungsreihen mit mehr als vier Perioden läßt sich der interne Zins nicht mehr explizit, d. h. durch Auflösung nach i, sondern nur noch näherungsweise numerisch bestimmen[37)]. Außerdem muß vorausgesetzt werden, daß das Vorzeichen der Zahlungen einer Zahlungsreihe nur einmal wechselt (Normalinvestition)[38)]. Dies ist bei Finanzierungen regelmäßig der Fall. Aus der Investitionstheorie sind für die Berechnung verschiedene Näherungsverfahren bekannt[39)]. Einigen ist gemeinsam, daß

---

37) Vgl. Schneider, D., 1980, S. 190.

38) Vgl. Bitz, 1988, S. 62.

39) Vgl. hierzu Witten/Zimmermann, 1977, S. 109-113.

sie von zwei benachbarten Zinssätzen ausgehend versuchen, sich an die richtige Größe heranzutasten. Dabei sollten die Prämissen so aufgebaut sein, daß sich die zugehörigen Kapitalwerte (K_{o1}, K_{o2}) der ausgewählten Zinssätze im Vorzeichen unterscheiden. Nach dem ersten Iterationsschritt werden der errechnete Zins mit dem dazugehörigen - von 0 verschiedenen - Kapitalwert (K_{o3}) und jener Zins, der einen Kapitalwert mit umgekehrten Vorzeichen hat, als Ausgangswerte gewählt, so daß das Produkt der beiden Kapitalwerte (K_{o2} bzw. K_{o3}) in jedem Fall kleiner als 0 ist[40]. Ein solches Verfahren kann man bis zur gewünschten Genauigkeit wiederholen. Der Rechenaufwand erhöht sich mit der Komplexität des Datenmaterials. Mit Hilfe entsprechend programmierter elektronischer Rechenanlagen lassen sich jedoch derartige Berechnungen in kürzester Zeit durchführen[41].

Nimmt man nun die in Abschnitt 4.2.2 hergeleitete Grundgleichung (9) und geht für die weitere Untersuchung davon aus, daß der effektive Jahreszins mit Hilfe der vorstehend beschriebenen Technik ermittelt worden ist, so läßt sich zeigen, daß - anders als bei der in Abschnitt 4.2.2.1 angestellten Versuchsrechnung - der ausgezahlte Kreditbetrag und die diskontierten Schuldnerleistungen einander gleichwertig sind. Zu diesem Zweck soll das im Abschnitt 4.2.2.1 vorgestellte Beispiel b) noch einmal aufgegriffen werden.

Bei einem effektiven Jahreszins von 9,9374 % entsprechend i = 0,099374[42] erhält die Gleichung (9), wenn man die Zahlen des Beispieles einsetzt, folgende Gestalt (RS = 0).

$$7840 = 890{,}61 \left(\left(4 + \frac{3}{2} \cdot 0{,}099374\right) \frac{1{,}099374^2 - 1}{0{,}099374} + \left(1 + \frac{1}{8} \cdot 0{,}099374\right) \cdot \frac{2}{1 + \frac{2}{4} \cdot 0{,}099374} \right) \cdot \frac{1}{1{,}099374^2}$$

---

40) Vgl. Hacks, 1985, S. 23; Witten/Zimmermann, 1977, S. 112.

41) Vgl. z. B. Kruschwitz, 1987, S. 193 f., wegen eines Basic-Programmes für Ratenkredite.

42) Wegen der übrigen Zahlen siehe 4.2.1.

Es verbleibt eine Rundungsdifferenz von DM 0,02.

Eine anschauliche Bestätigung für die Richtigkeit der gefundenen Grundgleichung liefert die Kontostaffel des Vergleichskredites. Wenn man in diese Staffel den effektiven Jahreszins einführt, zeigt sich, daß die Rechnung bis auf eine Rundungsdifferenz von DM 0,36 aufgeht[43].

4.3 Exkurs: Andere Verfahren zur Errechnung des Effektivzinses

4.3.1 Gründe für eine Betrachtung anderer Rechenverfahren

In den voraufgegangenen Abschnitten ist anhand der in den Ausführungshinweisen zu § 4 PAngV 1985 enthaltenen Gleichungen gezeigt worden, daß der mit ihrer Hilfe zu bestimmende Effektivzins zwei Zahlungsströme, nämlich die Leistung des Kreditgebers an den Kreditnehmer und die des Kreditnehmers an den Kreditgeber, die sich in ihrer Struktur unterscheiden, einander äquivalent macht.

Effektivzinssätze sollen den auf Betrag und Zeit bezogenen Preis des "nutzbaren Kapitals" beziffern[44], um auf solche Weise einen Maßstab für die Auswahl der relativ günstigsten Finanzierung abzugeben. Will man diesem Ziel tatsächlich nahekommen, muß allerdings die seiner Berechnung zugrundeliegende Methode vorgegeben und bekannt gemacht worden sein. Die zur PAngV 1985 veröffentlichten Ausführungshinweise enthalten entsprechende Vorgaben. Wie oben[45] bereits ausgeführt, ist diese Methode für die Preisangabe der Kreditinstitute gegenüber ihrer Privatkundschaft verbindlich.

----

43) Siehe Anhang 1, Ziff. 4.3 b).

44) Vgl. Seckelmann, 1979, S. 20.

45) Siehe 3.3.3.2.

Wenngleich somit eine andere Rechenmethode im Verhältnis zwischen Kreditinstitut und privatem Kreditnehmer z. Zt. in der Bundesrepublik Deutschland nicht zur Ermittlung des Kreditpreises herangezogen werden darf, werden im Fachschrifttum Alternativen weiterhin diskutiert. Eine dieser Methoden, die Zinseszins-, finanzmathematische oder internationale Methode, hat die EG-Kommission in den Mitgliedstaaten der EG einzuführen empfohlen, indem sie unter dem 02.05.1988 einen entsprechenden Vorschlag zur Änderung der Richtlinie 87/102/EWG unterbreitete[46]. Über die Annahme dieses Vorschlages ist noch nicht entschieden. Selbst wenn er vom Rat als Richtlinie angenommen wird, kann es sein, daß die durch die PAngV 1985 vorgeschriebene Rechenmethode beibehalten werden darf, weil die von der Kommission vorgeschlagene Regelung die Weiterverwendung abweichender Methoden zuläßt, wenn der sich "daraus ergebende effektive Jahreszins um nicht mehr als ein Zehntel Prozent" von dem Zinssatz abweicht, der sich bei Anwendung der EG-Methode ergäbe. Dies trifft offenbar von Extremfällen abgesehen auf die 360-Tage-Methode zu[47]. Die Diskussion um die einheitlich einzuführende Methode ist noch nicht abgeschlossen[48].

Eine andere Methode ist die des realen Effektivzinses. Sie wird nicht nur im neueren Fachschrifttum behandelt[49], sondern findet auch in der Kreditwirtschaft Anhänger[50].

---

46) Siehe 3.4 - Bereits 1984 hatte Prof. E. S. Kirschen der EG-Kommission im Zusammenhang mit der Verabschiedung der späteren Richtlinie 87/102/EWG vom 22. Dezember 1987 die Zinseszins-Methode als einheitlich einzuführendes Rechenverfahren empfohlen (vgl. Gutachten E. S. Kirschen vom 19.10.1984, S. 1 und 10-12). Ebenso hatte der beratende Verbraucherausschuß bei der EG-Kommission in seiner Stellungnahme vom 18.09.1985 "vereinfachte Formen", darunter die ausdrücklich genannte Methode der 360 Tage, abgelehnt, da sie jedenfalls bei höheren Zinssätzen zu gewissen Abweichungen führten (vgl. Gutachten, S. 4).

47) Gleicher Ansicht Kirschen in seinem Gutachten, wo es heißt, daß die Abweichungen von der finanzmathematischen Methode "im allgemeinen gering sind" (S. 28) - siehe hierzu auch 3.4 und Anhang 4.

48) Stand 31.12.1988 - vgl. hierzu Steppeler, 1988, S. 1615-1620.

49) Vgl. Mair, 1971, S. 338-340; Allerkamp, 1983, S. 50-59; Schierenbeck, 1984, S. 106-108.

50) Vgl. Flesch/Piaskowski/Siêvi, Chr. 1984, S. 360, 362.

In einem Exkurs will der Verfasser die beiden Rechentechniken in die Betrachtung einführen. Der ersteren ist nicht nur wegen der angedeuteten Aktualität, sondern auch aus Gründen der modelltheoretischen Konsequenz Beachtung zu schenken. Die zweite verdient Aufmerksamkeit als praktische Alternative zur "klassischen" Effektivzinsberechnung des internen Zinses.

Außer den genannten Methoden begegnet man in Schrifttum und Praxis weiteren Rechenverfahren. Gegenstand der vorgelegten Arbeit ist indes nicht so sehr eine vergleichende Betrachtung der verschiedenen Berechnungsmethoden, als vielmehr der Versuch, das durch Gesetzgebung und Verwaltung vorgeschriebene Instrumentarium auf seine Tauglichkeit hin zu überprüfen. Dabei müssen sich Gegenüberstellungen mit anderen Verfahren schon aus Gründen des Umfanges der Darstellung auf jene Modelltypen beschränken, die als Alternative zur geltenden Regelung diskutiert werden. Auf die übrigen soll hier nicht näher eingegangen werden[51].

4.3.2 Zinseszins-Methode

Ein gemäß PAngV 1985 ermittelter Effektivzins beruht auf der Methode des internen Zinsfußes. Das ist bei der Zinseszins-Methode ebenso. Doch anders als die meisten in der Bundesrepublik gebräuchlichen Methoden kalkuliert die internationale Methode auch in unterjährigen Zeiträumen mit exponentiellen Zinsen[52]. Dieser Strukturierung des zu bewertenden Zahlungsstromes liegt die Vorstellung "gleichmäßigen Wachstums" zugrunde. Wie auch in Vorgängen aus Natur und Technik vollzieht sich ein solcher Prozeß durch "fortlaufendes Multiplizieren der Wachstumsgrößen", d. h. im Falle eines Kredites aller Beträge des ihn

---

51) Einen guten Vergleich verschiedener Methoden bietet die Betrachtung von Schierenbeck/ Rolfes, 1986, S. 766 - 788; vgl. auch DVFA 1983.

52) Vgl. hierzu statt anderer Seckelmann, 1979, S. 12.

verkörpernden Zahlungsstromes "mit dem gleichen Faktor für gleiche Zeiträume"[53].

Wird unterjährliche Verzinsung eines Kredites K_o auf den Endwert K_n nach der 360-Tage-Methode mit

(16)

$K_n = K_o \cdot (1 + i \cdot u)$ wiedergegeben,

so ist der entsprechende Ausdruck nach der Zinseszins-Methode

(17)

$$K_n = K_o \cdot (1 + i)^u$$

(u = Gesamtzahl der unterjährigen Perioden)

Das bedeutet: Alle Leistungen wachsen unverzüglich im gleichen Zeitmaß wie das Kapital. Umgekehrt ist jede Rückzahlung "exponentiell auf den Auszahlungszeitpunkt des Kredites"[54] abzuzinsen.

Soll die Verzinsung unterjährlicher Zahlungen nicht linear, sondern exponentiell erfolgen, so bedarf es allerdings einer Umrechnung des auf das Jahr bezogenen Zinssatzes in den diesem konformen unterjährlichen Zinssatz. Dadurch wird bewirkt, daß Zinssätze, die auf verschiedene Zeiträume bezogen sind, miteinander vergleichbar werden. Sollen zwei auf verschiedene Zeiträume bezogene Zinssätze miteinander kompatibel sein, muß gelten

---

53) Vgl. Seckelmann, 1981, S. 2313.

54) Schierenbeck/Rolfes, 1986, S. 774.

(18)

$$1 + i_J = \left(1 + \frac{i}{u}\right)^u$$

i_J = effektiver Jahreszinssatz

$\frac{i}{u}$ = konformer unterjährlicher Zinssatz

u = Anzahl der unterjährigen Zinsperioden

Man kann nun nach i_J, dem Jahreseffektivzins auflösen

(19a)

$$i_J = \left(1 + \frac{i}{u}\right)^u - 1$$

oder nach dem konformen unterjährlichen Zinssatz

(19b)

$$\frac{i}{u} = \sqrt[u]{1 + i_J} - 1$$

Dabei stellt man fest, daß der konforme unterjährliche Zinssatz niedriger sein muß als ein sich aus der Division von Jahreszins durch die Zahl der unterjährigen Zinsperioden ergebender ("relativer") Zinssatz, wenn unterjährliche und jährliche Zinszahlungen zu gleichem Effektivzins für das Kreditkapital führen sollen. Ein Beispiel soll dies belegen:

Jahreszins ($i_J \cdot 100$)	=	6 %
unterjährige Zinsperioden (u)	=	2
relative Zinssatz für 6 Monate ($\frac{i_J}{2} \cdot 100$)	=	3 %

Der konforme Zins $\frac{i}{u} \cdot 100$ ergibt sich

aus	$\sqrt[2]{1{,}06} - 1$	=	0,029563,
multipliziert mit 100		=	2,9563.

Er liegt also unter 3 %[55].

4.3.3 Methode des realen Zinsfußes

Der interne Zinsfuß einer Normalinvestition, wie sie eine Finanzierung im Regelfall darstellt, bezeichnet die Verzinsung des gebundenen Kapitals[56]. Über die Verzinsung des bereits zurückgeflossenen Kapitals sagt er nichts aus.

Daraus folgt, daß Projekte mit unterschiedlicher Laufzeit und unterschiedlicher Kapitalbindung über den internen Zinsfuß nicht miteinander verglichen werden können, bevor die Strukturen der Zahlungsreihe nicht einander angeglichen worden sind[57]. Dazu bedarf es zusätzlicher Annahmen über die Verzinsung zwischenzeitlicher Rückflüsse bzw. der für zwischenzeitliche Defizite aufgenommenen Refinanzierung. Nach der PAngV 1985 werden solche Ergänzungsprojekte auf der Grundlage des internen Zinsfußes abgerechnet[58].

----

55) Vgl. Kosiol, 1966, S. 53 ff.

56) Vgl. Hacks, 1985, S. 36; Bitz, 1988, S. 63.

57) Vgl. Rahmann, 1976, S. 97.

58) Nach der PAngV 1985 ist für die Wiederanlage ein anderer als der interne Zins nicht zugelassen, weil die Abstaffelung des Kontos - wie sie § 4 Abs. 2 Satz 1 PAngV 1985 fordert - mit einem anderen als dem internen Zins gemäß § 608 BGB nicht möglich wäre (Auffassung der Preisbehörden, vorgetragen im Gespräch mit den kreditwirtschaftlichen Verbänden am 24.02.1986 lt. Mitteilung 47/86 des Verbandes öffentlicher Banken vom 25.02.1986).

Doch erwächst hier der Vergleichbarkeit ein Problem. Der interne Zinsfuß einer solchen Nachfinanzierung ist der Erstfinanzierung entnommen. Ob die Anschlußfinanzierung tatsächlich zu diesem Zinsfuß zu beschaffen ist, hängt aber nicht von den Modalitäten der Erstfinanzierung, sondern von der bei ihrem Ablauf herrschenden Kapitalmarktsituation ab. Sind zu gleicher Zeit Anschlußfinanzierungen für zwei Projekte erforderlich, so kann es geschehen, daß trotz der für beide gleichen Marktlage unterschiedliche - nämlich aus der jeweiligen Primärfinanzierung hergeleitete - (interne) Zinsfüße der Kalkulation der Nachfinanzierungsangebote zugrunde gelegt werden.

Der aufgezeigten Schwierigkeit will die "reale Effektivverzinsung"[59)] abhelfen. Sie versucht, "die Realität der voraussichtlichen künftigen Verzinsung"[60)] zu berücksichtigen, indem sie durch Einführung kalkulatorischer Kosten für die erforderliche Zwischenanlage noch nicht fälliger Kreditteile bzw. für die Refinanzierung der durch Tilgung abfließenden Kapitalbeträge einen Ausgleich der verschiedenen Kapitalbindungen herbeiführt[61)].

Die Methode des realen Zinsfußes geht davon aus, daß es unterschiedliche Soll- und Habenzinssätze gibt. Sie unterstellt ferner, daß es möglich ist, erforderliche Zahlungen zu einem hypothetischen Zins h zu refinanzieren. Dieser hypothetische Zins muß nicht mit dem Effektivzins der Finanzierung übereinstimmen. Wie beim Verfahren des internen Zinsfußes wird zwischen den einander gegenüberstehenden Zahlungsreihen - Leistungen des Kreditgebers und Verpflichtungen des Schuldners - eine Äquivalenz hergestellt. Dies geschieht üblicherweise[62)], indem jener Zins gesucht wird, bei dessen Anwendung der Endwert der Kreditauszahlung mit der zum Refinanzierungszins h aufgezinsten Summe der Zins- und Tilgungszahlungen übereinstimmt.

---

59) Mair, 1971, S. 335 f.

60) a. a. O.

61) Vgl. Allerkamp, 1983, S. 28 f.

62) Vgl. Mair, 1971, S. 338; Allerkamp, 1983, S. 51 f; Schierenbeck, 1984, S. 108.

(20a)

$$K_o (1 + w)^n = \sum_{t=1}^{n} s_t (1 + h)^{n - t}$$

K_o = Auszahlungsbetrag

s_t = Kapitaldienst zum Zeitpunkt t

h = Refinanzierungszins / Zwischenanlagezins

w = realer Zins

n = Laufzeit

t = Index für unterschiedliche Zeitpunkte

Die Gleichung (20a) läßt sich nach w auflösen und lautet dann

(20b)

$$w = \sqrt[n]{\frac{\sum_{t=1}^{n} s_t (1 + h)^{n - t}}{K_o}} - 1$$

Der reale Zins w stellt den Effektivzins dar, vorausgesetzt Zins- und Tilgungszahlungen können zu dem hypothetischen Zins h refinanziert werden. Er tritt an die Stelle des internen Zinsfußes.

Für die numerische Bestimmung des realen Zinsfußes bedarf es keines Näherungsverfahrens. Die gesuchte Größe läßt sich - wie gezeigt - durch Auflösung der Gleichung nach w explizit ermitteln.

Teil III

ANALYSE UND BEWERTUNG DES RECHTLICHEN UND RECHNERISCHEN INSTRUMENTARIUMS

5 Ausrichtung der Analyse an Elementen der Modellbildung

5.1 Ansatzflächen einer Modellkritik

Mit dem Kapitel 5 tritt die vorliegende Arbeit in ihren analytischen Teil ein. Er widmet sich der Frage nach der Tauglichkeit des (anfänglichen) effektiven Jahreszinses als Vergleichszahl.

Der (anfängliche) effektive Jahreszins soll dem Verbraucher in seiner Eigenschaft als Kreditsuchendem einen "optimalen Preisvergleich" ermöglichen und dadurch seine Position als Marktteilnehmer stärken. Ob und wie weit er dies bewirkt, wird letztlich für seine Eignung den Ausschlag geben.

Nach dem Verbalkonzept der Ausführungshinweise zu § 4 PAngV ist der (anfängliche) effektive Jahreszins jener Zins, mit dem ein durch feste Regeln umschriebener Vergleichskredit zu verzinsen wäre, wenn man die Zahlungsströme des wirklichen Kredites auf ihn übertrüge. Ausgangspunkt für die Ermittlung des (anfänglichen) effektiven Jahreszinses ist somit eine Zeitreihe, die aus den mit der Verzinsung und Tilgung des Kredites verbundenen Zahlungen als Einzelelementen aufgebaut ist. Diese Zahlungsreihe wird anschließend mittels finanzmathematischer Methoden auf einen einzigen Kennzahlwert zusammengezogen[1)], verdichtet. Das Ergebnis ist die gesuchte Vergleichszahl, der (anfängliche) effektive Jahreszins.

---

1) Vgl. Bitz, 1988, S. 47.

Will man prüfen, ob das Vorteilskriterium dem auskunftheischenden Verbraucher zieladäquate Handlungsempfehlungen zu geben vermag[2)], so muß man mit seiner Analyse bei der Zahlungsreihe selbst ansetzen. Das Augenmerk ist darauf zu richten, ob und bis zu welchem Grade die Zahlungsreihe die entscheidungsrelevanten Elemente enthält und nach welchen Regeln diese in die Zahlungsreihe eingehen, d. h. ob sie vollständig und angemessen berücksichtigt sind. Des weiteren ist darauf zu achten, wie weit die Zahlungsreihe in ihrer Struktur, in ihrer Breite und ihrer zeitlichen Erstreckung, kurz, in ihrem ganzen Zuschnitt den zugrunde liegenden Sachverhalt korrekt abbildet oder ob Divergenzen sichtbar werden.

Sodann gilt es, den auf die Aggregation angewandten Rechenmethoden nachzuspüren. Schwerpunkte liegen auf der Behandlung unterjährlicher Effekte, der Verrechnung aperiodisch begründeter Zahlungen und den Wirkungen des Zwischenzinses auf die Vergleichstauglichkeit. Dabei wird stets zu fragen sein, ob die einzelnen Operationen schlüssig und sachgerecht erfolgt sind und ob sich aus der getroffenen Regelung Manipulationsspielräume eröffnen.

Der (anfängliche) effektive Jahreszins ist ein Parameter aus einem finanzwirtschaftlichen Partialmodell. In Anlehnung an die von Bitz für Abbildungsregeln in Entscheidungsmodellen gewählte Systematik sei der erstgenannte Aspekt als die Analyse der "Auswahlregeln", der zweite als die Prüfung der "Aggregationsregeln" verstanden[3)].

"Abbildungsregeln sind ... so zu wählen, daß "der Kalkül zum geeigneten Kompaß für die zieloptimale Entscheidung wird""[4)]. Im letzten Teil der Kritik wird daher versucht - ungeachtet etwaiger Mängel in Auswahl und Aggregation -, den Kalkül des (anfänglichen) effektiven Jahreszin-

---

2) Vgl. wegen der Begrenztheit von Vorteilsvergleichen durch Partialmodelle Schneider, D., 1980, S. 173 f.

3) Vgl. Bitz, 1977, passim, u. a. S. 17.

4) Vgl. Bitz, 1977, S. 45 unter Bezugnahme auf Stützel, 1967, S. 320.

ses auf seine Eignung als Rangordnungskriterium zu prüfen. Die Untersuchung wird dabei der Leistungsfähigkeit des mit dem effektiven Zins identischen internen Zinsfußes als investitionstheoretischer Kennziffer zu gelten haben. Unter dem Anspruch der Zieladäquanz wird ferner der mit jeder Verdichtung verbundene Informationsverlust und die mit der Heraushebung einer Meßzahl einhergehende Einengung des gesamten Entscheidungsfeldes erörtert.

Die kritische Würdigung soll mit dem Hinweis auf eine brauchbare, die Vergleichbarkeit verbessernde Abwandlung herkömmlicher Preisstellungsmethoden abgeschlossen werden.

5.2 Exkurs: Problematik einer Einschränkung des Regelungsgegenstandes

Der Analyse des (anfänglichen) effektiven Jahreszinses vorangestellt sei eine Kritik daran, daß der Effektivzins in bestimmten Fällen nicht angegeben zu werden braucht.

Gegenstand dieses Abschnitts ist also nicht der effektive Zins selbst, sondern die Ausgrenzung einer der wichtigsten Kreditarten aus dem Regelungsbereich der Preisangabenverordnung.

Die PAngV gilt grundsätzlich für alle Kredite, die privaten Kreditsuchenden angeboten bzw. für die unter Angabe von Preisen geworben wird[5]. Der mehrjährige Streit, ob auch Realkredite von der Preisangabepflicht gemäß PAngV betroffen seien[6], ist positiv entschieden worden. Durch die Einführung des Terminus "anfänglicher effektiver Jahreszins"[7] ist für Realkredite mit Konditionsänderungsvorbehalt der unauflösliche Widerspruch zwischen der Verpflichtung, den Effektivzins

---

5) Vgl. Gimbel/Boest, 1985, S. 38.

6) Siehe 3.2.1.2.

7) Vgl. § 4 Abs. 1 Satz 1 PAngV 1985.

"unter Zugrundelegung der gesamten Laufzeit"[8] anzugeben und dem Gebot der "Preiswahrheit"[9] aufgehoben worden.

Eine Ausnahme von dieser umfassenden Regelung des Sachverhalts "Kreditpreis" gilt unter bestimmten Voraussetzungen jedoch für Kredite, die auf laufenden Konten zur Verfügung gestellt werden. Man begegnet allgemein den Bezeichnungen Kontokorrent-, Dispositions- oder Überziehungskredit. Wenn die Abrechnungsperiode für Kredite dieser genannten Art nicht weniger als drei Monate beträgt und weitere Kreditkosten nicht in Rechnung gestellt werden[10], sind statt der Nennung eines Effektivzinses der Nominalzins pro Jahr und die Dauer der Zinsbelastungsperiode anzugeben.

Auch die Richtlinie des Rates der Europäischen Gemeinschaften vom 22.12.1986 zur Angleichung der Rechts- und Verwaltungsvorschriften der Mitgliedstaaten über den Verbraucherkredit[11], findet auf Überziehungskredite[12] keine Anwendung. Lediglich

- über die Höchstgrenze des Kreditbetrages sowie über den Jahreszins und über etwaige Abschlußkosten einschließlich der Voraussetzungen, unter denen insoweit Änderungen eintreten können,

  und

- über die Modalitäten einer Beendigung des Vertragsverhältnisses

---

8) PAngV 1973, § 1 Abs. 4, BGBl. I, S. 461 v. 24.05.1970.

9) Amtl. Begründung zur Preisauszeichnungsverordnung v. 18.09.1969, zitiert bei Gelberg, 1975, Anhang 3, S. 136.

10) Vgl. § 4 Abs. 5 PAngV 1985.

11) Vgl. Amtsblatt der Europäischen Gemeinschaften Nr. L 42 v. 12.02.1987, S. 50, Art. 2 Abs. 1e.

12) Ausgenommen sind die hier nicht behandelten Kreditkartenkonten.

ist der Kreditnehmer vor Vertragsabschluß oder zum Zeitpunkt des Vertragsabschlusses zu unterrichten[13].

Beide Rechtsgrundlagen enthalten demnach nur "Minimalregelungen"[14] für diesen Kreditsektor.

Die vom deutschen Verordnungsgeber geübte Zurückhaltung erscheint auf den ersten Blick vertretbar, da sie von der Voraussetzung ausgeht, daß die Abweichung des anzugebenden Nominalzinses von dem ansonsten zu ermittelnden Effektivzins "noch relativ gering ist"[15]. Prüft man indessen, ob die konzeptionelle Grundlage für eine solche Ausnahmeregelung durch die rechnerische Umsetzung im Zahlenbild bestätigt wird, kommen einem erhebliche Zweifel. Eine Vergleichsrechnung macht nämlich deutlich, daß, wenn der Nominalzins für einen Kontokorrentkredit 12 % p.a. beträgt und Zinsabrechnungen vierteljährlich erfolgen, also Zinsen dem Kapital im vierteljährlichen Abstand zugeschlagen werden, der Kreditnehmer bei voller Inanspruchnahme nicht 12 % p. a., sondern 12,55 %[16] zahlt. Mißt man den Abstand zum Nominalzins an den Vorstellungen des BL-A PrA, wie sie sich in den für Rundungen gezogenen Grenzen der Ausführungshinweise des § 4 PAngV niederschlagen[17] - diese dürfen sich nicht stärker auswirken als mit 0,05 % -, so kann man ihn nicht vernachlässigen.

Ist aber eine Vernachlässigung unterjährlicher Zinseffekte, wie sie sich bei Kontokorrentkrediten ergeben können, nicht mit deren vermeintlichem Bagatellcharakter zu rechtfertigen, so muß es als mißlich erscheinen, wenn eine für allgemeine Preisvergleiche im Kreditgeschäft

---

13) Vgl. Art. 6 Abs. 1 - vgl. aber auch Vorschlag der Kommission vom 02.05.1988 zur Berechnungsmethode für den Fall eines Kontokorrentkredites (Kom (88) 201 endg. S. 10).

14) Reich, 1980, S. 331.

15) Amtliche Begründung zu § 4 Abs. 5, siehe hierzu Gimbel/Boest, 1985, S. 81.

16) Vgl. auch Ausführungshinweise 3.

17) Vgl. dort Ziff. 2.3.1 und bei Gimbel/Boest 1985, S. 40.

entwickelte Meßlatte bei einem Kredittyp von großem und weiter zunehmendem Marktanteil nicht angelegt werden soll.

Die Sonderbehandlung von Kontokorrentkrediten hat ihren Ursprung freilich in der Vielfalt möglicher Kreditverläufe[18]. Nicht zu Unrecht wird geltend gemacht, die Angabe des Effektivzinses sei nur bei Unterstellung bestimmter Fallgestaltungen möglich[19]. Der so ermittelte Zins sei eine fiktive Größe ohne brauchbare Aussagekraft. Zwar wird der gleiche Einwand auch gegen die Fiktion der Zinskonstanz bei Darlehen mit variablem Zins geltend gemacht; doch hat er bei einem Kontokorrentkredit angesichts häufig wechselnder Inanspruchnahme ein stärkeres Gewicht. Hier würde der Zinseszinseffekt je nach Umfang und Dauer der Beanspruchung ganz unterschiedlich ausfallen.

Daraus folgt, daß man zu Vergleichszwecken zumindest von einer gleichbleibenden Inanspruchnahme des Kontokorrentkredites über die Berechnungsperiode, d. h. über ein Jahr ausgehen müßte. Zwar entspricht eine konstante Ausnutzung im allgemeinen nicht den tatsächlichen Verhältnissen. Doch ist eine derartige Prämisse am ehesten geeignet, bei Kontokorrentkrediten, deren Zinsen praktisch ausnahmslos unterjährlich kapitalisiert werden, die Wirkungen dieser Kontoabrechnung sichtbar zu machen. Die damit verbundene Vergröberung müßte in Kauf genommen werden. Gäben die ermittelten Kennzahlen auch nur im Ausnahmefall die echten Kosten wieder, so entstände dadurch, daß alle zu vergleichenden Kredite derselben Prämisse unterworfen wären, zumindest eine ordinale Rangskala.

In diesem Zusammenhang mag daran erinnert werden, daß der fiktive Charakter einer solchen Berechnung auch den BL-A PrA)[20] nicht davon abgehalten hat, eben diese Berechnung für besondere Fälle vorzuschrei-

---

18) Vgl. Gimbel/Boest, 1985, S. 49.

19) Das gilt wohl auch für den Vorschlag Seckelmanns zur Erfassung von Überziehungskrediten (1984, S. 102).

20) Der BL-A PrA betätigt sich hauptsächlich als Gremium zur Erarbeitung einheitlicher Auslegungsgrundsätze.

ben. Wo trotz der Ausnahmevorschrift bei Kontokorrentkrediten Effektivzinssätze genannt werden müssen - etwa weil das Konto monatlich abgeschlossen wird oder Provisionen erhoben werden -, muß diese Effektivzinsberechnung auf Basis konstanter einjähriger Inanspruchnahme erfolgen, und zwar aus Gründen der Einheitlichkeit in Höhe des maximal möglichen Schuldsaldos. Wenn bei kürzerer oder wechselnder Inanspruchnahme infolge einer Provision, die unter Zugrundelegung einer monatlichen Höchstinanspruchnahme berechnet wird[21)], die Effektivbelastung ansteigt, muß der Kreditnehmer hierauf durch einen verbalen Zusatz hingewiesen werden[22)].

Es wäre folgerichtig, die Berechnung eines Effektivzinses unter der Annahme einer konstanten einjährigen (Höchst-)Inanspruchnahme auch für die Fälle vorzuschreiben, in denen auf die Berechnung von Einmalkosten verzichtet wird[23)] und nicht mehr als vier unterjährliche Rechnungsabschlüsse stattfinden.

Das Fehlen einer solchen Verpflichtung in Verbindung mit anderen Gründen - Erzielung von Zinseszinseffekten, Gewinnung von Flexibilität in der Konditionengestaltung und das Bestreben, eine dauerhafte Geschäftsverbindung aufzubauen - hat etliche Banken veranlaßt, Kreditformen zu entwickeln, die aufgrund ihrer Struktur zu jenem Typ gehören, auf den die Ausnahmevorschrift des § 4 Abs. 5 paßt[24)].

Kreditnehmern wird das Recht eingeräumt, innerhalb einer Kreditlinie Verfügungen zu treffen (Kreditrahmen in laufender Rechnung). Lediglich in Höhe eines Mindestbetrages ist eine Verringerung der Inanspruchnahme vorgesehen; die Rückzahlung höherer Beträge ist freigestellt. Zin-

---

21) Vgl. Ausführungshinweise zu § 4 PAngV, Fassung v. 06.11.1986 Ziff. 2.5.

22) a. a. O.

23) Siehe 2.2.2.1.

24) Vgl. Reifner 1984, S. 89-93; Verbraucher Rundschau 1986, Heft Nr. 9, S. 15-20; test, 1987, Nr. 4, S. 318-320; Wahl, 1987, S. 241-248; Canaris, 1987a, WM Sonderbeilage 4/1987.

sen zahlt der Kunde nur auf den geschuldeten Betrag. Wenn solche Kredite auch ihrer Form nach Überziehungskrediten weitgehend ähneln, so sind sie ihrer wirtschaftlichen Zielsetzung gemäß doch eher Kredite für Anschaffungen, also solche mit einer längeren Amortisationsdauer.

In vielen Fällen werden derartige Kredite auf Sonderkonten eingeräumt, die zum Hauptkonto, welches häufig ein Gehaltskonto ist, hinzutreten. Die Kosten der gesonderten Kontoführung sind, soweit sie den marktüblichen Umfang nicht überschreiten, nicht in die Berechnung des Effektivzinses einzubeziehen. Das wird damit begründet, daß sie einen Gegenwert für andere, nicht-kreditbezogene Leistungen, nämlich die Verbuchung und Führung des Kontos darstellen. Dabei wird freilich außer acht gelassen, daß bei einem Ratenkredit herkömmlicher Art, der ohne die beschriebene Konstruktion auskommt, derartige Kosten normalerweise nicht entstehen. Hinzu kommt, daß sich das Kreditinstitut vorbehält, gegebenenfalls Saldoüberträge zwischen den Konten vorzunehmen. Für einen mit der Technik der Kontokorrentrechnung wenig vertrauten Kreditnehmer geht die Preisklarheit bei solcher Handhabung meist verloren[25)]. Im übrigen stellt das Risiko einer Zinsänderung, das allen Krediten mit variablem Zins innewohnt, bei Krediten mit dem Zweck der Finanzierung größerer Anschaffungen infolge der daraus resultierenden länger andauernden Belastung eine weit höhere Gefahr dar als bei echten Dispositionskrediten, denen der Wechsel zwischen Überziehung und Guthaben eigen ist.

Die beschriebene Art von Krediten ist keine Randerscheinung. Ihr Volumen hat bereits beträchtliche Größenordnungen erreicht[26)]. Der Verfasser hält es daher für sinnvoll, daß die Verbraucherzentrale Berlin e. V. in ihre Preisvergleiche für Konsumentenkredite auch sogenannte Rahmenkredite aufgenommen hat. In einer Modellrechnung mit festen Annahmen (volle Inanspruchnahme eines Kredites von anfänglich effektiv

---

25) a. A. Canaris, 1987 a, S. 7.

26) Vgl. Geschäftsbericht 1987 der KKB Bank, S. 24.

DM 15.000,00, Rückzahlung in 60 Monatsraten) wird für diese Kredite ein anfänglicher effektiver Jahreszins ermittelt[27)].

Nach alledem erscheint es angezeigt, den sachlichen Anwendungsbereich der PAngV 1985 auf Kontokorrentkredite allgemein, zumindest aber auf Rahmenkredite mit festen oder Mindestrückzahlungsraten zu erstrecken. Zu Vergleichszwecken sollte die Annahme einer bestimmten Höhe der Kreditausnutzung und fester Rückführungsmodalitäten verbindlich vorgeschrieben werden[28)].

---

27) Vgl. Anlage zur Broschüre "Wie teuer sind Kredite? Preisvergleich", erschienen April 1987 als Sonderdruck.

28) Einen ersten Schritt in diese Richtung tut der Vorschlag der EG-Kommission vom 02.05.1988 (Kom (88) 201 endg. S. 10).

6 Kritik an den Auswahlregeln für die Zahlungsreihe

6.1 Unvollständigkeit ihrer Einzelelemente

6.1.1 Zweifel an der Zieladäquanz der Ausgrenzungen

Gegenstand dieses Abschnitts ist die Frage, ob in der Zahlungsreihe alle Preiskomponenten vollständig und richtig erfaßt sind. Untersucht wird zunächst die Frage der Vollständigkeit.

Welche Einflußgrößen zu den Bestimmungsfaktoren zu rechnen sind und welche nicht, ist durch § 4 Abs. 2 PAngV 1985 in Verbindung mit Ziff. 2.1 bzw. 2.2 der Ausführungshinweise[1)] verbindlich festgelegt[2)]. Für die Aussonderung waren laut amtlicher Begründung[3)] folgende Kriterien ausschlaggebend:

- Besteht ein unmittelbarer oder nur mittelbarer Zusammenhang mit dem Kredit selbst?

- Handelt es sich um Kosten, die bei regelmäßigem Verlauf vorkommen oder nicht?

- Sind es allgemein entstehende Kosten oder solche, die vom Einzelfall abhängen?

Die Richtlinie des Rates der Europäischen Gemeinschaften verweist insoweit auf die Vorschriften der Mitgliedstaaten, sieht also keine eigene Festlegung vor[4)].

---

1) Vgl. Fassung vom 06.11.1986 (Anhang 1).

2) Siehe hierzu 3.3.3.3.

3) Vgl. Gimbel/Boest, 1985, S. 79.

4) Vgl. Art. 1 (2) d) - Eine einheitliche Regelung über die Einbeziehung wird neuerdings im Zusammenhang mit der Festlegung einer einheitlichen Rechenmethode als deren notwendige Voraussetzung diskutiert (vgl. u. a. Steppeler, 1988, S. 1615).

Preis ist die Gegenleistung für eine festumgrenzte Leistung, in diesem Falle für die Überlassung von Kredit. Danach erscheint die Ausgrenzung solcher Faktoren, die nicht unmittelbar mit dem Kredit zusammenhängen, schlüssig. So ist es auf den ersten Blick einleuchtend, wenn zum Beispiel anläßlich einer Kreditaufnahme durch Zahlung von Prämien dem Kreditnehmer ein Versicherungsschutz erwächst, die Prämien in der Rechnung unberücksichtigt zu lassen. Hier stehen zwei Paare von Leistung und Gegenleistung einander gegenüber (einerseits Kreditgewährung und Kreditpreis, andererseits Versicherung und Versicherungsprämie). Auch Faktoren fortzulassen, die erst durch einen unregelmäßigen Vertragsverlauf wie vorzeitige Ablösung oder verspätete Zahlung verursacht werden (und im Regelfalle der Sphäre des Kreditnehmers zuzurechnen sind), erscheint sachgerecht. Eine unübersehbare Vielzahl von Fallgestaltungen würde deren Berücksichtigung überdies unmöglich machen. Daß Kosten, deren Entstehen vom Einzelfall abhängt, nicht dazugerechnet werden, hat wohl auch eher einen praktischen Hintergrund. Das breit gefächerte Spektrum denkbarer Varianten ließe sich z. B. in Werbeanzeigen kaum berücksichtigen. Zudem dürften Umfang und Fälligkeit dieser Preiseinflußgrößen zu jenem Zeitpunkt, da der effektive Jahreszins genannt werden muß, häufig gar nicht oder nur teilweise bekannt sein. Zumindest bei allgemeinen Angeboten müßte mit etlichen Annahmen gearbeitet werden. Der genannte Preis bekäme einen fiktiven Charakter und verlöre dadurch seine Vergleichstauglichkeit[5].

Insgesamt erscheinen die Gründe respektabel und eine darauf aufbauende Regelung vernünftig. Gleichwohl bleibt das Ergebnis - am Verordnungszweck gemessen - unbefriedigend. Dabei soll hier von der Vernachlässigung der Bestimmungsgrößen eines unregelmäßigen Verlaufs abgesehen werden, da dieser Fall nicht Gegenstand der vorliegenden Untersuchung ist.

Wogegen richten sich etwaige Bedenken? Sie gelten sowohl der Abtrennung von Preiskomponenten, die nur in mittelbarem Zusammenhang mit der Kreditaufnahme stehen, als auch der Vernachlässigung von Bestimmungs-

---

5) Vgl. Gimbel, 1985, S. 158.

faktoren des Einzelfalles. Beide Arten von Preiseinflußgrößen gehen vielfach ineinander über.

Die strikte Trennung zwischen einzelnen Leistungsarten und den ihnen jeweils zuzurechnenden Gegenleistungen hat nach juristischen Kategorien ihre Berechtigung[6)7)]. Sie hat indes bloß theoretischen Wert, wenn ein Kreditsuchender die von ihm gewünschte (Haupt-)Leistung nicht ohne die andere (Neben-)Leistung, etwa eine Restschuldversicherung, erlangen kann. Das ist vor allem bedeutsam für den Fall, daß ein Konkurrenzanbieter - dessen Konditionen vielleicht etwas ungünstiger für den Kreditsuchenden sind - die Abnahme der Nebenleistung nicht zur Bedingung macht. Vergleichen kann er dieses zweite Angebot mit dem ersten nur, wenn er dessen Eintrittsvoraussetzungen in seine Rechnung einstellt. Der in § 4 Abs. 3 PAngV 1985 geforderte verbale Hinweis, die Kreditgewährung werde vom Abschluß einer Versicherung abhängig gemacht, hilft ihm kaum weiter[8)].

Nicht anders verhält es sich mit dem Fortlassen einzelfallabhängiger Preisbestandteile. Sie sind am Zustandekommen des Endpreises beteiligt wie die allgemein einzurechnenden Faktoren. Auch für diese Kategorie von Preiskomponenten gilt, daß mehrere Anbieter unter Umständen unterschiedliche Anforderungen an den Umfang der Gegenleistung stellen. Das Dilemma bei den vom Einzelfall abhängigen Faktoren besteht darin, daß sie dem Kreditanbieter teilweise im Zeitpunkt der ersten Preisangabe

---

6) Man denke etwa an den Äquivalenzvergleich nach § 138 BGB (Verhältnis von Leistung und Gegenleistung als Maßstab für Sittenwidrigkeitsprüfung - vgl. hierzu vor allem Canaris, 1978, S. 1895).

7) Siehe 1.3.1.2, Fn 20.

8) Dieser Hinweis ist im übrigen nur zu machen, wenn der Abschluß einer Versicherung allgemein gefordert wird (vgl. Gimbel/Boest, 1985, S. 47).

und womöglich noch über das Einzelangebot hinaus unbekannt sind[9]. Da sie sich überdies von Kreditnehmer zu Kreditnehmer unterscheiden dürften, kann ihre Einbeziehung in allgemeine Werbeanzeigen und Allgemeinangebote nicht in Betracht kommen.

Um welche Arten von Teilpreisen handelt es sich konkret und inwiefern sind sie für den Gesamtpreis von Gewicht?

Einen Schwerpunkt der Zahlungen im Gefolge von Kreditaufnahmen bilden jene, die mit der Absicherung des Kredites verbunden sind. Hierzu gehören im Zusammenhang mit der Bestellung von Grundpfandrechten entstehende Schätz(ungs)gebühren[10], Notariats- und Gerichtskosten, ferner Bürgschaftsprovisionen und Restschuldversicherungsbeiträge. Wegen Unterschieden in der persönlichen Kreditwürdigkeit und im jeweiligen Sicherungswert der heranzuziehenden Pfänder[11] begegnet man auf diesem Feld relativ starken Ausschlägen.

6.1.2 Schätz(ungs)gebühr und Kosten der Sicherheitenbestellung

Gebühren für die Schätzung eines Grundstücks, die einer Beleihung vorausgehen, werden von Kreditgebern in sehr unterschiedlicher Höhe berechnet. Das erklärt sich zum Teil daraus, daß etliche Institute vereidigte Sachverständige beauftragen, während andere eigene Schätzer beschäftigen. Als Grundlage für die Gebührenberechnung dient einer-

---

9) Dieser Umstand diente lange Zeit Vertretern des organisierten Realkredits als Argument, die Angabe eines effektiven Jahreszinses als verfehlt zu bezeichnen (vgl. insbesondere Reichstein, 1978, S. 487; 1978 a, S. 911). In einem Schreiben des Verbandes privater Hypothekenbanken (jetzt Verband deutscher Hypothekenbanken) an den Baden-Württembergischen Wirtschaftsminister vom 01.09.1978 sind 19 verschiedene Faktoren als Preisbestandteile mit dem Hinweis aufgeführt, daß die Institute mit diesen Bedingungen vielfältigen Wünschen der Kundschaft Rechnung tragen.

10) Vorausgesetzt wird allerdings, daß die Schätzung tatsächlich stattgefunden hat und eine marktübliche Gebühr berechnet wird (vgl. 2.2.c der Ausführungshinweise; siehe auch 3.3.3.3). Andernfalls dürfte es sich um - einzubeziehende - Bearbeitungsgebühren handeln.

11) Man denke etwa an die vom Kreditgeber festgestellte Beleihungshöhe, die von Alter, Volumen und Erhaltungszustand des Beleihungsobjektes abhängt (vgl. Reichstein, 1978, S. 484).

seits der Schätzwert, andererseits der Darlehensnennbetrag[12]. Daneben finden sich auch Pauschalpreise. Sogar gebührenfreie Schätzungen kommen vor[13]. Die großen Unterschiede in der Gebührenpraxis wirken sich zwangsläufig im Vergleich der Endpreise aus.

Notariats- und Gerichtsgebühren aus Anlaß der Eintragung von Grundpfandrechten unterliegen zwar einer für alle einschlägigen Rechtsakte einheitlichen gesetzlichen Regelung. Doch fällt ihre absolute Höhe im Einzelfall verschieden aus - je nachdem wie hoch der Kredit abgesichert werden muß und gegebenenfalls auf wie vielen Grundstücken. Dies wiederum richtet sich nach der Werthaltigkeit der Pfandobjekte[14] und letztlich auch nach der persönlichen Kreditwürdigkeit des Antragstellers.

Sowohl Schätz(ungs)gebühren als auch Notariats- und Gerichtskosten gehören als Elemente eines Endpreises in die vom Kreditnehmer aufzustellende Effektivzinsrechnung hinein. Weil ihre Höhe vom Einzelfall abhängig ist, kann dies allerdings erst verhältnismäßig spät, d. h. bei Erstellung des konkreten Kreditangebots geschehen.

6.1.3 Bürgschaftsprovision

Bürgschaften der öffentlichen Hand werden im allgemeinen zu annähernd gleichen Provisionssätzen übernommen. Indes hängt ihre absolute Höhe - und damit die Höhe der Provisionszahlung - von dem vermeintlichen Sicherungsbedarf des Kreditgebers ab.

---

12) Siehe 2.2.2.3.

13) Siehe 2.2.2.3.

14) Die Feststellung des Schätzwertes hat für die Gestaltung des Kreditpreises eine erheblich weiterreichende Wirkung, als lediglich die Bemessungsgrundlage für Schätz(ungs)- und andere Gebühren abzugeben. Sie entscheidet meist über die Aufteilung des Kredites zwischen erststelligem und zweitstelligem Darlehen. Letzteres ist normalerweise teurer.

Zieht man in Betracht, daß öffentliche Bürgschaften eine laufende Provisionszahlung von mindestens 0,5 % p. a. oder eine Einmalgebühr von 2 % auf den verbürgten Betrag auslösen[15], so wird deutlich, daß es sich hier um Größenordnungen handelt, die keinesfalls vernachlässigt werden dürfen. Allein die vom Verordnungsgeber geforderte Angabengenauigkeit[16] stände dazu im Widerspruch.

Auch aus anderen Gründen fällt es schwer, sich mit der Ausgrenzung von Bürgschaften der öffentlichen Hand aus den zu berücksichtigenden Preiskomponenten abzufinden. Durch das Hinzutreten einer Bürgschaft öffentlichen Rechts sinkt das Ausfallrisiko des Darlehens beinahe auf die Stufe eines Kommunalkredites[17]. Kommunalkredite werden ebenso wie pfandbriefgedeckte Kredite als sogenannte erststellige Darlehen allgemein zu günstigeren Konditionen ausgereicht als Kredite, die durch nachrangige Grundpfandrechte oder andere Sicherheiten gedeckt sind[18]. Es besteht also in solchen Fällen eine Wechselbeziehung zwischen der bereitstehenden Sicherheit und den Kreditkonditionen. Spätestens an diesem Punkt wird deutlich, daß eine Vernachlässigung der Bürgschaftsprovision als Kreditpreiskomponente unvertretbar ist. Denn die Information des Kreditsuchenden, wenn sie diese Komponente nicht einschließt, ist unvollständig, ja kann irreführend sein. Sie verleitet zum Vergleich zweier Angebote, von denen das eine vielleicht nur deshalb günstiger erscheint, weil die Provision für die öffentliche Bürgschaft, die dem Anbieter die Kreditgewährung erst ermöglicht, in den Effektivzins nicht eingerechnet ist[19].

---

15) Siehe 2.2.4.

16) Vgl. Ausführungshinweise 2.3.

17) Ein geringfügiger Unterschied bleibt wegen der Ausgestaltung öffentlicher Bürgschaften als Ausfallhaftungen und dem daraus resultierenden Erfordernis, den Hauptschuldner vor dem Bürgen in Anspruch zu nehmen.

18) Vgl. Steppeler/Astfalk, 1986, S. 59.

19) Vgl. a. a. O.

Aus den vorstehend beschriebenen Gründen hat es zwischen Preisaufsichtsbehörden einerseits und Teilen des Kreditgewerbes andererseits, aber auch innerhalb der Verbände der Kreditwirtschaft, Diskussionen um die Frage der Einbeziehung der Bürgschaftsprovision gegeben. Dabei setzten sich Vertreter der Sparkassen und öffentlichen Banken für eine Einbeziehung der Bürgschaftskosten ein und begründeten ihre Haltung mit dem Hinweis, daß "nur eine Einbeziehung den Vergleich mit Angeboten solcher Kreditinstitute gewährleistet, die ohne zusätzliche Bürgschaft über 60 % hinaus beleihen"[20]. Seitens des Verbandes deutscher Hypothekenbanken und des Bundesverbandes deutscher Banken wurde dieser Ansicht mit dem Hinweis begegnet, die Bürgschaft diene nur der Absicherung und unterscheide sich nicht von einer Kreditversicherung. Die Praxis der Ib-Hypotheken bei Wohnungsbauförderungsmaßnahmen spricht allerdings - worauf Steppeler/Astfalk zu Recht aufmerksam machen[21] - dafür, daß mit der Hereinnahme öffentlicher Bürgschaften die Gewährung zinsgünstiger Darlehen regelmäßig verbunden ist. Für diese Darlehen stellt die öffentliche Bürgschaft nicht nur eine Sicherheit, sondern die Grundlage ihrer Gewährung dar. Steppeler/Astfalk führen im weiteren aus, daß anders als bei einer obligatorischen Restschuldversicherung Kreditinstitute bei Preisangaben nicht zum Hinweis auf das Erfordernis einer Verbürgung verpflichtet sind. Dies folgt aus dem Wortlaut der PAngV 1985[22]. Die Preisaufsichtsbehörden haben hierzu eine andere Auffassung vertreten; es ist nicht ersichtlich, worauf sie sich stützt[23].

Indes kann nach allem die Forderung nur lauten: Bürgschaftsprovisionen sind in die Berechnung des Effektivzinses einzubeziehen.

---

20) Vgl. Mitteilung Nr. 121/85 des Verbandes öffentlicher Banken vom 24.05.1985 S. 5.

21) Vgl. 1986, S. 59.

22) Umkehrschluß aus § 4 Abs. 3 PAngV 1985 - vgl. Steppeler/Astfalk, 1986, S. 60.

23) Vgl. Mitteilung Nr. 121/85 des Verbandes öffentlicher Banken vom 24.05.1985 S. 5.

6.1.4 Restschuldversicherungsbeitrag

6.1.4.1 Sonderstellung der Restschuldversicherung

Zu den Gegenleistungen eines Kreditnehmers, welche häufig im Zusammenhang mit der Aufnahme eines Kredites zu erbringen sind, zählt der Beitrag für eine Restschuldversicherung. Er wird vielfach im Zeitpunkt der Kreditaufnahme als Einmalprämie erhoben. Seine Höhe differiert mit dem Eintrittsalter des Versicherten[24]. Die Restschuldversicherung ist eine spezielle Art von Risiko-Lebensversicherung[25], die verschiedentlich auch das Arbeitsunfähigkeits-Risiko abdeckt[26]. Sie dient dazu, die vertragsgemäße Erfüllung der eingegangenen Zahlungsverpflichtungen zu gewährleisten. Stirbt der Kreditnehmer, so begleicht die Versicherung die Restverbindlichkeit; seine Erben werden von der Schuldenlast frei. Wird er arbeitsunfähig, so leistet die Versicherung die Raten in Gestalt einer Arbeitsunfähigkeitsrente[27]. Zahlt der Kreditnehmer seinen Kredit vorzeitig zurück, so kann er eine etwaige Versicherungsleistung für sich beanspruchen. Bei vorzeitiger Auflösung des Vertrages hat er Anspruch auf Erstattung unverbrauchter Versicherungsbeiträge[28]. Während andere Instrumente der Kreditversicherung ausschließlich den Interessen des Kreditgebers dienen, trifft das - wie man

---

24) Vgl. wegen praktischer Ausgestaltung die Erhebungen der Verbraucherzentrale Hamburg im Rahmen eines Forschungsprojekts "Neue Formen der Verbraucherrechtsberatung", veröffentlicht von Reifner 1984, S. 85 f. und 102-111.

25) Die Rede ist nicht von der Kreditversicherung. Diese schließt der Kreditgeber in seinem alleinigen Interesse ab. Leistet die Kreditversicherung im Schadensfalle, gehen seine Ansprüche auf den Versicherer über, der sie gegenüber dem Kreditnehmer weiterverfolgen kann (vgl. Lau/Schulz 1980, S. 822).

26) Auch der Einschluß einer Krankentagegeldversicherung ist anzutreffen.

27) Verbraucherzentralen haben wiederholt bemängelt, daß Arbeitslosigkeit nicht zu den versicherten Risiken zählt (vgl. Kreditmerkblatt der Verbraucher-Zentrale Nordrhein-Westfalen (undatiert); "Wie teuer sind Kredite", Preisvergleich für Ratenkredite, S. 4, herausgegeben von der Verbraucherzentrale Berlin e. V., April 1987). Arbeitslosigkeit ist nach der empirischen Untersuchung von Holzscheck/Hörmann/Daviter 1984, S. 284, der häufigst genannte Grund für das Scheitern von Kreditverträgen.

28) Vgl. Grundsätze des Bundesaufsichtsamtes für das Versicherungswesen betreffend die Restschuldversicherung von 1975, veröffentlicht VerBAV 1975, S. 456-58.

sieht - auf die Restschuldversicherung nicht zu. Auch dem Kreditnehmer erwachsen aus dem Abschluß einer Restschuldversicherung wirtschaftliche Vorteile. Diese Vorteile sind den Nachteilen einer Belastung durch den Versicherungsbeitrag gegenüberzustellen.

Was die Einbeziehung der Restschuldversicherungsprämie in den Kranz der Preiskomponenten anbetrifft, so bedarf es hier nach Meinung des Verfassers einer differenzierten Betrachtung. Wird der Abschluß einer Restschuld-Lebensversicherung in das Belieben des Kreditnehmers gestellt, bietet der Kreditgeber mithin eine Serviceleistung an - die freilich auch ihm nützt, indem sie sein Risiko mindert -, so erscheint es sachgerecht, Versicherungsprämie und Versicherungsschutz bei der Berechnung des effektiven Jahreszinses unberücksichtigt zu lassen. Macht er indes die Kreditgewährung vom Abschluß einer Restschuld-Lebensversicherung abhängig, so kann eine Ausgrenzung, auch wenn man den vorstehend beschriebenen ambivalenten Charakter dieser Bedingung würdigt, nicht hingenommen werden. Das ist zu begründen.

Im Falle der obligatorischen Restschuldversicherung tritt das Kreditinstitut dem Kreditsuchenden mit zwei einander verbundenen Leistungen gegenüber; dies Leitungskonglomerat[29] kann vom Kreditsuchenden nicht aufgespalten werden. Vielmehr handelt es sich um eine wirtschaftliche Einheit[30]. Dabei ist es für den Kreditgeber belanglos, welchen Wert der Kreditnehmer der Zusatzleistung "Versicherungsschutz" beimißt. Man mag sich nun vorstellen, daß auch der Kreditnehmer einen Versicherungsschutz anstrebt[31]. Doch kann es hierauf nicht ankommen. Entscheidend ist, ob er den Kredit auch ohne die Versicherung nachfragen

---

29) Krümmel verwendet diesen Ausdruck für Zusammenfassungen von Einzelleistungen, "die die jeweils stärkere Marktseite als absatzfähig bezeichnet, indem sie sie so und nicht anders anbietet" (1964, S. 38).

30) Annuitäten-Zuschußdarlehen und (Disagio-) Zusatzdarlehen, auf die diese Voraussetzung zutrifft, d. h. die mit dem Kredit eine Einheit bilden, zählen nach den Ausführungshinweisen zu § 4 PangV zu den einzubeziehenden "preisbestimmenden Faktoren" (vgl. dort Ziff. 2.1).

31) Rittner sieht die Vorteile sogar überwiegend auf seiten des Kreditnehmers (vgl. 1981, S. 1382).

könnte. Das aber kann er nicht. Der Kreditgeber läßt dem Kreditnehmer nur die Alternative, das Angebot als Ganzes zu akzeptieren oder darauf zu verzichten. Diese Erkenntnis scheint dem Verfasser hinreichend, die wirtschaftliche Eigenständigkeit des Versicherungsangebotes anzuzweifeln. Vielmehr hält er es für gerechtfertigt, den dafür zu erbringenden Beitrag in die Ermittlung des Effektivzinses einzubeziehen[32].

6.1.4.2 Diskussion kontroverser Standpunkte

In der Diskussion um die Angemessenheit von Leistung und Gegenleistung, die anläßlich der Rechtsprechung zu § 138 BGB (Sittenwidrigkeit mit Nichtigkeitsfolge) geführt wurde, war die Frage einer Einbeziehung der Restschuldversicherungsprämie lange Zeit umstritten[33]. Ein kürzlich hierzu ergangenes höchstrichterliches Urteil[34] hat der Auffassung, sie sei nicht zu berücksichtigen, für dieses Rechtsgebiet einstweilen zum Durchbruch verholfen. Der BGH hat seine Entscheidung damit begründet, daß Kredite mit Versicherungsschutz nicht mit solchen ohne Restschuldversicherung verglichen werden könnten. Zu Vergleichszwecken zieht der BGH für Äquivalenzprüfungen den sogenannten Schwerpunktzins der Bundesbankstatistik heran (Durchschnittlicher Monatszins für Ratenkredite) und legt ihn als Marktzins zugrunde. Um eine Vergleichbarkeit herzustellen, müsse - so der BGH - entweder die Prämie dem Marktzins hinzugerechnet oder vom Vertragszins, dem zu beurteilenden konkreten Zins, abgezogen werden. Ein Zuschlag zum Marktzins verringere den relativen Unterschied zwischen Marktzins und dem höheren - der Sittenwidrigkeit verdächtigen - Vertragszins. Da ein Kreditvertrag, der für sich allein betrachtet ein auffälliges Mißverhältnis zwischen Leistung und Gegenleistung offenbare, nicht deswegen milder beurteilt

---

32) So auch die kreditpolitischen Forderungen des beratenden Verbraucherausschusses bei den Europäischen Gemeinschaften vom 18.09.1985, Ziff. 2.8 Seite 4; im gleichen Sinne übrigens Reich, 1980, S. 333 und Otto, 1982, S. 2748!

33) Vgl. Lammel, 1980, BB Beilage 8/1980 zu Heft 24 S. 11; Rittner, 1980, DB Beilage Nr. 16/1980 passim; Scholz, 1976, S. 281 u. 1981, S. 540 f; Reifner, 1984a, S. 2180; Emmerich, 1986, S. 13-18.

34) BGHE vom 24.03.1988 (NJW 1988, S. 1661 - 1663).

werden könne, weil zugleich eine Restschuldversicherung abgeschlossen worden sei, habe sich der erkennende Senat dafür entschieden, die Restschuldversicherungsprämie beim Markt- wie beim Vertragszins außer Betracht zu lassen.

Ohne diese Argumentation juristisch würdigen zu wollen, kann man feststellen, daß sie darauf gerichtet ist, eine für die Untersuchung sub specie des § 138 BGB geeignete Prüfungsgrundlage zu schaffen. Es handelt sich also um die Aufhellung eines Tatbestandes, der einem anderen Rechtsgebiet zugehörig ist. Für die Behandlung der Restschuldversicherungsprämie im Preisangabenrecht muß diese Entscheidung darum noch nicht richtungweisend sein[35].

Auch bei wirtschaftlicher Betrachtung ist ein anderes Ergebnis nicht ausgeschlossen. Die gegen eine Einbeziehung erhobenen Einwände lassen sich im wesentlichen auf zwei Thesen zurückführen:

(1) Der Versicherungsschutz ist ein eigenes Wirtschaftsgut, eine eigene geldwerte Leistung[36].
(2) Die Vermengung zweier Leistungsbeziehungen erschwert Vergleiche oder macht sie gar unmöglich[37].

Dem Einwand zu (1) könnte man Rechnung tragen, indem man nicht nur den Versicherungsbeitrag in die Zahlungsreihe aufnähme, sondern auf der Gegenseite den Erwartungswert des Barwertes der Versicherungsleistung[38]. Nach versicherungsmathematischen Denkgesetzen wäre damit ein aufgrund von Wahrscheinlichkeitsrechnungen ermittelter adäquater Gegenwert in den Kalkül aufgenommen. Ob und wie weit dieser Wert auf der einen und der Versicherungsbeitrag auf der anderen Seite sich ge-

---

35) Wegen rechtlicher Auseinandersetzungen mit dem BGH-Urteil vgl. Reifner, 1988, S. 1948-51.

36) Vgl. statt anderer Schulz, 1978, S. 16.

37) Vgl. statt anderer Rittner, DB Beilage Nr. 16/80, S. 14.

38) Gleicher Ansicht Lau, 1981, S. 87.

genseitig neutralisieren würden, bliebe abzuwarten. Es hinge weitgehend von der Tarifgestaltung des Versicherungsträgers und den geltend gemachten Nebenkosten ab. Dabei wird indes nicht berücksichtigt, daß der Kreditgeber aufgrund seiner Verhandlungsmacht diese Gegenleistung als das Ergebnis einer einseitigen Vertragsgestaltung dem Kreditnehmer ohne Rücksicht auf dessen Belange aufnötigt. Auch bleibt dem Kreditnehmer bei der meist engen Verbindung zwischen Kreditgeber und Versicherer gewöhnlich keine Wahl zwischen mehreren Gesellschaften. Die subjektive Wertschätzung der Versicherungsleistung durch den Kreditnehmer ist für den Kreditgeber und das zustandekommende Kreditgeschäft irrelevant. Würdigt man diese Umstände gebührend, so erscheint eine Vernachlässigung des Gegenwerts in Gestalt der kapitalisierten Versicherungsleistung vertretbar.

Der Einwand zu (2) ist schwerer auszuräumen. Ein Vorschlag des beratenden Verbraucherausschusses bei den Europäischen Gemeinschaften könnte einen Ausweg weisen. Danach sollte in dem Angebotsfächer jedes Kreditinstituts mindestens ein Kredit enthalten sein, der "ohne weitere Auflagen"[39] gestellt wird. Da eine Norm, die Wirtschaftssubjekten ein derartiges Verhalten zur Pflicht machen würde, einen Eingriff in die Vertragsfreiheit darstellt, geht dieser Vorschlag weit über das von der PAngV 1985 verfolgte Ziel hinaus. Er ist außerdem mit der geltenden Wirtschaftsordnung nicht zu vereinbaren.

Doch auch ohne eine säuberliche Trennung von bloßen Krediten und solchen mit entgeltlichen Zusatzleistungen würde der Kreditsuchende in die Lage versetzt, reale Angebote anstelle fiktiver zu vergleichen, also solcher, in denen von zwingenden Kreditvoraussetzungen künstlich abstrahiert worden ist[40]. Zu einer solchen Vorgehensweise fände sich im übrigen in den Ausführungshinweisen unter Ziff. 2.1 eine Parallele. Die Tätigkeit eines Vermittlers stellt - gewiß in bescheidenerem Umfang - für den Kreditnehmer ebenfalls eine zusätzliche Leistung dar,

---

39) Vgl. Stellungnahme vom 18.09.1985, Ziff. 2.8, Seite 4.

40) Ähnliche Gedanken finden sich bei Steppeler/Astfalk, ohne daß dort die gleichen Schlußfolgerungen gezogen wurden (vgl. 1986, S. 65-67).

selbst wenn sie sich auf Hilfestellungen bei der Beantragung des Kredites beschränkt[41]. Dennoch wird sie aufgrund der Ausführungshinweise[42] zu den "preisbestimmenden Faktoren" gerechnet.

Die Argumentation findet auch in einer beiderseitigen Güterabwägung ihre Stütze. Häufig liegen Vorteile einer Restschuldversicherung überwiegend beim Kreditgeber. Gerade in jenen Fällen, in denen dieser auf Abschluß einer Restschuldversicherung besteht, stellt sie für ihn - eventuell neben der Gehaltsabtretung - die eigentliche Sicherheit dar. Denn außer der Arbeitskraft ist nennenswertes Vermögen, das sich zur Absicherung eignete, bei vielen Kreditnehmern nicht vorhanden[43]. Vermittelt die Bank den Versicherungsabschluß, so bezieht sie im übrigen dafür eine Provision. Für den Kreditnehmer sieht die Bilanz ungünstiger aus. Im allgemeinen hat er, wie erwähnt, nicht die Möglichkeit, das für ihn günstigste Angebot auszuwählen. Infolgedessen zahlt er unter Umständen einen höheren Beitrag, als ihm am freien Markt abverlangt werden würde[44]. Da eine Einmalprämie in der Regel mitfinanziert werden muß, erhöhen sich durch den Abschluß der Restschuldversicherung seine Kreditlasten. Sind seine Vermögensverhältnisse schwach, wäre im Todesfall für seine Angehörigen die Ausschlagung der Erbschaft eine ernsthaft zu prüfende Alternative[45].

---

41) Nach der Rechtsmeinung des BGH liegt die "Einschaltung eines Kreditvermittlers im weitaus überwiegenden Interesse der Bank". Das heißt aber doch incidenter, daß auch der Kreditnehmer - wenngleich zu einem geringeren Teil - daran interessiert ist (vgl. BGHE vom 12.03.1981 NJW 1981, Seite 1209).

42) Vgl. 2.1 g).

43) Vgl. hierzu Peetz, 1980, S. 606, der zu Recht darauf hinweist, daß der Darlehnsgeber im Falle des Todes seines Darlehnsnehmers nicht befürchten müsse, die Erben seien vermögenslos oder könnten, wenn sie nicht persönlich zur Darlehnsrückzahlung verpflichtet wären, die Einrede der Dürftigkeit des Nachlasses erheben.

44) Vgl. die Erhebungen der Verbraucherzentrale Hamburg im Rahmen eines Forschungsprojekts "Neue Formen der Verbraucherrechtsberatung", veröffentlicht von Reifner, 1984, S. 105-108.

45) Vgl. KGE vom 26.10.1978 in WM 1979, S. 590; zu prüfen war hier allerdings die Sittenwidrigkeit des Kreditvertrages gemäß § 138 Abs. 1 BGB.

Nach allem erscheint die Zahlungsreihe ohne Berücksichtigung der obligatorischen Restschuldversicherungsprämie unvollständig. Diese ist daher in die Effektivzinsrechnung einzubeziehen, wenn das Ziel der PAngV, die Verbesserung der Preisinformation des Verbrauchers, nicht verfehlt werden soll. Ergänzend könnte erwogen werden, dem Kreditgeber, der auf dem Abschluß einer Restschuldversicherung bestände, aufzuerlegen, als fiktive Größe zusätzlich den effektiven Jahreszins anzugeben, der sich bei Fortfall der Versicherung errechnen würde.

6.1.5 Bereitstellungsprovision und Teilauszahlungszuschlag

Zu den Preiskomponenten, die durch die Sicherung des Kredites ausgelöst werden, treten solche hinzu, die mit seiner Bereitstellung auf einem Kreditkonto und der Führung des Kontos zusammenhängen.

Zu ihnen gehören Bereitstellungsprovision und Teilauszahlungszuschlag, die regelmäßig in einer Wechselbeziehung zueinander stehen. Diese Aussage wird durch ein Beispiel verständlich: Hält die Bank ein beantragtes Wohnungsbaudarlehen zwecks Auszahlung bereit, so ist dessen Inanspruchnahme von der Beschaffung oder Erstellung ausbedungener Grundstückssicherheiten abhängig. Das heißt, falls das Grundpfandrecht - wie überwiegend - am Baugrundstück eingetragen wird, kann erst dann über das Darlehen oder Teile davon verfügt werden, wenn ein bestimmter Bautenstand erreicht und die Grundschuld dadurch werthaltig geworden ist. Die Herstellung des Bauwerks ist aber ein Vorgang, der sich - außer bei Fertighäusern - über etliche Monate erstreckt. Würde der Darlehnsnehmer bis zu diesem Zeitpunkt mit der Abnahme der Darlehnsvaluta warten - vorausgesetzt er wäre dazu finanziell imstande -, so müßte er nach Ablauf einer mehr oder minder kurzen Respektfrist Bereitstellungsprovision an das Kreditinstitut zahlen. Wünscht er indes die Valutierung zum frühestmöglichen Zeitpunkt, so muß er mit der Auszahlung von Teilbeträgen vorlieb nehmen, deren Höhe sich am jeweiligen Bautenstand orientiert. Den mit einer solchen Praxis verbundenen höheren Arbeitsaufwand (mehrfache Bautenstandsprüfung, wiederholte Buchungen) läßt sich die Bank in Gestalt von Teilauszahlungszuschlägen vergüten. Der Zahlung einer Bereitstellungsprovision entgeht der Kreditnehmer dabei nur hinsichtlich der ausgezahlten Darlehnsteile; die übrigen sind ihr weiterhin unterworfen.

Das Beispiel macht zugleich deutlich, in wie starkem Maße die saldierten Auswirkungen der ineinander verschränkten Preiskomponenten von der Entwicklung des Einzelfalles abhängen. Mag solche Einzelfallabhängigkeit eine allgemein gültige Feststellung zur Preisrelevanz auch erschweren, so scheidet dennoch angesichts eines oft erheblichen Wirkungsgrades dieser Teilpreise deren Vernachlässigung aus. Die empirische Erhebung über Bereitstellungsprovision ergab bei der Satzhöhe Streubreiten zwischen 0 und 3 % p. a., für die Zeitspanne bis zum Einsetzen der Zahlungspflicht solche von acht Tagen bis hin zu drei Monaten. Auch was den Zahlungsrhythmus der Bereitstellungsprovision angeht, zeigten sich signifikante Unterschiede. Sie reichen von monatlicher Fälligstellung über (bloße) Kapitalisierung im Quartalsabstand bis zur Einmalzahlung nach Vollvalutierung. Hinsichtlich der Teilauszahlungszuschläge gibt es gleichfalls ganz verschiedenartige Praktiken. Neben einem laufenden Zuschlag zum Nominalzins von 1 % (!) für die Dauer der Auszahlungsphase steht die Kürzung des Auszahlungsbetrages um 1/8 % (maximal 250 DM). Manche Kreditgeber rechnen solche Zuschläge zwar nur, wenn die Zahl der Raten eine Toleranzgrenze übersteigt, andere verzichten völlig auf einen Zuschlag[46].

Die hiernach erforderliche Einbeziehung der Bereitstellungsprovision müßte wegen der individuellen Unterschiede im Valutierungsablauf unter der Annahme der voraussichtlichen Gestaltung des konkreten Einzelfalles und Nennung der rechnerischen Prämissen vorgenommen werden.

6.1.6 Kontoführungsgebühr

Ein nicht leicht zurechenbares Preiselement ist die Kontoführungsgebühr. Die Führung eines Kontos stellt eine Dienstleistung für sich dar. Soweit ein Konto für den allgemeinen Zahlungsverkehr zwischen Kunde und Bank dient, ist ein Zusammenhang zwischen der Kontoführung

---

46) Siehe hierzu 2.2.1.1, 2.2.3, 2.4.2.

und der Kreditgewährung allenfalls beiläufig. Man kann sich daher der Rechtsauffassung der Ausführungshinweise anschließen, wonach "allgemeine Kontoführungsgebühren, die unabhängig von der Kreditsumme in bisher allgemein üblichem Umfang erhoben werden"[47], nicht zu den "preisbestimmenden Faktoren" gezählt werden. Wenn indes Realkreditinstitute, die außerhalb der Darlehnsgewährung keine laufenden Geschäftsbeziehungen zum Darlehnsnehmer unterhalten, die Führung der zur Darlehnsabwicklung erforderlichen Konten mit einer Gebühr belegen, so liegt der Schluß nahe, daß diese Forderungen mit der Darlehnsgewährung in einem Zusammenhang stehen. Hier stellt sich die Frage, ob die Grenze zu den nach der PAngV einrechnungspflichtigen Verwaltungsbeiträgen nicht bereits überschritten ist. Dient ein Konto keinem anderen Zweck als der Aufnahme von Buchungen im Zusammenhang mit dem in Rede stehenden Kredit, so sind nach Meinung des Verfassers etwaige Kontoführungsgebühren gleichfalls für die Effektivzinsrechnung relevant[48].

6.1.7 Schlußfolgerungen für die Vergleichszahl

Was bedeutet das im vorstehenden Gesagte für die gesuchte Kennziffer, die alle mit der Kreditaufnahme zwangsläufig verbundenen, sich aus ihr ergebenden Zahlungen zu der Leistung des Kreditgebers ins Verhältnis setzen soll? Sie kann nur zutreffend bestimmt werden, wenn auch die mittelbar ausgelösten und die einzelfallabhängigen Preiskomponenten einbezogen werden. Preisbeeinflussende Elemente, die durch Störungen des regelmäßigen Kreditverlaufs verursacht sind, sollten hingegen unberücksichtigt bleiben, da sie dem Kreditgeber eine zusätzliche, nicht voraussehbare Leistung bzw. Duldung abverlangen und es allgemein im Einflußbereich des Kreditnehmers liegt, sie zu vermeiden. Die Schlußfolgerung muß daher heißen:

> Preiskomponenten, die unmittelbar oder mittelbar im Zusammenhang mit der Kreditaufnahme und dem Regelverlauf eines Kredites stehen,

---

47) Ausführungshinweise Ziff. 2.2 g).

48) Gleicher Ansicht test Sonderheft Baufinanzierung, September 1988, S. 60.

sind Elemente der Zahlungsreihe und als solche zu behandeln[49]. Soweit solche Preisbestandteile, da vom Einzelfall abhängig, zu irgendeinem Zeitpunkt nach der ersten Nennung des effektiven Jahreszinses dem Kreditgeber bekannt werden, sollten sie in eine ergänzte Rechnung einbezogen und, falls ihre genaue Höhe noch nicht feststeht, geschätzt werden.

Man mag dem petitum nach Einbeziehung der genannten Komponenten in den Endpreis "(anfänglicher) effektiver Jahreszins" aus formalen Gründen zurückhaltend gegenüberstehen. Unabweisbar ist jedoch, daß die Ausgrenzung von Teilpreisen aus der Gesamtrechnung Manipulationen auf der Anbieterseite provoziert, soweit hierfür Spielräume bestehen. Die möglichen Manipulationen lassen sich in drei Gruppen einteilen:

a) Anheben nicht einzubeziehender "Faktoren" bei gleichzeitigem Absenken (oder "Einfrieren") einzubeziehender;

b) Austausch einzubeziehender gegen nicht einzubeziehende "Faktoren";

c) Entwicklung neuer nicht einzubeziehender "Faktoren".

Manipulationsspielraum besteht etwa beim exzessiven Gebrauch von Teilauszahlungszuschlägen und Bereitstellungsprovisionen (Vorverlegung des Beginns der Zahlungspflicht, Erhöhung der Sätze) (a). Er eröffnet sich ferner im Wechsel von der - einzubeziehenden - Bearbeitungsgebühr zur - nicht einzubeziehenden - Schätz(ungs)gebühr (b). Das setzt zwar die tatsächliche Vornahme einer Schätzung voraus; doch ist die Art ihrer Durchführung nicht im einzelnen geregelt. Steppeler/Astfalk machen darauf aufmerksam, daß Kreditinstitute Wertschätzungen in der überwiegenden Zahl von Mitarbeitern nach Aktenlage vornehmen lassen, was als

---

49) Im gleichen Sinne hat sich der beratende Verbraucherausschuß der Europäischen Gemeinschaften in seiner Stellungnahme zur Berechnung des effektiven Jahreszinses vom 18.09.1985 geäußert.

ausreichend erachtet wird[50]. Eine weitere Möglichkeit ist die generelle Erhebung einer Kontoführungsgebühr (c). Sie bewegt sich freilich innerhalb enger Grenzen, weil der Verordnungsgeber nach seinen eigenen Erklärungen nicht bereit ist, eine Erhöhung der Kontoführungsgebühr zum Zwecke der Senkung des (anfänglichen) effektiven Jahreszinses hinzunehmen[51]. Auf die Manipulationsoffenheit bei der Festsetzung von Damnum und Bearbeitungsgebühr - beide sind in die Effektivzinsberechnung einzubeziehen! - wird in Abschnitt 7.5 eingegangen. Auch rechtspolitische Gründe sprechen mithin für eine Einbeziehung der genannten Komponenten in die Preisermittlung.

6.2 Ungenaue Wiedergabe des tatsächlichen Zahlungsstromes durch die Zahlungsreihe

6.2.1 Verkürzter Abrechnungszeitraum

Nicht das Weglassen von Daten, sondern Abweichungen des tatsächlichen Zahlungsstromes von der modellhaft abstrahierenden Zahlungsreihe, die der Effektivzinsrechnung zugrunde liegt, sind Ursache von Problemen, denen die folgenden Überlegungen gewidmet sind.

Wie in 4.2.2.1 im einzelnen ausgeführt, wird die Effektivzinsberechnung auf der Grundlage einer Zinskapitalisierung 360 Tage nach Kreditgewährung vorgenommen. Bei Krediten von Banken und Sparkassen werden aber regelmäßig die Zinsen zu festen Kalenderdaten dem Kreditkapital zugerechnet bzw. zum Soll gestellt[52]. Da die meisten Kredite nicht exakt zu Beginn einer Abrechnungsperiode, sondern irgendwann in deren Verlauf ausgezahlt werden, ist ihr Abstand zum Tage der Zinskapitali-

---

50) Vgl. 1986, S. 58.

51) Vgl. Mitteilung Nr. 222/86 des Verbandes öffentlicher Banken vom 05.12.1986, S. 3.

52) Anders werden die typischen Ratenkredite behandelt, bei denen die Zinsrechnung unabhängig vom Kalender durch Zuschlag des vorher ermittelten Zinsbetrages zur Kreditsumme vorgenommen wird.

sierung kürzer als die Dauer einer Periode. Infolgedessen erhöht sich der effektive Jahreszins, und zwar um so mehr, je länger die Zinsperiode ist. Ein in den Anhang aufgenommenes Rechenbeispiel mag das verdeutlichen[53]. Im Beispielsfall wurde das Darlehen am 01.08.1980 aufgenommen. Da das ausleihende Kreditinstitut seine Kreditkonten jährlich zum 30.12 abrechnet, beträgt der Abstand von der Kreditaufnahme bis zur Zinskapitalisierung nicht 360 Tage, wie es die der Effektivzinsermittlung zugrunde liegende Modellrechnung annimmt, sondern nur 150 Tage. Da Zinsen nach ihrer Kapitalisierung mitverzinst werden - was man am Kontoverlauf des Rechenbeispiels erkennt, - erhöht sich der effektive Jahreszins des konkreten Darlehens gegenüber dem bei der Berechnung unterstellten Kredit von 10 % auf 10,3383 oder aufgerundet 10,34 % p. a. Das bedeutet, die Zahlungsreihe, die der Effektivzinsberechnung beim Angebot an den Kreditsuchenden zugrunde liegt, stellt den effektiven Jahreszins niedriger dar, als er in dem beschriebenen Falle einer vom Beginn der Zahlungsperiode abweichenden Auszahlung tatsächlich sein wird. Nachstehende Tabelle 25 zeigt das höchstmögliche Ausmaß der Abweichungen.

Tabelle 25: Abweichungen des Effektivzinses nach oben um bis zu ...%-Punkten bei einem Niveau von 10 % p. a. je nach Laufzeit und fester Zinsfälligkeit

Zinsfälligkeit	Kreditlaufzeit in Jahren			
	1	2	3	4
31.12.	0,34	0,15	0,07	0,03
30.06., 31.12.	0,07	0,04	0,02	0,008
31.03., 30,06., 30.09., 31.12.	0,015	0,009	0,004	0,002

Quelle: Schreiben des Zentralen Kreditausschusses an zuständige Ministerien vom 04.07.1980

53) Siehe Anhang 5.

Wie Tabelle 25 erkennen läßt, beträgt die Abweichung bei jährlichem Zahlungsrhythmus in der Spitze 0,34 %-Punkte. Diese Spitze wird im Falle jährlicher Abrechnung - wie eine Gegenüberstellung der Auswirkungen unterschiedlicher Startmonate zeigt (Anhang 6) - bei Darlehnsaufnahme im achten der zwölf Monate umfassenden Zinsberechnungsperiode erreicht.

Da Jahresperioden in der Kreditpraxis aber nicht vorkommen und Halbjahresperioden eine verhältnismäßig kleine Minderheit bilden[54], geht es in den meisten Fällen um zeitliche Divergenzen bis zu 90 Zinstagen. Bei Krediten mit solchem Zahlungsrhythmus wirkt sich die Abweichung, wie die Übersicht zeigt, schon für Kreditlaufzeiten ab 2 Jahren - kürzere sind selten - nur noch in der dritten Nachkommastelle aus[55]. Eine so geringfügige Ungenauigkeit bei der Berechnung des Effektivzinses kann man hinnehmen. Mehr noch: Das praktizierte Verfahren erscheint sinnvoll, weil es den Effektivzins in seiner Funktion als Entscheidungskriterium freihält von bloßen Zufälligkeiten. Würde nämlich statt der Fiktion des vollständigen Abrechnungszeitraumes die jeweilige aktuelle Restdauer der ersten Abrechnungsperiode einer Berechnung zugrunde gelegt, so ergäben sich Abweichungen z. B. allein daraus, daß die erste Anfrage kurz vor einem Abrechnungszeitpunkt, die zweite kurz danach einginge. Diese Abweichungen wären nicht nur schwer zu erklären, es bestände darüber hinaus die Gefahr falscher Schlußfolgerungen auf seiten der Kreditsuchenden. Daher ist es zweckgerecht, bei der Berechnung der für die Ermittlung des effektiven Jahreszinses unterstellten Kreditlaufzeit davon auszugehen, daß die Verzinsung jeweils zu Beginn der Abrechnungsperiode einsetzt. Demzufolge ist die Zinskapitalisierung bei vollen Jahren jeweils 360 Tage nach diesem Zeitpunkt vorzunehmen.

---

54) Vgl. Ergebnisse der Erhebung 2.5.2.

55) Vgl. hierzu Steppeler/Astfalk, 1986, S. 78.

Die Unterrichtung des Verbrauchers ließe sich noch verbessern, wenn zusätzlich die Spanne angegeben würde, bis zu der ein effektiver Jahreszins infolge Aufnahme des Kredites zwischen zwei Abrechnungsterminen anstiege. Die Verwertung dieser ergänzenden Information würde freilich beim Kreditsuchenden ein tieferes Verständnis der Zusammenhänge erfordern, als es zur Zeit noch vorausgesetzt werden kann.

6.2.2 Verkürzter Abstand zwischen Auszahlung und erster Ratenzahlung

Wird entsprechend der unter 6.2.1 beschriebenen Methode verfahren, so können sich daraus, daß die Auszahlung während der Abrechnungsperiode erfolgt, die erste Rückzahlungsrate aber schon am Schluß dieser Periode zu leisten ist, Auswirkungen auf den Effektivzins ergeben. Werden die Zinsen, wie bei Darlehen mit p. a.-Zinssatz üblich, taggenau gerechnet und findet für die erste Teilperiode der gleiche Zinssatz Anwendung wie für die Folgeperioden, so hat die Inanspruchnahme der Darlehnsvaluta innerhalb der Abrechnungsperiode gegenüber einer solchen zu deren Beginn keine Effektivzinssatzerhöhung zur Folge. Anders liegen die Verhältnisse bei Darlehen mit p. M.-Zinsberechnung. Die für die Gesamtlaufzeit des Kredites im voraus berechneten Zinsen beruhen auf der Annahme, daß der Kredit zu Beginn einer 30-Tage-Periode beansprucht wird. Wird der Kredit aber erst nach dem Termin in Anspruch genommen, ist die Verfügungszeit über die Finanzmittel bei gleichen Zahlungen mithin geringer, so führt dies zu einer Erhöhung des effektiven Jahreszinses[56)57)]. Um welche Größenordnung es sich dabei handelt, zeigt die im folgenden wiedergegebene Tabelle 26.

---

56) Siehe Anhang 7.

57) Vgl. hierzu Werner, 1981, S. 48.

Tabelle 26: Beispielhafte Zusammenstellung von Erhöhungen des Effektivzinses infolge verkürzter Laufzeit der ersten Rate

Zinssatz in % p. M. sowie Bearbeitungsgebühr in %	Laufzeit in Monaten	Effektivzinssatzerhöhung um .. % - Punkte, wenn zwischen Kreditauszahlung und erster Ratenzahlung nur ... Tage liegen		
		20	15	10
0,32	8	1,05	1,64	2,29
	18	0,40	0,61	0,83
und	30	0,22	0,33	0,45
	47	0,13	0,20	0,27
2	66	0,09	0,14	0,18
	120	0,05	0,07	0,10
0,50	8	1,41	2,21	3,09
	18	0,59	0,91	1,24
und	30	0,34	0,51	0,69
	47	0,20	0,31	0,42
2	66	0,14	0,22	0,29
	120	0,08	0,12	0,16
0,68	8	1,80	2,82	3,93
	18	0,81	1,23	1,68
und	30	0,46	0,70	0,95
	47	0,28	0,43	0,58
2	66	0,20	0,30	0,41
	120	0,11	0,17	0,22

Quelle: Schreiben des Zentralen Kreditausschusses an zuständige Ministerien vom 04.07.1980

Auch hier könnten die dargestellten Auswirkungen bei taggenauer Zinsberechnung vermieden werden. Doch hätte das bei der großen Zahl an Geschäftsvorfällen einen erheblichen zusätzlichen Arbeitsaufwand zur Folge. In Anbetracht dieser Tatsache hat der Verordnungsgeber den Kreditinstituten gestattet, vom Zeitpunkt der wirklichen Inanspruchnahme abzugehen und statt dessen ihre Zinsberechnung auf den Beginn der Abrechnungsperiode "vorzuziehen", wenn sie dem Kreditnehmer die für die Differenztage erhobenen Zinsen gerechnet auf Basis des Effektivzinses wieder vergüten. Liegen zwischen Auszahlung und Fälligkeit der ersten Rate indessen nicht weniger, sondern mehr als 30 Tage, so dürfen dem

Kreditnehmer insoweit Zinsen auf der Grundlage des effektiven Jahreszinses in Rechnung gestellt werden[58].

Steppeler/Astfalk vertreten hierzu die Ansicht, daß Zinsvergütungen nur eine "geringere Bedeutung" gewinnen dürften, da Kreditnehmern daran gelegen sein müßte, wenn irgend möglich, nicht schon im Monat der Kreditaufnahme mit der Tilgung zu beginnen. Auch Kreditinstitute dürften eher an "zusätzlichen Anlaufzinsen" interessiert sein als daran, Zinsen zu vergüten[59]. Die Ergebnisse der empirischen Erhebung scheinen diese Auffassung zu bestätigen[60].

Sieht man sich den Fall der Berechnung von Anlaufzinsen für über 30 Tage hinausgreifende Inanspruchnahmen näher an, so wird klar, daß die Zahlung eines zusätzlichen Betrages die Zahlungsreihe verändern muß. Das aber hat zwangsläufig Auswirkungen auf den Effektivzins. Wenn man bei der Nachforderung den Effektivzins ohne Einschluß einer etwaigen Bearbeitungsgebühr (sogenannter Nettoeffektivzins) anwendet, - die Bearbeitungsgebühr ist bereits in voller Höhe in die übrigen Raten eingerechnet[61] - schlagen sich die Abweichungen einer solchen Ergänzungsrechnung von einer primären Effektivzinsberechnung für die tatsächliche Dauer der Inanspruchnahme nur in der zweiten Nachkommastelle nieder (vgl. nachstehendes Beispiel). Das rechnerische Ergebnis läßt den Verzicht auf eine Korrektur der Zahlungsreihe vertretbar erscheinen.

---

58) Vgl. Ausführungshinweise 2.3.3 a.

59) Vgl. Steppeler/Astfalk, 1986, S. 108.

60) Siehe 2.4.3.

61) Vgl. Steppeler/Astfalk, 1986, S. 106; wegen eines Alternativvorschlages vgl. Werner, 1981, S. 47 f.

Beispiel:

Ratenkredit	DM 12.000,00	-	Laufzeit 24 Monate
Nominalzins	0,6 % p. M.	-	Bearbeitungsgebühr 2 %
Auszahlung	15.01.	-	1. Rate 28.02.

zusätzliche Anlaufzinsen für die Zeit
vom 15.01. - 30.01. fällig am 30.01.

Effektivzins gemäß zulässiger Ergänzungsrechnung	16,33 % p. a.
tatsächlicher Effektivzins	16,34 % p. a.

Quelle: Steppeler/Astfalk, 1986, S. 106

6.2.3 Ratenrundung

Ein anderes Problem im Bereich der Ratenkredite mit p. M.-Zinsrechnung ist die allgemein übliche Ab- bzw. Aufrundung von Monatsraten auf volle DM-Beträge. Die erste oder die letzte Rate lautet dann zwangsläufig auf einen geringeren bzw. höheren Betrag.

Der Zahlungsreihe für die modellhafte Berechnung des effektiven Jahreszinses liegen aus Gründen der Vereinfachung regelmäßig Durchschnittsraten zugrunde. Die Ausführungshinweise lassen solche Durchschnittsrechnung zu, regeln jedoch das dabei anzuwendende Verfahren wie folgt:

> Rundungen nach oben werden stets bei der ersten (niedrigeren) Rate berücksichtigt, Rundungen nach unten stets bei der letzten (höheren) Rate.

Ein einheitliches Vorgehen innerhalb der Kreditwirtschaft wird vorausgesetzt[62].

Auf diese Weise kommt es zu einer geringfügig höheren durchschnittlichen Kreditinanspruchnahme, als es der modellhaften Zahlungsreihe entsprochen hätte, mit dem Ergebnis, daß der tatsächliche Effektivzins

----

62) Vgl. 2.3.2 der Ausführungshinweise; im übrigen Steppeler/Astfalk, 1986, S. 79 f.

geringfügig niedriger ist als jener, der sich aus der modellhaften Zahlungsreihe ergibt, die der Effektivzinsberechnug zugrunde liegt.

Nachstehende Tabelle zeigt das Ausmaß der Abweichungen, dargestellt an einem Teilzahlungskredit mit einem Zinssatz von 0,5 % p. M. und einer Bearbeitungsgebühr von 2 %.

Tabelle 27: Abweichungen vom angegebenen Effektivzins durch Ratenrundung

Kreditlaufzeit	Ratenhöhe 50 DM	100 DM	200 DM	400 DM
	Rundungsdifferenz maximal 0,99 DM			
1 Jahr	0,31	0,15	0,08	0,04
2 Jahre	0,29	0,15	0,07	0,04
4 Jahre	0,29	0,15	0,07	0,04
10 Jahre	0,23	0,11	0,08	0,04
	Rundungsdifferenz maximal 0,50 DM			
1 Jahr	0,15	0,08	0,04	0,02
2 Jahre	0,15	0,07	0,04	0,02
4 Jahre	0,15	0,07	0,04	0,02
10 Jahre	0,11	0,08	0,04	0,02

Quelle: Schreiben des Zentralen Kreditausschusses an zuständige Ministerien vom 04.07.1980

Wenn man bedenkt, daß im Teilzahlungskredit Laufzeiten von unter zwei Jahren wie auch Raten von weniger als 200 DM kaum vorkommen, so scheint es vertretbar, die durch die geregelte Ratenrundung verursachten Abweichungen zu vernachlässigen.

6.2.4 Vernachlässigung der Beleihungshöhe von Kreditsicherheiten durch mangelnde Berücksichtigung von Risikofaktoren

Ia-Darlehen, d. h. Kredite, die durch Grundpfandrechte innerhalb von 60 % des Grundstücksbeleihungswertes abgesichert sind, und solche Kredite, auf die diese Voraussetzungen nicht zutreffen, - kurz Realkredit und Nicht-Realkredit - sind unterschiedliche Produkte. Eine andere Qualität von Kreditrisiko verlangt eine andere Abgeltung im Preis. Kreditinstute nennen deshalb häufig Konditionen für beide Darlehensarten getrennt[63]. Daraus könnte der Schluß gezogen werden, Vergleiche zwischen beiden Darlehensarten seien unzulässig. Aus der Sicht des Kreditsuchenden stellt sich die Situation indes nicht so eindeutig dar. Weder weiß er, wieweit das von ihm angebotene Unterpfand eine Absicherung innerhalb der für Realkredite gezogenen Beleihungsgrenze zuläßt, noch kann er davon ausgehen, daß alle für eine Darlehensgewährung in Betracht gezogenen Kreditinstitute hinsichtlich der Beleihungshöhe zu gleichen Ergebnissen kommen.

In der Werbung und bei Allgemeinangeboten für Wohnungsbaudarlehen gehen Kreditinstitute - wie nicht anders möglich - von allgemeinen Standards aus. Diese dürften für die Beantwortung der Frage nach einem Verlauf der Beleihungsgrenze im Einzelfall selten ausreichen. Nimmt ein Kreditsuchender an, ein Ia-Darlehen erhalten zu können, so legt er seinem Preisvergleich die entsprechenden Konditionen zugrunde. In die Zahlungsreihe fließen dann Einzelelemente ein, die nur für den Fall der Absicherung des Darlehens im sogenannten erststelligen Beleihungsraum zutreffend sind. Muß das beantragte Darlehen oder ein Teil davon außerhalb dieses Beleihungsraumes abgesichert werden - was der Kreditsuchende erst bei Einholung eines konkreten Angebots erfährt -, so

----

63) Siehe 2.9.

erhöht sich in der Regel der laufende Zins[64][65]. Die konkrete Beleihungshöhe hat mithin Einfluß auf die Breite der Zahlungsreihe[66].

In den genannten Fällen bildet die Zahlungsreihe, die der Effektivzinsberechnung beim Vergleich von Allgemeinangeboten zugrunde liegt, die wirkliche Breite des Zahlungsstromes für den Einzelfall nicht richtig ab[67]. Das Ergebnis kann ein falscher, weil viel zu niedriger (anfänglicher) effektiver Jahreszins sein. Immerhin handelt es sich um Differenzen von durchschnittlich 0,5 % p. a. im Nominalzins. Ein effektiver Jahreszins, der diese Besonderheiten unberücksichtigt läßt, ist als Orientierungshilfe nicht geeignet. Aus dieser Erkenntnis kann nur der Schluß gezogen werden, daß es nötig ist, die Verteilung eines in Betracht kommenden Kredites auf die verschiedenen Besicherungsränge in ihren Auswirkungen auf die Höhe des Effektivzinses so früh wie möglich zu berücksichtigen. Das könnte etwa bei Herauslegung des konkreten Kreditangebotes und zwar im Hinblick auf die Gesamtfinanzierung geschehen.

---

64) Siehe 2.2.1.1.

65) Hinzu kommt unter Umständen ein erhöhtes Damnum, d. h. der Nettokreditbetrag vermindert sich.

66) Die gleiche Wirkung haben die Zinszuschläge, die erhoben werden, wenn die Finanzmittel eine vom Kreditinstitut festgesetzte Betragsgrenze unterschreiten. Mindermengenzuschläge gibt es auch im Teilzahlungskredit (siehe 2.2.1.1). Es handelt sich meist um Zuschläge von 0,02 bis 0,03 %. Hierzu findet sich häufig nur ein pauschaler Hinweis.

67) Hierauf richtete sich einer der wesentlichen Einwände des organisierten Hypothekarkredits gegen die Ausdehnung der Effektivzinsangabe auf Realkredite, so zum Beispiel Stellungnahme des Verbandes privater Hypothekenbanken (nachmals Verband deutscher Hypothekenbanken) zur Einführung des effektiven Jahreszinses für Hypothekarkredite, 1978, S. 601 und zum Inkrafttreten der neuen PAngV, 1985, S. 734. - Auch eine vom Bundesfinanz- und Bundeswirtschaftsministerium eingesetzte Sachverständigenkommission hatte auf diese Problematik frühzeitig aufmerksam gemacht (siehe 3.2.1.2).

6.2.5 Fiktion der Zinskonstanz bei variablen und nicht für die Gesamtlaufzeit festen Konditionen

Die Ausführungshinweise regeln in Ziff. 1 die Gegenüberstellung der Zahlungsströme eines Kredites mit dem Nettokreditbetrag für den Fall des anfänglichen effektiven Jahreszinses, d. h. für den Fall, daß Änderungen der Kreditkonditionen während der Kreditlaufzeit möglich sind. Danach beschränkt sich diese Gegenüberstellung auf den kürzesten Verrechnungszeitraum für aperiodisch begründete Lasten[68]. Gedacht ist an Damnum, Bearbeitungsgebühr und sonstige Gegenleistungen. Die danach aufzustellende Zahlungsreihe endet mit dem Ablauf des entsprechenden Verrechnungszeitraumes.

Gibt es innerhalb eines Gesamtpreises keine aperiodisch bedingten Preiskomponenten und besteht keine Zinsfestschreibungszeit, so existiert auch kein Verrechnungszeitraum, der zugleich den Zeithorizont der Zahlungsreihe bilden könnte. In solchen Fällen wird das Fortbestehen der Anfangskonditionen über die Gesamtdauer des Kreditverhältnisses hin für die zeitliche Ausdehnung der Zahlungsreihe fingiert. Das heißt konkret, daß Kredite, die mit einem variablen - also kurzfristig veränderlichen - Zins ausgestattet sind, so behandelt werden, als bliebe der Zins bis zum Ende der Kreditlaufzeit gleich. Zwar sind Kreditgeber nach § 4 Abs. 1 PAngV verpflichtet, zusätzlich "anzugeben, wann preisbestimmende Faktoren geändert werden können". Doch ist das eine verbale Anmerkung, die in der Zahlungsreihe keine Entsprechung findet. Diese Zahlungsreihe täuscht die Unveränderlichkeit der in sie einfließenden Einzelelemente vor und so auch die Konstanz des Effektivzinses[69]. Damit ist sie für sich betrachtet irreführend[70]. Ent-

---

68) Siehe zu aperiodisch begründeten Lasten 7.5.

69) Vgl. Schreiben des Zentralen Kreditausschusses an Ministerium für Wirtschaft, Mittelstand und Verkehr des Landes Baden-Württemberg vom 03.02.1977, S. 5: "Der so errechnete Effektivzins stellt daher schon von Anfang an einen nur hypothetischen Wert dar, der in keiner Weise geeignet ist, die effektive Finanzierungsbelastung wiederzugeben."

70) Vgl. Reichstein, 1978, S. 484.

weder nimmt der Kreditsuchende den verbalen Hinweis ernst; dann kann er den so errechneten Effektivzins nicht als Entscheidungskriterium nutzen, denn er sagt nichts über das latente Zinsänderungsrisiko aus[71]. Oder er stützt sich auf die ihm genannte Vergleichszahl; dann kann sich seine Entscheidung schnell als falsch herausstellen.

Bei Realkrediten, wie sie für Wohnungsbauzwecke zur Verfügung gestellt werden, ist während deren rund 30jähriger Laufzeit eine mehrfache Änderung der Konditionen die Regel. Hier muß also davon ausgegangen werden, daß die Konditionen nicht über die gesamte Laufzeit gleichbleiben, sondern geändert werden. Die Fiktion einer Fortgeltung der Anfangskonditionen ist somit eindeutig eine im vorhinein erkennbar unzutreffende Annahme[72].

Selbst ein Vergleich von Angeboten mit ausschließlich variablen Zinssätzen untereinander liefert keine zuverlässigen Resultate, da nicht bekannt ist, in welchem Ausmaß die Wettbewerber von ihrem Vorbehaltsrecht der Konditionsänderung Gebrauch machen.

Ein solcher Effektivzins kann kaum als Beitrag zur Markttransparenz gewertet werden. Auch durch eine anders lautende Modifikation der Bezeichnung Effektivzins wird man hier keine Abhilfe schaffen.

Statt dessen sollte darüber nachgedacht werden, wie man den seiner Natur nach als eine Preisstellung sui generis anzusehenden variablen Zins durch eine vom Begriff des Effektivzinses unterscheidbare Bezeichnung gegen den Festzins - auch den zeitlich begrenzten - absetzen und so die Aufmerksamkeit des Kreditsuchenden auf dieses Spezifikum lenken könnte[73], um untaugliche Vergleiche zu verhindern.

----

71) Vgl. Schabel, 1980, S. 17 und 1981, S. 270.

72) Vgl. Schoppmann, 1985, S. 8; Steppeler/Breier sprechen von einer "eher willkürlichen" Größe (1985, S. 147).

73) Siehe S. 268.

6.2.6 Schlußfolgerungen für die Vergleichszahl

Gegenstand von Erörterungen in den voraufgegangenen Unterabschnitten waren Divergenzen zwischen der einer Effektivzinsrechnung zugrunde liegenden und der tatsächlichen Zahlungsreihe, also jener, welche die Basis für den konkret zu zahlenden Preis darstellt. Wie ihre Ursachen sind auch ihre Auswirkungen auf den Angebotspreis unterschiedlich.

Zinskapitalisierung vor Ablauf von 360 Tagen, Zinsberechnung für die volle Berechnungsperiode bei kürzerer Dauer der Inanspruchnahme und Rundung der Zahlungsraten sind - soweit die Vorschriften der Ausführungshinweise zur PAngV eingehalten werden - von geringem Gewicht und verfälschen daher nur unwesentlich die der Preisfindung zugrunde gelegte Zahlungsreihe. Für die Zinskapitalisierung gilt darüber hinaus: Soll die angegebene Kennziffer ihren Zweck, die Rangfolge zwischen Kreditangeboten durch Vergleich zu bezeichnen, erfüllen, darf sie nicht von bloßen Zufällen hinsichtlich des Kalenderdatums der Anfrage abhängen. Darum ist die Fiktion einer Zinskapitalisierung nach 360 Tagen - gleich wann die Inanspruchnahme tatsächlich erfolgt - aus darstellungstechnischen Gründen für den Vergleich unerläßlich[74]. Die in 6.2.1 bis 6.2.3 behandelten Ungenauigkeiten können bzw. müssen deshalb auf sich beruhen.

Hingegen erfordern die in 6.2.4 und 6.2.5 erörterten Diskrepanzen zwischen der für die Preisangabe verwandten Modellrechnung und dem möglichen Verlauf des konkreten Kredites Beachtung und Berücksichtigung.

Von der Bewertung des Sicherheitsrisikos und dem Einsatz neuer (Re-)-Finanzierungsmittel nach Ablauf der Zinsbindungsdauer können Wirkungen auf Breite und Struktur der Zahlungsreihe ausgehen, die so gewichtig sind, daß sie die Ergebnisse eines ohne ihre Beachtung angestellten Vergleichs in ihr Gegenteil verkehren. Da das Ausmaß der Verteuerung des Kreditpreises infolge eines größeren als des standardisierten Risikos im Stadium des Vergleichs von Werbebotschaften und Allgemeinan-

----

74) Vgl. auch Steppeler/Astfalk, 1986, S. 110 f.

geboten dem Kreditsuchenden nicht bekannt ist, darf sich seine Entscheidung nicht am dort genannten (anfänglichen) effektiven Jahreszins orientieren. Ein zuverlässiger Vergleich käme nur unter Einbeziehung der genannten Komponenten zustande. Was die Fiktion der Zinskonstanz anbetrifft, so täuscht sie Fortgeltung der Anfangskonditionen vor, wo Veränderung nicht nur möglich, sondern sogar wahrscheinlich ist. Der Vergleich mittels einer Kennziffer, die unter dieser Prämisse zustandegekommen ist, wird dadurch zu bloßer Spekulation.

7 Kritik an den Aggregationsregeln für die Zahlungsreihe (Rechenmethodik)

7.1 Grad einer zielgetreuen Abbildung des Kreditpreises durch die Vergleichszahl

Die in der PAngV 1985 und ihren Ausführungshinweisen niedergelegte rechnerische Konzeption gewährleistet grundsätzlich die Äquivalenz der Zahlungsreihen (Zahlungsstrom des Kreditgebers = Zahlungsstrom des Kreditnehmers)

einerseits durch Verwendung des real zur Verfügung stehenden Auszahlungsbetrages (effektive Kreditvaluta),
anderseits durch Diskontierung der periodischen Leistungen des Kreditnehmers auf ihren Gegenwartswert.

Als ihr Ergebnis erscheint der (anfängliche) effektive Jahreszins[1]. Bei dem stattfindenden Rechenverfahren werden

die Höhe der Zahlungen (welche die Breite der Zahlungsreihe bestimmen) und
die Termine der periodischen Zahlungen, und zwar nach ihrer tatsächlichen Fälligkeit, nicht nach dem zugehörigen Berechnungszeitraum,

korrekt wiedergegeben. Das bedeutet: Zahlungen, die vor Ablauf der Berechnungsperiode geleistet werden, wie vorschüssig gezahlte Raten und fällige Leistungen vor der Wertstellung[2], werden bei der Preisbildung berücksichtigt. Das gilt auch für den Effekt der bei Annuitätendarlehen früher weit verbreiteten Preisstellung auf Basis einer "fingierten Bestandsgröße" - etwa der Restschuld am Jahresbeginn - als Ergeb-

----

1) Vgl. Wilhelm, 1976, S. 12; Sigl 1982, S. 485.

2) Vgl. hierzu Seckelmann, 1979, S. 14.

nis einer vertraglich vereinbarten Zinsberechnungsklausel[3]. Ferner schlagen sich tilgungsfreie Vorlaufzeiten im effektiven Jahreszins nieder, und schließlich finden Annuitäten-Zuschuß- und Zusatzdarlehen Berücksichtigung, sofern sie mit dem Kredit eine Einheit bilden.

Problematisch erscheinen hingegen die gesetzlich vorgeschriebene Behandlung unterjährlicher Zinseffekte in ihren verschiedenen Auswirkungen (Linearisierung von Zinserträgen, abweichende Behandlung gebrochener Zinsperioden, Zwischenzins) und die Verrechnung aperiodisch begründeter Leistungen.

Sie sind Gegenstand der nachfolgenden Abschnitte.

7.2 Linearisierung unterjährlicher Zinseffekte

Aus überwiegend praktischen Gründen[4] wird in Kreditverträgen unterjährliche Zahlungsweise vereinbart, d. h. Leistungsraten sind in halbjährlichen, vierteljährlichen oder in monatlichen Raten zu erbringen.

Wie bereits ausgeführt[5] sind nach der sogenannten 360-Tage-Methode Zinsen erst nach Ablauf eines Kreditjahres zu 360 Tagen fällig. Vor diesem Zeitpunkt geleistete Zahlungen werden wie Tilgung behandelt und

----

3) Vgl. hierzu BGHE vom 24.11.1988 (NJW 1989, S. 222-225, besonders S. 224), wonach diese Vertragsklausel wirksam ist, wenn die zinssteigernde Wirkung durch Angabe des effektiven Jahreszinses oder durch einen genauen Tilgungsplan offengelegt wird (Transparenzgebot), sowie wegen der grundsätzlichen Frage einer Vereinbarkeit der "jährlichen Stichtagsverzinsung" mit dem AGB-Gesetz die neuere Diskussion mit Beiträgen von Köndgen, 1987, S. 160-166; Canaris, 1987, S. 609-617; Löwe, 1987, S. 937-940 und 1988, S. 1902-1904. Da der effektive Jahreszins die Auswirkungen derartiger Klauseln adäquat abbildet, ist im Hinblick auf die PAngV eine Auseinandersetzung mit den Ergebnissen dieser Diskussion überflüssig.

4) Anlehnung an den Rhythmus der Erwerbseinkünfte bei Nichtselbständigen, absolute Höhe der Rate und Refinanzierung sind die häufigsten Gründe für unterjährliche Leistungsraten. Damit soll indes nicht ausgeschlossen werden, daß - zumindest bevor die Kreditgeber verpflichtet wurden, den Effektivzins zu nennen - auch Rentabilitätserwägungen bei der Festlegung des Zahlungsrhythmus eine Rolle gespielt haben.

5) S. 3.3.3.2 und 4.2.2.1.

sind bis zum Ende der Periode in Anlehnung an die bei Sparkonten übliche Handhabung mit einfachen Zinsen, d. h. linear aufzuzinsen.

Als Vorteile der linearen unterjährlichen Verzinsung wird von ihren Verfechtern vor allem ein hohes Maß an Allgemeinverständlichkeit hervorgehoben[6]. Als Beleg dafür gilt, daß die Richtigkeit des effektiven Jahreszinses anhand einer Kontostaffel ohne irgendwelche mathematischen Kenntnisse nachvollzogen und überprüft werden kann. Zugleich wird darauf verwiesen, daß die Linearität auch bei der Zinsrechnung für Spareinlagen, Sparbriefe, Bundesschatzbriefe und ähnliche Kapitalanlagen in der Bundesrepublik üblich sei[7].

Steppeler hat überdies hervorgehoben, daß die 360-Tage-Methode besser als die internationale die realistische Gesamtbelastung des Kreditnehmers wiedergebe[8]. Dieser Sichtweise kann man sich dann anschließen, wenn man den aufgenommenen Kredit als einzige finanzielle Transaktion des Kreditnehmers, also isoliert von irgendwelchen sonstigen Finanzaktivitäten wie etwa einem Kontokorrentkredit betrachtet. Sieht man ihn hingegen eingebunden in ein Geflecht von - überwiegend zeitlich versetzten - Finanzbeziehungen dieses Kreditnehmers, so muß man der internationalen Methode im Hinblick auf deren höheres Maß an Verträglichkeit bei Ermittlung von Effektivzinsen für unterschiedliche Zeiträume den Vorzug geben[9].

---

6) Vgl. Presse- und Informationsamt der Bundesregierung, Aktuelle Beiträge zur Wirtschafts- und Finanzpolitik, No. 12/1981 vom 18.02.1981, S. 2; Steppeler/Astfalk 1986, S. 3 f.

7) Vgl. Astfalk, 1980, S. 1.

8) Vgl. 1988, S. 1616.

9) Vgl. statt anderer Seckelmann, 1979, S. 12; Schierenbeck/Rolfes, 1986, S. 777 f. - Siehe im übrigen auch 4.3.2 und 7.3.

Zugunsten der Zinseszins-Methode läßt sich ferner ins Feld führen, daß

- die formalisierte Darstellung der Effektivzinsberechnung nach der AIBD-Methode wesentlich einfacher ist als - aufgrund der Mischverzinsung - diejenige gemäß PAngV.

- nicht nur die 360-Tage-Methode, sondern auch die internationale Methode der AIBD in der Bundesrepublik Anwendung findet[10)] und der Effektivzinsberechnung verschiedener Veröffentlichungen zugrunde liegt[11)]. Die finanzmathematische Methode wird außerdem von der EG-Kommission für eine europaeinheitliche Regelung empfohlen[12)].

Umgekehrt haften der 360-Tage-Methode Eigenheiten an, die sie im Vergleich zur internationalen Methode schlechter abschneiden lassen.

So muß die "stückweise Linearisierung"[13)] von Zinseffekten für bestimmte Zeitabschnitte inmitten eines Zahlungsstromes mit im übrigen exponentiellen Zinsrechnungen als systemfremd und inkonsequent empfunden werden[14)]. Die Inkonsequenz ist nicht nur ein formaler "Schönheitsfehler". Wie in 6.2.1 gezeigt, bewirkt sie, daß bei Krediten, die nicht zu Beginn der Abrechnungsperiode in Anspruch genommen werden, der Effektivzins sich gegenüber einem anderen, dessen Inanspruchnahme mit dem Periodenbeginn zusammenfällt, erhöht. Dies hat seinen Grund darin, daß außer bei typischen Ratenkrediten die Zinskapitalisierung an festen Kalendertagen vorgenommen wird. Würde man vom Tage der Inanspruchnahme an exponentielle Zinsen rechnen, wäre die Ermittlung des Effektivzinses von irgendwelchen Zinsverrechnungszeitpunkten unabhän-

---

10) Gemäß DVFA 1983 zum Beispiel bei Euromarktanleihen.

11) Gemäß DVFA 1983 gilt dies für Monatsberichte/Statistische Beihefte der Deutschen Bundesbank, Börsenzeitung, Kursblatt der Frankfurter Börse.

12) Siehe 3.4.

13) Seckelmann, 1984, S. 100; Seckelmann geht weiter, indem er die Linearisierung als falsch bezeichnet, unter anderem 1979, S. 14.

14) Vgl.Schierenbeck/Rolfes, 1986, S. 777.

gig. Das folgt aus der fortlaufenden Multiplikation des Zahlungsmittelbestandes mit dem Aufzinsungsfaktor; d. h. auch zwischen den Zahlungsterminen erhöht sich das zu verzinsende Kapital durch Zuschlag der angefallenen Zinsen[15)16)]. Abgesehen von in Kapitel 8 zu erörternden allgemeinen Bedenken gegen die Vergleichstauglichkeit des effektiven oder internen Zinses erlaubt die exponentielle Zinseszins-Methode sogar den Vergleich von Krediten unterschiedlicher Laufzeit bzw. Zinsbindungsdauer.

Wie die Linearisierung unterjährlicher Zinsen ist die abweichende Aufzinsung am Ende einer gebrochenen Laufzeit recht eigentlich ein Bruch in der Rechenmethode. Er würde bei einer Zinsberechnung nach dem AIBD-Verfahren ebenfalls vermieden[17)]. Im Umgang mit gebrochenen Kreditzeiträumen geht auch der hauptsächliche Vorteil der PAngV-Methode, nämlich der ihrer Allgemeinverständlichkeit verloren und zwar gerade dann, wenn ein Vergleich zweier Kreditangebote mit unterschiedlicher "gebrochener" Restlaufzeit angestellt werden soll.

---

15) Vgl. Seckelmann, 1984, S. 100, mit mehreren Beispielen zum Teil an Extremfällen demonstriert; Sièvi, Chr./Sièvi, F., 1987, Anwenderhandbuch Gillardon AP Plus Finanzrechner Programm Nummer 11, S. 3 f.

16) Streng genommen enthält auch die internationale Berechnungsmethode minimale lineare Zinsperioden. Wollte man dies ausschließen, müßte man zur stetigen Verzinsung übergehen, die die Verwendung der Eulerschen Zahl e = 2,718281828 als Aufzinsungsfaktor erfordert. Man gelangt zur Eulerschen Zahl, wenn man die Anzahl n der Perioden gegen ∞ und ihre Dauer gegen 0 tendieren läßt. Doch bereits für große n rückt ein so ermittelter Effektivzins nahe an den Grenzbetrag einer stetigen Verzinsung heran. An einem Beispiel (entnommen Bosch, 1987, S. 22 ff.) soll dies gezeigt werden.

Ein Kapital von DM 50.000 wird zu einem nominellen Jahreszins von 6 % angelegt. Der Kontostand beträgt nach 10 Jahren
a) bei stetiger Verzinsung

$$50.000 \cdot e^{\frac{6}{100} \cdot 10} = 91.105,94$$

b) bei täglicher Zinseszinsrechnung

$$50.000 \left(1 + \frac{6}{36000}\right)^{3600} = 91.101,39$$

17) Siehe hierzu 7.3.

Selbst wenn man für den Fall des standardisierten Ratenkredites die leichte Nachprüfbarkeit eines angegebenen Effektivzinses - wie sie das Vergleichskonto der PAngV-Methode erlaubt - als gewichtigen Pluspunkt dieses Verfahrens gelten läßt[18], so kommt man nicht umhin, die Zinseszins-Methode wegen ihrer größeren formalen Strenge als der 360-Tage-Methode überlegen anzusehen. Nimmt man ihre weltweite Verbreitung[19] als praktisches Argument hinzu, muß man diesem Rechenverfahren den Vorzug geben.

7.3 Abweichende Behandlung gebrochener Laufzeiten am Ende der Kreditdauer

Nach einem in den Ausführungshinweisen aufgestellten Grundsatz zur Errechnung des (anfänglichen) effektiven Jahreszinses ist der Zins für den Vergleichskredit, mit dessen Hilfe die Zahlungsreihe konstruiert wird, bei Vorhandensein einer Restlaufzeit von weniger als 1 Jahr an deren Ende fällig. Diese Regelung folgt dem Rechtsgedanken des § 608 BGB, demgemäß Zinsen, wenn "das Darlehen vor dem Ablauf eines Jahres zurückzuerstatten ist, mit der Rückerstattung zu entrichten" sind. Wenn also ein Kredit innerhalb eines Kreditjahres ausläuft, sind auch die darauf geschuldeten Zinsen, soweit sie diesen Teilzeitraum betreffen, an seinem Ende ins Soll zu stellen. Das Ende der Kreditlaufzeit (t_{max}) unterbricht hier die ansonsten übliche Aufzinsungsperiode von 360 Tagen und setzt einen eigenen Schlußpunkt.

Daraus folgt, daß unterjährliche Zahlungen innerhalb der Teilperiode auf deren Ende aufzuzinsen sind. Das Vorgehen erscheint schlüssig, divergiert gleichwohl von dem Rechenverfahren, welches für unterjährige Zeiträume ganzer Kreditjahre angewandt wird. Ein Beispiel mag das verdeutlichen:

---

18) Bei der internationalen Methode könnte eine - schnell durchzuführende - Barwertrechnung an ihre Stelle treten.

19) Vgl. Seckelmann, 1984, S. 100.

Es sei angenommen, die Laufzeit eines Kredites gehe sechs Monate über ein volles Kreditjahr hinaus. Zur Vereinfachung wird unterstellt, daß das Kreditjahr mit dem Kalenderjahr übereinstimmt. Bei vierteljährlich nachschüssiger Zahlungsweise und Quartalsraten von DM 100,00 wird die am 30.03. fällige Rate noch bis Ende Juni linear aufgezinst. Für die letzte Rate, die am 30.06. fällig wird, sind keine Zinsen mehr zu berücksichtigen. Es ergibt sich nach Umwandlung der März-Zahlung in eine Schlußrate bei einem Zinssatz von 12 % p. a.

$$100 \; (1 + 1{,}03)$$

und nach linearer Abzinsung auf den Jahresanfang

$$\frac{100 \cdot (1 + 1{,}03)}{(1 + 2/4 \cdot 0{,}12)} \; .$$

Das rechnerische Ergebnis lautet DM 191,51.

Lägen dieselben Raten innerhalb einer Kette unterjährlicher Zahlungen während voller Kreditjahre, so würden sie wie folgt behandelt:

$$\frac{100 \cdot \left(1 + \dfrac{0{,}12 \cdot 9}{12}\right) + 100 \cdot \left(1 + \dfrac{0{,}12 \cdot 6}{12}\right)}{(1 + 0{,}12)}$$

Das Ergebnis lautete dann DM 191,96.

Verkürzte man die Betrachtung auf <u>eine</u> Rate à DM 100,00, so wäre das Ergebnis bei einer Schlußrate DM 97,09, als unterjährliche Zahlung eines vollen Kreditjahres hingegen DM 97,32.

Man rechtfertigt diese Handhabung damit, daß Zahlungen spätestens am Ende der Kreditlaufzeit fällig sind und deshalb für eine Aufzinsung über diesen Zeitpunkt hinaus kein Raum ist. Dieser Auffassung kann man sich anschließen. Gleichwohl muß es irritieren, wenn Zahlungen ein und desselben Kreditverhältnisses, nur weil sie zu unterschiedlichen Phasen der Kreditbeziehung erbracht werden, in ihrem Zinsertrag eine unterschiedliche Behandlung erfahren.

An dieser Stelle sei die Anmerkung erlaubt, daß eine Verwendung der internationalen (Zinseszins-)Methode nicht zu solchen Verwerfungen führen würde. Das Resultat wäre in beiden Fällen gleich. Dazu noch einmal das Beispiel: Einem effektiven Jahreszins von 12 % entspricht bei vierteljährlicher Zahlungsweise ein konformer Zins von 2,87 %. Er errechnet sich so:

$$i = \sqrt[4]{1 + \frac{12}{100}} - 1 = 0,0287$$

Die Gleichung muß deshalb lauten:

$$100 \cdot (1,0287)^{-1} + 100 \cdot (1,0287)^{-2} = 191,70$$

7.4 Zwischenzins für Berechnung unterjährlicher Zinseffekte

Nach der 360-Tage-Methode sind - wie in 4.2.2 beschrieben - Zinsen erst nach Ablauf eines Kreditjahres fällig. Raten, die vor diesem Zeitpunkt erbracht werden - etwa monatlich oder quartalsweise -, werden wie Vorauszahlungen behandelt und sind linear aufzuzinsen.

Der Verzinsung ist der (anfängliche) effektive Jahreszins zugrunde zu legen. Dieser Schluß folgt zwingend aus § 4 Abs. 2 Satz 1 PAngV 1985, wonach als Preis der Zinssatz zu beziffern ist, "mit dem sich der Kredit, ausgehend von den tatsächlichen Zahlungen .... des Kreditnehmers, auf der Grundlage taggenauer Verrechnung aller Leistungen und nachschüssiger Zinsbelastung gemäß § 608 BGB staffelmäßig abrechnen läßt."

Wie Erörterungen im BL-A PrA ergaben[20], halten auch die Preisaufsichtsbehörden der Länder die Verwendung eines vom effektiven Jahres-

---

20) Vgl. Ergebnisniederschrift der Besprechung vom 24.02.1986.

zins abweichenden Zwischenzinses für ausgeschlossen. Zum einen befürchten sie Manipulationen, zum anderen machen sie geltend, daß die Abstaffelung des Vergleichskontos dann nur noch annuitätisch möglich sei, wobei Zinsen mit dem effektiven Jahreszins, unterjährliche Belastungseffekte dagegen mit dem Zwischenzins gerechnet werden müßten[21]. Eine derartige Rechenmethodik würde aber die Möglichkeit einer relativ einfachen Kontrolle durch den Kreditnehmer zunichte machen.

Mit dem Effektivzins soll die tatsächliche Belastung des Kreditnehmers gemessen werden. Darum muß nicht nur der Fall des entgangenen Zinsnutzens (Opportunitätskosten) aus den zum Kapitaldienst herangezogenen eigenen Mitteln, sondern auch der Fall der Aufnahme eines kurzfristigen Kredites in Betracht gezogen werden. Während bei der ersten Variante die Belastung in ihrer Höhe den nicht erhaltenen Spareinlagenzinsen entsprechen dürfte, müßte sie sich bei der zweiten eher auf dem Niveau eines Kontokorrentkreditzinses bewegen. Im Vergleich zu den Kosten eines längerfristigen Kredites läge die aus der zuerst geschilderten Situation erwachsende Belastung vermutlich unter dessen Effektivzins, im letztgenannten Fall normalerweise darüber. Mit dem Effektivzins aus der - primären - Kreditaufnahme wäre sie wohl nur im Zufall identisch[22].

Diesen "Fehler" könnte man hinnehmen, träfe er alle zum Vergleich stehenden Kreditangebote im selben Ausmaß. Dann wäre zwar die absolute Höhe des Zwischenzinses immer noch falsch; aber da jedes Angebot mit dem gleichen Fehler behaftet wäre, würde sich seine Wirkung der Tendenz nach neutralisieren. Bedenklich - gerade im Hinblick auf die Funktion des effektiven Jahreszinses als Vergleichszahl - muß aber eine Rechenmethode erscheinen, die Kredite mit längerer Zinsbindung

---

21) Vgl. Mitteilung des Verbandes öffentlicher Banken an seine Mitglieder 47/86 vom 25.02.1986, S. 3.

22) Für den Kreditgeber ist der gemäß PAngV errechnete Effektivzins als Kalkulationsgrundlage auch ungeeignet. Vgl. Steiner, C., 1982, S. 104; Ulbricht, 1982, S. 300; Wagner, E., 1985, S. 5-7; Otten, 1987, S. 542 - zum Teil mit Vorschlägen für Alternativlösungen; siehe hierzu aber auch 4.3.2 wegen der Methode des realen Zinsfußes.

gegenüber solchen mit kürzerer benachteiligt, indem sie sie optisch verteuert. Im Normalfall kostet ein Darlehen mit einer Zinsbindung von 10 Jahren mehr als ein solches, dessen Zins bereits nach 2 Jahren geändert werden kann. In dem höheren Zins findet der Verzicht des Anlegers (und Refinanziers) auf eine baldige Verfügbarkeit über dessen Kapital seinen Niederschlag. Dem entspricht auf der Seite des Darlehnsnehmers ein zeitkongruenter Schutz gegen das Zinsänderungsrisiko. Insoweit steht dem höheren Preis ein höherer Wert gegenüber. Eine Verzerrung ergibt sich erst aus der oben genannten Behandlung unterjährlicher Effekte[23]. Je nachdem, welches Darlehen - das billigere zweijährige oder das teurere zehnjährige - bedient wird, führt die Verwendung des jeweiligen effektiven Jahreszinses für die Aufzinsung der unterjährlichen Zahlungen zu ganz unterschiedlichen Ergebnissen, ohne daß die realen Voraussetzungen, nämlich die Anlagemöglichkeiten für die vorfälligen Zahlungen am Kapitalmarkt andere sind. Nicht also das - höhere - Entgelt für die längerfristige Bindung ist kritikwürdig, sondern die rechenimmanente Verstärkung dieses Effekts durch die vorgeschriebene Verwendung des (anfänglichen) effektiven Jahreszinses[24].

Es muß an dieser Stelle im übrigen klar gesagt werden, daß auch eine exponentielle Verzinsung unterjährlicher Zahlungen nach der "klassischen" Methode zu Verzerrungen führen würde, wenn - was meist der Fall ist - der Zwischenzins vom internen Zins abwiche. Denn im Zuge der Ermittlung des "klassischen" Effektivzinses würden automatisch unterjährliche Zahlungen zum - selben - Effektivzins gerechnet. Nur ein gut geschätzter, exogen vorgegebener Zwischenzins wie der reale Effektiv-

----

23) Hier könnte eingewandt werden, daß sich dieses gewissermaßen "hausgemachte" Problem durch Umstellung auf jährliche Zahlungsweise lösen ließe. Ein solcher Zahlungsrhythmus würde aber leicht zu fünfstelligen Leistungsraten führen und auch den Wünschen der meisten Darlehnsnehmer entgegenstehen.

24) Insofern irren Kähler/Daniel, wenn sie schreiben: "Von einer Wettbewerbsverzerrung kann ... nicht die Rede sein, wenn der Verbraucher anhand der Effektivzinsangabe vergleichen kann, wieviel ihn die Reduzierung des Zinsrisikos kostet" (GRUR 1983, S. 359). Er kann es eben nicht.

zins[25] vermöchte die Rendite einer Zwischenanlage bzw. die Kosten einer Zwischenfinanzierung zutreffend abzubilden.

Anhand weniger Zahlenbeispiele soll der Wirkungsgrad des Zinses einer Zwischenanlage verdeutlicht werden. Für gebräuchliche Finanzierungsabschnitte/Zinsbindungsfristen sind im folgenden als Zwischenanlagezins der anfängliche effektive Jahreszins und im Vergleich dazu ein Diskontsatz von 3,5 % p. a. als realistische Zwischenanlagerendite gewählt worden[26].

Tabelle 28: Auswirkungen unterschiedlicher Zwischenanlagezinssätze auf den Effektivzins

Annuitätendarlehen - Auszahlungskurs 100 %
Anfangstilgung 1 % p. a. - 4 nachschüssige Raten pro Jahr
taggenaue Zins- und Tilgungsverrechnung

Zinsbindungsfrist Jahre	Nominalzins %	Effektivzins bei Zwischenanlagezins = Effektivzins %	Effektivzins bei Zwischenanlagezins = 3,5 % %	Differenz %
5	6,50	6,66	6,53	0,13
10	7,00	7,19	7,01	0,18
15	7,50	7,72	7,49	0,23
30	7,75	7,98	7,70	0,28

Die Unterschiede nehmen zu, wenn das Zinsgefälle zwischen lang- und kurzfristigen Finanzierungen größer wird. Schabel weist zurecht darauf hin, daß die geltende Regelung dazu zwingt, für gleiche Anlagezeit-

---

25) Siehe 4.3.2.

26) Die Rechnungen wurden auf einem Sharp-Computer PC 1500A in einem bei der Süddeutschen Bodencreditbank entwickelten EDV-Programm durchgeführt.

punkte und Anlagefristen mit völlig unterschiedlichen Zwischenanlagezinssätzen zu rechnen[27].

Auch die Preisaufsichtsbehörden haben anerkannt, daß mit der Verwendung des (anfänglichen) effektiven Jahreszinses eine optische Benachteiligung der längerfristigen Darlehen gegenüber kürzerfristigen verbunden ist[28]. Doch wird dort der Vorzug einer leichten Überprüfbarkeit offensichtlich höher geschätzt als der einer verzerrungsfrei errechneten Vergleichszahl. Nach Ansicht des Verfassers rechtfertigt die Bewahrung einer einfachen Kontrollmöglichkeit nicht die Hinnahme von Rechenergebnissen, die zur Desorientierung des Kreditsuchenden führen können. Damit würde der Gesetzesauftrag, dem Verbraucher eine Entscheidungshilfe zur Verfügung zu stellen, um eines bloßen Vorteils in der praktischen Handhabung des Regelungsinstruments willen verfehlt. Was die vermeintliche Gefahr von Manipulationen angeht, so ließe sich diese wohl durch bundeseinheitliche Festsetzung für unterjährige Zeiträume geltender Zinssätze seitens einer Institution wie der Deutschen Bundesbank beseitigen. Auch wenn man sich die These zu eigen macht, der Zwischenzins solle nicht die Erträge aus einer Anlage des Kreditgebers, sondern die Belastung des Kreditnehmers widerspiegeln, bleibt unerfindlich, wie dessen Höhe von der (Primär-) Verzinsung seines jeweiligen Darlehens abhängig sein kann, anstatt daß er sich nach der Situation am Kreditmarkt richtet - gleich auf welches Darlehen der Kreditnehmer Zahlungen leisten muß.

Die Argumente zur Beibehaltung des Effektivzinses als Zwischenzins lassen sich - wie gezeigt - offenbar entkräften oder doch relativieren.

----

27) Vgl. 1986, S. 556.

28) Vgl. Mitteilung des Verbandes öffentlicher Banken an seine Mitglieder Nr. 47/86 vom 25.02.1986, S. 3.

7.5 Verrechnung aperiodisch begründeter Lasten

7.5.1 Die durch PAngV 1985 getroffene Regelung und ihre rechnerische Entsprechung

Nach PAngV 1985 § 4 Abs. 2 Satz 2 sollen die für die Effektivzinsrechnung relevanten Zahlungen neben den wiederkehrenden Leistungen auch jene Belastungen umschließen, die sich aus nicht vollständiger Auszahlung des Kreditbetrages ergeben. Um zu zeigen, welcher Art die Belastungen sind, sei eine einfache Approximationsrechnung[29] zu Hilfe genommen: Ein Kredit, dessen Nominalzins 7,5 % p. a. und dessen Laufzeit 30 Jahre beträgt, wird zu 95 % des Nennbetrages ausgezahlt. Der Kreditnehmer trägt aus der Auszahlungsdifferenz zweierlei Lasten. Er zahlt 7,5 % Zinsen auf 100 % (und nicht auf 95 %) des Kredites, nämlich auf den Nominalbetrag. Ferner muß er die der Auszahlungsdifferenz entsprechende Kreditschuld (5 %) tilgen; denn er hat ja nicht nur 95 %, sondern 100 % des Kreditbetrages zurückzuzahlen. Diese 5 % verteilen sich auf 30 Jahre, das sind - vergröbert -

$$\frac{5}{30} = 0{,}17\ \%\ \text{pro Jahr.}$$

Folglich entspringt seine Belastung zwei Quellen, einmal der Verzinsung (7,5 % p. a.) und zum anderen der Tilgung des auf den Auszahlungsverlust entfallenden Teils der Kreditschuld (0,17 % p. a.), insgesamt 7,67 % p. a. Da sich beide Lasten nun aber auf die ihm zur Verfügung stehenden Finanzmittel, d. h. die ausgezahlten 95 % beziehen, erhöht sich die effektive Gesamtbelastung auf 8,07 %, wie folgende Rechnung zeigt

---

29) Vgl. hierzu Bitz, 1988, S. 100-105.

$$e = \frac{7{,}5 + \frac{5}{30}}{95} \cdot 100 = 8{,}07$$ [30]

e = effektive Belastung inn % p. a.

Seckelmann spricht in diesem Zusammenhang von einem "Gebührendarlehen", welches der Kreditnehmer zu verzinsen und zu tilgen hat[31]. Die Kürzung der Kreditsumme um einen Abzug wirkt "kostenbildend"[32]. Das Ausmaß der "Kostenbildung" ist abhängig vom Zeitraum, auf den die aus dem Abzug entstehenden Belastungen verteilt werden müssen, den Verrechnungszeitraum. Hier, in der sachgerechten Zumessung des Verteilungszeitraumes liegen auch die eigentlichen Schwierigkeiten der Behandlung solcher Belastungen. Die Verteuerung ist, wie zu erwarten, umso größer, je kürzer die Laufzeit ist, d. h. je höher der Anteil der Auszahlungsdifferenz, der auf die Periode entfällt. Das läßt sich besonders gut im Bereich kürzerfristiger Zinsbindung demonstrieren. Anhand einer vergleichenden Gegenüberstellung wird sofort deutlich, daß es sich hierbei um beträchtliche Preiseinflußgrößen handelt.

----

30) Vgl. Steppeler/Astfalk, 1986, S. 122-124.

31) Vgl. Seckelmann, 1987, S. 492.

32) Vgl. Seckelmann, 1979, S. 13, d. h. im Sprachgebrauch der vorgelegten Arbeit: preisbeeinflussend oder - genauer - preiserhöhend.

Tabelle 29: Auswirkungen der Verteilung eines Auszahlungsverlustes auf unterschiedliche Zeiträume

Annuitätendarlehen
Nominalzins 7 % p. a. - Auszahlungskurs 95 %
Finanzierungsabschnitt / Zinsbindungsdauer 1-5 Jahre
Anfangstilgung 1 % p. a. - 4 nachschüssige Raten pro Jahr
taggenaue Zins- und Tilgungsverrechnung

Finanzierungsabschnitt/ Zinsbindungsdauer - Jahre -	(anfänglicher) effektiver Jahreszins
1	13,01
2	10,18
3	9,26
4	8,80
5	8,53

Es erhebt sich die Frage, welches Kriterium für die Verteilung der Belastungen aus nicht vollständiger Auszahlung verwandt werden soll.

Bevor hier von Konditionsvereinbarungen ausgehend der Versuch einer Gliederung unternommen wird, sei der tragende Gedanke des geltenden Preisangabenrechtes in Erinnerung gerufen[33]. Er lautet: "Einmalkosten sind entsprechend ihrer Funktion auf die für sie zutreffende Verrechnungszeit zu verrechnen"[34]. "Die bei wirtschaftlicher Betrachtungsweise zutreffende Verrechnungszeit" ist "anhand der vertraglichen Abmachungen unter Berücksichtigung der regelmäßigen Abwicklung" sorgfältig zu ermitteln. Die Grundsätze des BL-A PrA vom 03.12.1980 enthalten zu diesem Punkt nähere Ausführungen, welche der Praxis für die Behand-

----

33) Siehe 3.3.3.6.

34) Vgl. GABl 1983, S. 513. Die dort als Anlage abgedruckten Grundsätze des BL-A PrA - damals Bund-Länder-Ausschuß "Preisauszeichnung" genannt - vom 03.12.1980 sind in der Begründung zur PAngV 1985 (zu Absatz 1) ausdrücklich als Basis der geltenden Regelung bezeichnet worden. Bemerkenswert ist, daß die Preisaufsichtsbehörden anfänglich die Auffassung vertreten hatten, ein Damnum sei - ungeachtet etwaiger Zinsbindungsfristen oder Zinsvorteilszeiträume - "aus gutem Grund" auf die gesamte Laufzeit zu verteilen (vgl. Knauss, 1978, S. 873, siehe auch 3.2.1.4).

lung von sogenannten "Einmalkosten" Orientierungshilfe bieten sollen. Darüber hinaus nennen sie Indikatoren, aus denen sich im Zweifel die tatsächliche oder mangelnde Einmaligkeit sogenannter "Einmalkosten" ableiten lassen soll. Deren Wortsinn wird damit freilich selbst in Frage gestellt.

Der Ausdruck "Einmalkosten" scheint aus mehreren Gründen nicht gut gewählt. Soweit die Bezeichnung als Oberbegriff für alle nicht periodisch fälligen Forderungen des Kreditgebers verwandt wird, ist sie ungenau, ja sogar irreführend. Damnum (Disagio) und Bearbeitungsgebühr, die zu Beginn des Kreditverhältnisses berechnet werden, können - wenn Konditionen nur für einen Teilzeitraum fest vereinbart wurden - im Verlaufe einer Kreditbeziehung vom Kreditgeber wiederholt geltend gemacht werden[35]. Bei Bearbeitungsgebühren ist das sicher die Ausnahme, bei Auszahlungsabschlägen, denen eine Senkung des laufenden Zinses entspricht, hingegen nicht so selten. Die PAngV 1985 bestimmt in § 4 Abs. 2 Satz 2 für die Verrechnung solcher Belastungen den "Zeitraum, für den der Kreditnehmer bei regelmäßigem Kreditverlauf in den Genuß einer damit abgegoltenen Leistung" kommen soll. Dieser Zeitraum ist gemäß § 4 Abs. 1 Satz 2 zusammen mit dem anfänglichen effektiven Jahreszins zu nennen. Eine vertragliche Verpflichtung des Kreditgebers ist nicht vorgeschrieben. Die in der Verordnung getroffene Regelung setzt keine absolute Zeitdauer für die Verrechnung von sogenannten "Einmalkosten" fest; sie orientiert sich vielmehr an den tatsächlichen Gegebenheiten des konkreten Einzelfalles. Das erscheint sinnvoll und sachgerecht, läßt gleichwohl - wie noch gezeigt werden soll - Manipulationsspielräume offen.

Die Bezeichnung "Einmalkosten" ist jedoch auch aus anderem Grunde verfehlt. Dieser Grund ist die Form, in der die Gegenleistung erbracht wird. Aperiodisch begründete Lasten können auf verschiedene Weise getragen werden

----

35) Zwar bleiben weitere Finanzierungsabschnitte außerhalb des Betrachtungshorizonts (siehe 7.5.3); dessen ungeachtet geht es um die Frage einer inhaltsgetreuen Bezeichnung.

- durch Abzug von der Kreditsumme, also durch Kürzung des Auszahlungsbetrages;

- durch Aufschlag auf die Kreditsumme, d. h. durch Aufstockung des Bruttokredites zur Gesamtschuld und

- durch Barzahlung.

Um die letztgenannte Form vorwegzunehmen: ein Ausgleich aperiodisch begründeter Lasten durch Überweisung eines Geldbetrages - außerhalb der eigentlichen Kreditbeziehung - ist nicht üblich. Er kommt nur ausnahmsweise bei der Einräumung einer Anschlußfinanzierung vor und soll hier nicht weiter betrachtet werden.

Die Aufstockung der (Brutto-)Kreditsumme um sogenannte Einmalkosten trifft man bei einem typischen Ratenkredit an. Durch die dort verwandte Zuschlagsmethode[36)] werden die Leistungen auf eine aperiodisch fällige Forderung als Bestandteil der Gesamtschuld auf die Kreditlaufzeit linear verteilt. Für sich betrachtet verlieren sie damit den Charakter der Einmaligkeit und werden Teile einer periodisch wiederkehrenden Zahlung. Sie gehen damit in die Zahlungsreihe ein. Ein Gleiches vollzieht sich beim Abzugsverfahren. Es ist am weitesten verbreitet und findet hauptsächlich Anwendung bei längerfristigen Krediten (Darlehen), verschiedentlich auch bei Kontokorrentkrediten. In die Zahlungsreihe geht - wie weiter oben ausgeführt - der um die Abzüge gekürzte (Netto-)Kreditbetrag ein[37)]. Diese Zahlungsreihe wird nun durch die Verteilung der aus den "Einmalkosten" resultierenden Belastung auf den Verrechnungszeitraum in ihrer Breite oder Länge verändert, oder es verbleibt als deren Folge am Ende der Verrechnungszeit eine höhere Restschuld. Die Verteilung auf die Gesamtlaufzeit ist dabei ein Sonderfall, den die allgemeine Regel, wie sie PAngV § 4 Abs. 2 Satz 2 aufstellt, umfaßt. Bei näherem Hinsehen erweist sich die aperiodische

----

36) Siehe wegen der Einzelheiten 4.2.2.5.

37) Vgl. Wilhelm, 1976, S. 14.

Zahlung in ihren unterschiedlichen Ausprägungen nicht als einmalige Belastung, sondern als eine Korrektur der Zahlungsreihe im Hinblick auf deren Breite und Struktur[38].

Darum soll im weiteren die Bezeichnung "Einmalkosten" durch eine andere ersetzt werden. Allen Zahlungen, die auf Auszahlungsdifferenzen zurückgehen, ist gemeinsam, daß sie auf eine Forderung des Kreditgebers zurückgehen, die als außerhalb periodischer Wiederkehr fälliger Anspruch zu irgendeinem Zeitpunkt, vornehmlich zu Beginn des Kreditverhältnisses, begründet wird. Die daraus für den Kreditnehmer entspringende Schuld soll deshalb im folgenden als aperiodisch begründete Last bezeichnet werden. Damit ist noch keine Aussage über die Art und Weise ihres Ausgleichs, ihrer Regulierung getroffen.

7.5.2 Unterschiedliche aperiodisch begründete Lasten

Folgt man der vom Verordnungsgeber aufgestellten Forderung, die Verrechnung aperiodisch begründeter Lasten nach dem zeitlichen Umfang der ihr gegenüberstehenden Leistung vorzunehmen, so muß man - ohne zunächst den dergestalt ausgestatteten Kredit näher zu untersuchen - die Funktion solcher Lasten analysieren und erforderlichenfalls zur Unterscheidung heranziehen.

Die in der Kreditwirtschaft gebräuchlichen Bezeichnungen erlauben hierzu nur eine vordergründige Differenzierung. So sind - zu Beginn der Kreditlaufzeit fällige - Bearbeitungsgebühren ebenso wie weiterbelastete Vermittlungsprovisionen Ansprüche auf Zahlungen, die in der Regel nur einmal geltend gemacht werden. Man findet jedoch, daß ein Kreditgeber eines für begrenzte Zeit refinanzierten Darlehens bei einer Anschlußfinanzierung erneut eine Bearbeitungsgebühr erhebt. Folgerichtig ist eine solche Bearbeitungsgebühr zu dem Finanzierungsabschnitt in Bezug zu setzen, mit dessen Ablauf die durch sie abgegoltene Leistung der Bearbeitung als verbraucht angesehen wird. Ferner kann aus der Sicht des Kreditnehmers für den Fall eines Gläubigerwechsels

---

38) Bezugsgröße in einem Vergleich zweier Kredite ist stets der Auszahlungsbetrag.

zwischen zwei Finanzierungsabschnitten, sofern er sich dazu eines Kreditvermittlers bedient, die Belastung einer weiteren Courtage nicht ausgeschlossen werden.

Das Damnum[39)] ist nicht von vornherein als einmalig oder wiederholt fällige Forderung einzuordnen. Das hat seinen Grund darin, daß es für den Kreditgeber unterschiedliche Funktionen erfüllen soll[40)]. Diese Funktionen lassen sich grob in zwei Kategorien gliedern:

> Die erste Funktion - sie ist die ursprüngliche[41)] - besteht darin, Kreditinstituten, die ihre Refinanzierung an den Wertpapiermärkten beschaffen, einen Ausgleich für den Kursabschlag zu gewähren, den sie gewöhnlich ihren Wertpapierkäufern einräumen. Geldbeschaffungs- und Emissionskosten werden auf diesem Wege an den Kreditnehmer weitergegeben. Diese Funktion soll als Korrelatfunktion bezeichnet werden.
>
> Die zweite - später hinzugekommene - Funktion umfaßt die Abgeltung von Bearbeitungs- und Verwaltungskosten, Kosten der Sicherheitenprüfung und ähnliche Kosten. Sie wird kurz als Kostendeckungsfunktion bezeichnet.

Die Korrelatfunktion ist eindeutig der Finanzierung zuzuordnen. Diesem Bezug zu den auszuleihenden Geldmitteln entspringt eine Abwandlung der Korrelatfunktion, die schon um die Jahrhundertwende praktiziert wurde[42)]. Gemeint ist die Herstellung einer Wechselbeziehung zwischen der Höhe des vereinbarten Nominalzinses und der Höhe des Damnums. Losgelöst von den Gegebenheiten der konkret beschafften Refinanzierungsmittel wird dem Kreditsuchenden eine Palette von Zins-Damnum-Kombinati-

----

39) Siehe 1.3.1.2.

40) Vgl. BGHE vom 02.07.1981 in DB, 1981, S. 2320-2324 = NJW, 1981, S. 2180-2181; Prass, 1981, S. 1059-1061; Frenz, 1981, S. 461 f.

41) Siehe 1.3.1.2.

42) Vgl. Frenz, 1981, S. 461.

onen angeboten[43]. Sie soll den differenzierten Wünschen der Kreditnehmer (steuerliche Abzugsfähigkeit von Einmalkosten, Regulativ für die Höhe der laufenden Belastung) Rechnung tragen. Dem Kreditgeber ermöglicht sie eine Feinabstimmung der Konditionen, also die Berücksichtigung von Veränderungen des allgemeinen Zinsniveaus über den Auszahlungskurs anstatt über den Nominalzins. Die Abstufungen würden sonst regelmäßig mindestens 1/4 Prozentpunkt betragen[44].

Während die Korrelatfunktion dazu bestimmt ist, Auszahlungsdifferenzen bei der Refinanzierung auszugleichen, soll die Kostendeckungsfunktion, wie ihr Name sagt, dem Kreditgeber die mit der Kreditgewährung verbundenen Betriebskosten ersetzen. Aufgrund ihres materiellen Gehalts hat man es hier eher mit einer Bearbeitungsgebühr zu tun.

Wie bereits gesagt, kann es für die Verrechnung der aperiodisch begründeten Lasten nicht auf deren Bezeichnung ankommen. Wendet man statt dessen den Grundsatz, "Einmalkosten ... entsprechend ihrer Funktion auf die für sie zutreffende Verrechnungszeit zu verrechnen"[45], konsequent an, so scheinen auf den ersten Blick Zweifel über die zugrunde zu legende Verrechnungszeit ausgeschlossen. Für die Praxis der Preismessung läßt sich die Frage einer sachgerechten Verfahrensweise freilich nicht so leicht beantworten, wie es hiernach den Anschein hat. Das zu verdeutlichen diene der folgende Abschnitt.

---

43) Siehe 2.2.1.1 und 2.2.1.2.

44) Die Interdependenz zwischen Nominalzins und Damnum (Disagio) hat eine langdauernde Diskussion über den Charakter dieses Abschlages ausgelöst (s. Fußnote 137). Einschlägige höchstrichterliche Entscheidungen machen die Behandlung des Disagios von der Vertragsgestaltung im Einzelfall abhängig (z. B. BGHE vom 02.07.1981).

45) Vgl. Grundsätze BL-A PrA vom 03.12.1980, III, S. 513.

7.5.3 Verhältnis von Konditionsgeltungsdauer zu Kreditlaufzeit als Ansatzpunkt für eine unterschiedliche Verteilung

Die PAngV 1985 unterscheidet, was die Fortgeltung der vereinbarten Kreditbedingungen anbetrifft, lediglich zwischen solchen, die über die gesamte Kreditlaufzeit hinweg unveränderlich bestehen bleiben, und jenen, bei denen das nicht zutrifft. Bei den ersteren ist der effektive Jahreszins, bei den letzteren der anfängliche effektive Jahreszins anzugeben. Für den Fall der veränderlichen Konditionen geht die PAngV 1985 von der Fiktion einer Zinskonstanz über die Gesamtlaufzeit aus. An die Stelle der realen Fortgeltung des vereinbarten Zinses für die Dauer des Kreditverhältnisses - im ersteren Falle - tritt nach dem Konzept der PAngV 1985 - im zweiten Falle - mithin die bloße Fiktion einer Zinskonstanz.

Bei der Differenzierung zwischen lediglich zwei Begriffen kommen jedoch die jeweiligen Eigenheiten von Krediten mit einer - wenn auch nur zeitanteiligen - Festzinsvereinbarung und solchen, deren Nominalzins jederzeit geändert werden kann, zu kurz. Diese Merkmale sollen im folgenden herausgearbeitet und in eine Reihe neben die Konditionenvariante mit Geltung für die Gesamtlaufzeit gestellt werden.

Kredite mit auf Dauer festen Konditionen - um sie vorwegzunehmen - werden vom Kreditgeber wie etwa einem Realkreditinstitut in der Regel gezielt, und zwar exogen (z. B. über Pfandbriefemissionen) oder endogen (durch Zuweisung vorhandener Finanzmittel) refinanziert. Wegen des mit der Mittelbeschaffung verbundenen Zweckaufwandes entstehen im Normalfall Sonderkosten, die häufig im Auszahlungskurs weitergegeben werden. Auszahlungsverlust (Damnum, Disagio) und Zins bilden eine spezielle Kombination, die so nur für die jeweilige Dauer der Refinanzierung Bestand hat und mit ihrem Ablauf endet. Bei Krediten mit dauerhaft festen Konditionen ist die Periode der Refinanzierung mit der Kreditlaufzeit im wesentlichen deckungsgleich (kongruente Refinanzierung)[46]. Selbst wenn sie es nicht wäre, berührte diese zeitliche Inkongruenz nicht den durch die feste Darlehens-Kondition gesicherten Kreditnehmer. Eine rechnerische Verteilung von aperiodisch begründeten Lasten auf die gesamte Laufzeit des Darlehens erscheint hier ohne weitere Erörterung sachgerecht[47].

Auch Krediten mit zeitanteiligen Festzinsvereinbarungen steht regelmäßig eine eigens beschaffte oder zugeordnete Refinanzierung gegenüber. Man findet deshalb die im vorigen Absatz beschriebene Wechselbeziehung zwischen Zins und Auszahlungskurs gleichfalls. Der Unterschied zur Vollzeitfinanzierung besteht darin, daß die Korrelation zwischen Nominalzins und Auszahlungskurs nur für einen Teilabschnitt des Kreditverhältnisses festgeschrieben ist und bereits vor dessen Auslauf endet. Übrig bleibt zu jenem Zeitpunkt beim Kreditnehmer eine Restschuld, für die eine Anschlußfinanzierung benötigt wird - gegebenenfalls mit einem neuen Konditionenpaar. Dabei macht es für eine wirtschaftliche Betrachtung keinen Unterschied, ob es sich bei dieser Zäsur um die juristische Beendigung des Kreditverhältnisses durch Kündigung oder Zeitablauf handelt oder um das Recht des Kreditgebers zu einer einseitigen Neufestsetzung der Konditionen, gepaart mit einem Widerspruchsrecht des Kreditnehmers. Im Hinblick auf das bis dahin geltende Konditionenbündel wird - unabhängig von der zugrunde liegenden juristischen Vertragskonstruktion - eine neue Vereinbarung getroffen. Der Betrachtungshorizont der PAngV 1985 jedenfalls endet mit diesem Zeitpunkt. Auch wenn keine aperiodisch begründeten Lasten aus unvollständiger Auszahlung zu verrechnen wären, würde die Festschrei-

---

46) Dem Verfasser ist bekannt, daß die herkömmliche zinsbindungskongruente Refinanzierung ("Schichten") in der neueren Theorie-Diskussion durch eine an Zahlungsströmen orientierte strukturkongruente Refinanzierung verdrängt worden ist. Dabei geht der Streit im Schrifttum um die Art der Kongruenz (Zahlungsstruktur versus Kapitaleinsatz) - vgl. hierzu die Diskussion zwischen Flesch/Piaskowski/Sièvi und Schierenbeck/Rolfes in: Die Bank, 1984, S. 357-366; 1987, S. 25-33, 190-193, 329-335. Am Grundprinzip einer Fristenkongruenz des Passiv- zum Aktivgeschäft ändern solche für das operative Controlling eines Kreditinstituts entwickelten Denkansätze zur Steuerung von Zinsänderungsrisiken indes nichts.

47) Zu erörtern bliebe allenfalls die Frage nach der Methode der Verrechnung, nämlich ob annuitätisch oder linear. Wegen diesbezüglicher Erwägungen siehe Steppeler/Astfalk, 1986, S. 126-129.

bungszeit als Laufzeit gelten[48]. Ebenso ist ein Damnum auf die Festschreibungszeit zu verrechnen. Das scheint nach vorstehendem sachgerecht[49].

Anders verhält es sich bei Krediten mit vollvariablen Konditionen. Ihre Finanzierung entstammt zumeist dem Aufkommen an Spar- und befristeten Einlagen, die ein Kreditinstitut wie etwa eine Sparkasse oder Kreditgenossenschaft auf seinen Konten ansammelt. Da deren Verzinsung häufigen Änderungen unterworfen ist, ist ein solches Kreditinstitut gezwungen, seine Kredite gleichfalls mit einem Zinsänderungsvorbehalt auszuleihen. Ihm entspricht ein Recht zur Kreditkündigung mit Dreimonatsfrist auf seiten des Kreditnehmers. Andererseits entstehen bei der Einwerbung solcher Refinanzierungsmittel wie Spareinlagen keine der Pfandbriefemission vergleichbaren einmaligen Aufwendungen[50]. Deshalb gehört ein Damnum im ursprünglichen Sinne, d. h. mit Korrelatfunktion[51] nicht zu den Merkmalen eines Kredites mit variablen Konditionen. Auszahlungsverluste haben für den Kreditgeber eher den Zweck, einen Teil der Betriebskosten zu decken - auch wenn sie als Disagio bezeichnet werden -, oder dienen der Feinabstimmung der Zinskalkulation[52]. Ihrer Natur nach sind sie eine Bearbeitungsgebühr oder ein zeitlich begrenztes Zinskorrektiv[53]. Doch während bei Abschnittsfinanzierungen die Konditionen für die Dauer der Zinsbindung absolut feststehen, können sich die variablen Zinsen - wie ihr Name sagt - auch während des Vorteilszeitraumes ändern. Allerdings ist der Abstand

---

48) Vgl. Ausführungshinweise 2.4.

49) Vgl. Kähler/Daniel mit gleichem Tenor, 1983, S. 358.

50) Siehe 7.5.2.

51) Siehe 7.5.2.

52) Daneben entspringen sie auch Wünschen von Kreditnehmern zur Gestaltung der Steuerschuld.

53) Man bezeichnet die Phase, für die ein Zinskorrektiv gilt, etwas ungenau als Zinsvorteilszeitraum. Der Kunde erhält für den Auszahlungsverlust allenfalls ein Äquivalent in Gestalt des vorübergehend ermäßigten Nominalzinses. Nur auf diesen beschränkt, also isoliert betrachtet, kann man von Zinsvorteil sprechen.

zum Zinssatz für Vollauszahlungen, dem Basiszinssatz, welcher zur Zeit der Krediteinräumung galt, den ganzen Zeitraum hindurch einzuhalten. Wie sich schon aus dieser - wenn auch latenten - Beziehung zu einem Basiszins erkennen läßt, wird die Finanzierung zu keiner Zeit völlig aus dem Gesamtblock einer sie tragenden Finanzmasse gelöst. Dem entspricht es, daß der Zinssatz, wenn der Zinsvorteilszeitraum abgelaufen ist, auf den Basiszinssatz zurückfällt. Das Ende des Zinsvorteilszeitraumes führt nicht dazu, daß über sämtliche Konditionsbestandteile neu verhandelt werden muß. Zwar hat auch hier der Kreditnehmer das Recht, seinen Kredit mit Dreimonatsfrist zu kündigen; doch besteht dieses Kündigungsrecht schon vorher und ist somit nicht an den Ablauf der Zinsbindungsfrist gebunden. Im Regelfalle setzt sich das Kreditverhältnis unter Aktivierung der gerade geltenden Basiskondition fort - einer Kondition, die sich freilich seit Kreditaufnahme mehrfach geändert haben kann und im weiteren Verlauf erneut und mehrfach ändern dürfte. Der gewährte Kredit aber besteht so fort, wie er eingeräumt ist; neue "Einmalkosten" sind nicht zu entrichten.

Die PAngV 1985, die ja zwischen Krediten mit Festzins und solchen mit vollvariablem Zins keinen Unterschied macht, fordert auch bei letzteren, aperiodisch begründete Lasten auf denjenigen Zeitraum zu verrechnen, in dem der Kreditnehmer in den Genuß einer damit abgegoltenen Leistung kommen soll. Steppeler/Astfalk haben dargetan, daß sie die dieser Vorschrift zugrunde liegende Unterstellung, nämlich ein Damnum sei dann bereits verbraucht, für hypothetisch halten, weil es eben nicht innerhalb des Verrechnungszeitraumes, sondern verteilt über die gesamte Laufzeit getilgt werde[54]. Sie argumentieren damit, daß die vorgeschriebene Verrechnung, ausgehend von dem Gedanken eines Zinskorrektivs, die Äquivalenz zwischen Zinsvorteil und Damnum zur stillschweigenden Voraussetzung habe. Sei diese Voraussetzung nicht erfüllt, ergäbe die Verrechnung auf den Zinsvorteilszeitraum "falsche Belastungszahlen"[55] mit der Folge, daß Angebote mit verschieden lan-

---

54) 1986, S. 162.

55) 1986, S. 163, mit Zahlenbeispielen.

gen Vorteilszeiträumen untereinander nicht verglichen werden könnten[56]. Tatsächlich läge der Unterschied aus verschieden langen Vorteilszeiträumen in Bezug auf die Belastung des Kreditnehmers allein darin, daß er jenen Zinsvorteil x Jahre kürzer oder länger genösse. Nach deren Ablauf gelte nicht mehr der ermäßigte, sondern der um die Differenz des Zinsvorteils höhere Zins.

Folgt man der gesetzesimmanenten Fiktion der PAngV 1985, die bei Krediten mit vollvariablem Zins grundsätzlich von der Zinskonstanz über die Gesamtlaufzeit ausgeht, so erscheint es in der Tat nicht konsistent, wegen des Einschubs eines Zinsvorteilszeitraumes diese Fiktion aufzugeben und den temporären Zinsunterschied als hinreichenden Grund für eine Gleichsetzung der Zinsermäßigung mit einem Finanzierungsabschnitt anzusehen, obwohl sich beide - wie gezeigt wurde - deutlich voneinander unterscheiden. Zwar kann auch bei Krediten mit Abschnittsfinanzierung der Fall eintreten, daß nach einer Neufestsetzung des Zinssatzes durch den Kreditgeber und anschließendem Stillschweigen des Kunden die Kreditbeziehung andauert. Doch wird in einem solchen Falle wiederum ein neuer Finanzierungsabschnitt eröffnet. Denn die einseitig festgesetzten Konditionen beruhen auf einer dafür beschafften Refinanzierung (meist Emission von Schuldverschreibungen), sind also das Ergebnis einer neuen Konditionsbündelung[57].

Steppeler/Astfalk machen geltend, daß die von ihnen vorgeschlagene Verrechnungsmethode Vorteile für die Vergleichbarkeit habe[58]. Da indes die Bezeichnung "anfänglicher effektiver Jahreszins" auf alle

---

56) Anders bei Abschnittsfinanzierungen kongruent refinanzierender (Real-)Kreditinstute. Dort geht man von einem einheitlichen Effektivzins aus und kalkuliert Zinsvorteil und Zinsvorteilszeitraum im wesentlichen kongruent. Das ermöglicht für Vergleiche in etwa äquivalente Belastungszahlen.

57) Der weitergehenden Forderung von Steppeler/Astfalk, auch bei Abschnittsfinanzierungen das Damnum auf die Gesamtlaufzeit zu verrechnen, kann aufgrund der Artverschiedenheit nicht gefolgt werden.

58) 1986, S. 166 f. - Die Preisaufsichtsbehörden sollen zu erkennen gegeben haben, daß sie mit einem Wechsel der Verrechnung auf die Gesamtlaufzeit einverstanden wären (vgl. Schreiben des Deutschen Sparkassen- und Giroverbandes vom 05.12.1986, S. 8).

nicht für die Gesamtlaufzeit fest vereinbarten Konditionen unterschiedslos angewandt wird, müßte man auf der anderen Seite eine noch größere Desorientierung der Kreditnehmer befürchten, sollten sie versuchen, Kredite mit vollvariablem Zins und solche mit Abschnittsfinanzierung untereinander zu vergleichen. Diese Gefahr muß man um so höher veranschlagen, als Kredite, deren Zins praktisch einer jederzeitigen Änderung unterworfen ist, aufgrund der immanenten Fiktion der Zinskonstanz wie Kredite mit festem Zins behandelt würden, während Kreditkonditionen mit mehrjähriger Zinsbindung im Vergleich dazu als weniger unveränderlich erscheinen müßten - ein gewiß absurdes Ergebnis.

Hier erweist es sich als schwerwiegender Mangel der bestehenden Regelung, daß sie zwischen zeitanteiligem Festzins und vollvariablem Zins nicht unterscheidet. Mit Schoppmann[59)] wären deshalb eine begriffliche Dreiteilung der Konditionen und die Einführung anderer Bezeichnungen zu fordern , welche die Gefahr untauglicher Vergleiche zumindest verringern könnten.

Die im Vorstehenden geäußerte Kritik an der geltenden Handhabung bei der Verteilung aperiodischer Lasten für Kredite mit vollvariablem Zins darf im übrigen nicht dahin mißverstanden werden, als rede der Autor einer Fiktion der Zinskonstanz das Wort. Wohl erweist sich die kritisierte Vorgehensweise vor diesem Hintergrund als inkonsistent. Doch ist die Fiktion der Zinskonstanz, wie bereits in 6.2.5 ausgeführt, wegen eher irreführender als wegweisender Folgewirkungen als solche abzulehnen.

---

59) Vgl. 1985, S. 8; ähnlich, wenn auch noch aufgrund der unvollständigen Regelung gemäß PAngV 1973, Kähler/Daniel, 1983, S. 358.

7.5.4 Manipulationsspielräume bei der Verrechnung aperiodischer Lasten

Es wurde schon erwähnt, daß die geltende Regelung Manipulationsspielräume eröffnet. Sie erwachsen aus Unterschieden in der Funktion verbunden mit einem fließenden Übergang der Begriffsinhalte. Das kann sich auf folgende Weise vollziehen: Ein Kreditinstitut, das sich nicht am Kapitalmarkt refinanziert, bietet zinsvariable Kredite mit Auszahlungskursen unter 100 Prozent an. Es tut dies teils zwecks Feineinstellung des Nominalzinses, teils, um aus optischen Gründen einen günstigen Nominalzins ausweisen zu können. Deklariert das Kreditinstitut für solche Kredite eine Bearbeitungsgebühr, so kann es diese, wenn sie nur einmal erhoben werden soll, auf die gesamte Laufzeit verteilen. Da auf solche Weise der niedrigst-mögliche Effektivzinsausweis erfolgen kann, wird es sich aus Wettbewerbsgründen für diesen Verrechnungsmodus entscheiden. Ob eine solche Behandlung sachgerecht ist, wird aber nur für jemand erkennbar, der die Konditionengestaltung des Kreditinstituts auch außerhalb des konkreten Angebotes kennt. Existiert neben der vorliegenden Offerte auch ein Angebot zu 100 % mit einem höheren Nominalzinssatz, so verrät dies, daß der Kreditgeber in Wahrheit nicht die mit jeder Kreditgewährung zwangsläufig verbundenen Bearbeitungskosten in Rechnung stellen, sondern eigentlich ein Damnum erheben wollte, um einen optisch günstigeren Nominalzins anbieten zu können. Er hätte zwar dann gegen den Grundsatz der PAngV verstoßen. Nur wird es nicht jedem offenbar, zumal wenn unterschiedliche Praktiken im zeitlichen Nacheinander auftreten. Differenzen in der Höhe des Damnums - seien sie innerhalb der Angebotspalette, seien sie im zeitlichen Ablauf feststellbar - deuten nach Ansicht des Verfassers auf eine Korrelatfunktion hin und müßten die Verrechnung auf einen entsprechenden Zinsvorteilszeitraum nach sich ziehen. Doch wird es der Kreditsuchende schwer haben, den Charakter des Abschlages als eines Zinskorrektivs zu erkennen oder gar nachzuweisen, wenn neben der untersuchten Offerte eine solche für ein Darlehen mit Grundausstattung nicht vorliegt[60]. Der angedeuteten Manipulation könnte dadurch begegnet werden, daß stets auch eine Variante mit Vollauszahlung im Konditionenfächer eines Kreditgebers enthalten sein müßte, selbst wenn diese nicht tatsächlich angeboten würde, sondern lediglich als Orientierungsmaßstab bei der Effektivzinsermittlung zu dienen bestimmt wäre. Würden von einem Institut in keinem Falle Darlehen mit Auszahlung 100 % gewährt, so könnte die Funktion eines Orientierungsmaßstabes auch von einem als solchem kenntlich gemachten Höchstauszahlungskurs erfüllt werden - vorausgesetzt dieser bliebe unverändert.

Unabhängig davon, auf welche Laufzeit ein Auszahlungsabschlag bei einem Kredit mit vollvariablem Zins verteilt wird, besteht bei dieser Kreditform die latente Gefahr, daß Anpassungen des Zinssatzes an die sich verändernde Marktlage nicht oder nicht voll den durch Hinnahme des Auszahlungsabschlages erkauften Vorteilsabstand einhalten. Sie droht um so mehr, als eine Berücksichtigung individueller Gestaltung allein aus technischen Gründen (Anpassung ganzer Zinsblöcke des Darlehensaltbestandes eines Kreditinstituts) schwierig ist[61]. Der Kreditnehmer muß mit dieser Gefahr nicht nur dann rechnen, wenn es an einer vertraglichen Zusicherung für die Gewährung des Zinsvorteils fehlt.

---

60) Eine besondere Problematik erwuchs anfänglich aus dem Zusammentreffen mehrerer aperiodisch begründeter Lasten bei einem Kredit. Besonders einige Sparkassen hatten es sich zur Gewohnheit gemacht, neben dem Damnum, welches das Äquivalent für einen zeitlich begrenzten Zinsvorteil darstellen sollte, eine Bearbeitungsgebühr zu berechnen. Indem sie den unterschiedlichen Funktionen der Lasten entsprechend bei deren Verrechnung differenzierten, verteilten sie das Damnum auf den Zinsvorteilszeitraum und die Bearbeitungsgebühr auf die gesamte Laufzeit. Sie befanden sich dabei in Übereinstimmung mit dem offiziellen Kommentar von Gimbel/Boest (S. 45). Die Aufteilung der Auszahlungsdifferenz (sogenanntes Splitting) begegnete jedoch bereits bei der Abfassung der Ausführungshinweise zum 31.07.1985 Bedenken auf seiten der Preisaufsichtsbehörden. Nachdem Einzelfälle mit einem relativ hohen Anteil einmal fälliger Bearbeitungsgebühren bekannt geworden waren, entschlossen sich die Behörden, das Splitting nur noch zu dulden, wenn die anteilige Verrechnung auch im wirklichen Kreditkonto erschien, d. h. wenn am Ende der Zinsbindungsfrist noch nicht "verbrauchte" Bearbeitungsgebühren dem Darlehenskonto gutgeschrieben wurden (Ausführungshinweise Ziff. 1). Dadurch wurde die zeitliche Erstreckung eines Teils der Auszahlungsdifferenz auf die Gesamtlaufzeit im Ergebnis neutralisiert. Sie hat inzwischen stark an Bedeutung verloren.

61) Vgl. Looman, 1986, Blick durch die Wirtschaft, Nr. 106, vom 06.06.1986, S. 3, Nr. 140, vom 25.07.1986, S. 3, und Nr. 145, vom 01.08.1986, S. 3.

Auch bei bestehenden Verträgen kann die Durchsetzung seines Anspruchs mangels eines eindeutigen Referenzzinssatzes an Beweisschwierigkeiten scheitern, zumal die Höhe des Zinsvorteils nicht angegeben werden muß[62]. In diesen Fällen enthüllt die spätere Handhabung durch den Kreditgeber die von ihm zuvor angewandte Rechentechnik als unrichtig. Den Schaden hat der Kreditnehmer. Eine Lösung des Problems zeichnet sich nicht ab. Durch die Verwendung einer vom Begriff des Effektivzinses deutlich unterscheidbaren andersartigen Bezeichnung für die aus Krediten mit variablem Zins erwachsende Belastung könnte allerdings die Aufmerksamkeit des Kreditsuchenden gegenüber den Eigenheiten dieses Kostensatzes geschärft werden[63].

7.5.5 Einflüsse, die vom Damnum auf den Effektivzins ausgehen und die Vergleichbarkeit beeinträchtigen

Kredite, worauf Kreditnehmer nur Zahlungen mit ursprünglich periodischem Bezug (wie Zins- und Tilgungsraten, laufende Gebühren) zu leisten haben, weisen bei gleichem Nominalzins und jährlichen Zahlungsterminen selbst dann den gleichen Effektivzins auf, wenn ihre Tilgungsmodalitäten voneinander abweichen. Werden hingegen aperiodisch begründete Lasten (wie Damnum) Bestandteil der Kreditvereinbarung, gewinnen Laufzeit und Tilgungsmodalitäten Einfluß auf die Zinshöhe.

So führt ewa eine verstärkte Tilgung, also die Leistung höherer als der ursprünglich vereinbarten Jahresraten ceteris paribus zu einem Anstieg des effektiven Jahreszinses[64]. Umgekehrt hat die Vorschaltung tilgungsfreier Jahre ein Sinken des Effektivzinses zur Folge. Beides hat seinen Grund in einer Veränderung der durchschnittlichen Kapitalbindung, auf welche die aperiodisch begründete Last bezogen ist[65].

----

62) Vgl. Steppeler/Astfalk, 1986, S. 137.

63) Siehe 7.5.3.

64) Siehe hierzu 8.2.

65) Vgl. Sièvi, Chr., 1985, S. 11.

Zur Veranschaulichung diene folgende Überlegung: Ist eine Kreditalternative (A) mit einer längeren Laufzeit ausgestattet als die andere (B), so liegt die durchschnittliche Kapitalbindung im Falle A über der im Falle B. Nimmt ein Zahlungsmittelbestand im Vergleich zu einem anderen rascher ab und muß gleichzeitig das "Gebührendarlehen" getilgt werden, so führt das zu einem höheren Effektivzins; denn der Effektivzins ist ein Ausdruck für die Verzinsung des "durchschnittlich gebundenen Kapitals"[66]. Weicht ein solches Kapital A von einem Kapital B ab, so ist ein Vergleich der beiden Alternativen gestört.

Das sei im folgenden näher begründet: Effektivzinsangaben sollen Kreditangebote vergleichbar machen. Es wird noch zu zeigen sein, bis zu welchem Grade dies aufgrund der Charakteristik einer solchen Kennziffer überhaupt möglich ist[67]. Unter teilweiser Vorwegnahme des Ergebnisses der Untersuchung sei bereits hier angemerkt, daß zwei Zahlungsreihen, deren Struktur nicht völlig übereinstimmt, über den Effektivzins, also den internen Zins, nicht verglichen werden können. Neben dieser engen Auslegung - der der Verfasser sich anschließt - findet sich im Schrifttum eine weite, die durch Implikation des vollkommenen Kapitalmarktes und einer Zwischenanlage- bzw. Refinanzierungsprämisse ("Wiederanlageprämisse") zielgerichtete Vergleiche zwischen Zahlungsreihen unterschiedlicher Struktur zuläßt, weil diese Strukturunterschiede durch derartige Zwischenanlagen bzw. Refinanzierungen zum internen Zins ausgeglichen werden können. Daraus folgt, daß von unterschiedlichen Tilgungsmodalitäten per se keine Auswirkungen auf die Höhe der Belastung ausgehen, weil Differenzen im Zahlungsstrom durch Kapitalmarktoperationen zum gleichen Zins abgedeckt werden können. Diese auf einer modelltheoretischen Fiktion aufbauende Aussage gilt aber nur, solange die Finanzierung nicht aperiodisch begründete Lasten wie etwa ein Damnum umfaßt. Ist das hingegen der Fall, so wird der Effekt nicht verzerrungsfrei abgebildet. Diese Wirkung auf die Zinshöhe beruht auf folgendem Zusammenhang: Das Damnum ist - wie der aus-

----

66) Vgl. Bitz, 1988, S. 63.

67) Siehe 8.1.

gezahlte Darlehensteil - über die Laufzeit des Darlehens verteilt abzutragen. Unterschiede in den Tilgungsmodalitäten, also z. B. ein höherer Anfangstilgungssatz, verkürzen die Laufzeit des Darlehens und damit zugleich den Zeitraum, auf den das Damnum verteilt werden muß. Dadurch erhöht sich der auf die einzelne Periode entfallende Anteil. Das Ergebnis ist ein Ansteigen des effektiven Zinssatzes als Folge der Verkürzung der durchschnittlichen Laufzeit. Doch damit hat es nicht sein Bewenden. Gerade der erhöhte Effektivzins bewirkt nämlich über seine Verwendung als Zwischenanlage- bzw. Refinanzierungszins eine weitere Verteuerung der betroffenen Tilgungsvariante. Dieser zweite Effekt ist systemimmanent und führt zu einer Überzeichnung der Zinserhöhung. Die Vergleichbarkeit ist beeinträchtigt[68].

---

68) Vgl. Schierenbeck (1983, S. 524-525); Allerkamp (1983, S. 47-50), welche deshalb die "reale Zinsfußmethode" der "internen Zinsfußmethode" vorziehen.

8 Kritik an der Tauglichkeit des internen Zinsfußes als Entscheidungskriterium

8.1 Kritik an der Tauglichkeit des internen Zinsfußes als investitionstheoretische Kennziffer für Vergleichszwecke

Reduziert man die Betrachtung von Investitionen auf die mit der Sachmittelerstellung oder -anschaffung einhergehenden monetären Abläufe[1], so erhält man Reihen von Aus- und Einzahlungen (bzw. deren jeweils saldierte Überschüsse)[2]. Bei einer Normalinvestition folgen auf eine (Anzahl anfänglicher) Auszahlung(en) nur noch Einzahlungen[3]. Finanzierungen sind Spiegelbilder von Investitionen[4]. Am Beginn steht eine (Reihe von) Einzahlung(en) - typischerweise in Gestalt einer Kreditaufnahme. Daran schließt sich eine Reihe bloßer Auszahlungen - in Form von Zins- und Tilgungsleistungen.

Ein- und Auszahlungen sind als Zahlungsstrom auf einem Zeitstrahl angeordnet[5].

Höhe und zeitlicher Anfall von Ein- und Auszahlungen formen die Struktur einer Zahlungsreihe im Zeitablauf. Zahlungsreihen sind unter dem Gesichtspunkt der betriebswirtschaftlichen Konsequenz von Handlungsalternativen zugleich "Zeitreihen monetärer Ergebnisgrößen"[6].

---

1) In diesem Sinne Bitz, 1988, S. 19; zu den Begriffen Investition und Finanzierung vgl. statt anderer Schneider, D., 1980, S. 147-152.

2) Vgl. Bitz, 1988, S. 19.

3) Vgl. Witten/Zimmermann, 1977, S. 103; Bitz, 1988, S. 62.

4) Vgl. Schneider, D., 1980, S. 151; Däumler, 1982, S. 2366.

5) Vgl. Däumler, 1982, S. 2366.

6) Bitz, 1981, S. 287.

Um zwischen mehreren "Ergebnissequenzen"[7] auswählen zu können, bedarf der Kreditsuchende einer Zielvorstellung. Richtet man diese Zielvorstellung etwa an der Formel b) für die Berechnung des (anfänglichen) effektiven Jahreszinses aus, wie sie in den Ausführungshinweisen enthalten ist[8], so muß der Endvermögenswert des zum effektiven Jahreszinses angelegten Kreditbetrages mit dem Endvermögenswert der zum effektiven Jahreszins verzinsten Ratenzahlungen übereinstimmen. Dieses aus Sicht des Kreditnehmers negative Endvermögen oder - anders gesagt - seine Vermögenseinbuße sollte mit Hilfe der Meßziffer "effektiver Jahreszins" möglichst gering gehalten werden. Es erscheint daher vertretbar, die Minimierung der Vermögenseinbuße als Oberziel des Entscheidungsprozesses aufzustellen. An dieser Zielvorstellung soll eine Kennziffer gemessen werden, die der Auswahlentscheidung zugrunde gelegt wird. Mit anderen Worten: Angestrebt wird die Erreichung eines bestimmten Endvermögenswertes[9]. Die Frage ist jetzt, ob der Effektivzins ein Parameter ist, der etwas über diesen Vermögenswert aussagt.

Einer Entscheidung zwischen mehreren Kreditalternativen geht die "Erstellung einer Rangordnung unter den gegebenen Zahlungsreihen"[10] voraus. Sie beruht auf einer Bewertung dieser Zahlungsreihen. Dabei werden die Sequenzen der zu unterschiedlichen Zeitpunkten anfallenden Ergebnisse miteinander vergleichbar gemacht.

Eine gebräuchliche Rechentechnik zur Gewinnung von Kennzahlen für Vergleiche ist die Diskontierung der Ergebnisse auf einen gemeinsamen Bezugspunkt[11].

---

7) Bitz, 1981, S. 287.

8) Vgl. 4.2 der Ausführungshinweise (Anhang 1).

9) Vfl. Sièvi, Chr./Sièvi, F., 1979, S. 17.

10) Vgl. Drukarczyk/Müller-Hagedorn, 1978, S. 66.

11) Vgl. Bitz, 1977 a, S. 146.

Als Meßziffer findet neben anderen der interne Zinsfuß Anwendung. Da er den Effektivzinsberechnungen gemäß PAngV 1985 zugrunde liegt, sollen die folgenden Ausführungen dieser Kennzahl gewidmet sein.

Der interne Zinsfuß bezeichnet die Höhe der Kapitalkosten, die eine Investition gerade eben tragen kann. Auf eine Finanzierung angewandt entspricht er jenem Satz, bei dessen Verwendung die Zahlungen des Kreditnehmers gerade ausreichend sind, um den aufgenommenen Kredit zu verzinsen und zurückzuzahlen[12)].

Aus der Perspektive des Kreditgebers betrachtet ist die Kreditsumme, die dem Kreditnehmer zufließt, "gebundenes Kapital". Der interne Zinsfuß ist dessen "Rendite", eine endogene Größe also, die von der Investition bzw. Finanzierung "selbst hervorgebracht"[13)] wird. Er ist der in ein Verhältnis zum durchschnittlichen Investitions-/Finanzierungsvolumen gesetzte, vom Hundert gerechnete Ertrag.

Das beantwortet bereits die Frage, ob sich der interne Zinsfuß als Auswahlkriterium eignet. Ist er - wie gesagt - das rechnerische Resultat einer Beziehung zwischen zwei Größen, kurz eine Verhältniszahl, so kann wie bei allen Relationen ein Vergleich nur sinnvoll sein, wenn die Bezugsgrößen identisch sind. Das ist jedoch bei Alternativen, deren Zahlungsreihen nicht voll übereinstimmen, im allgemeinen nicht der Fall[14)]. Ausreichend für einen Vergleich ist nicht allein die Anfangszahlung, also die Höhe des verfügbaren Kredites. Laufzeit- und Zahlungsstrukturdifferenzen während der Kreditbeziehung bewirken unterschiedliche Kapitalbindung und folglich unterschiedliche Bezugsgrößen.

Verzerrungen der in 7.4 beschriebenen Art, wie sie die Vergleichbarkeit zweier ermittelter effektiver Jahreszinssätze beeinträchtigen, sind nur ein Sonderfall des allgemeinen Sachverhaltes, nämlich, daß

---

12) Vgl. Bitz, 1988, S. 63.

13) Drukarczyk, 1970, S. 22.

14) Vgl. Bitz, 1977 a, S. 148.

die Minimierung des internen Zinsfußes allgemein nicht gleichzusetzen ist einer geringstmöglichen Vermögenseinbuße durch die Finanzierungsalternative, deren Verzinsung dieser Zinsfuß zugrunde liegt.

Der interne Zinsfuß ist kein zielgerechtes Entscheidungskriterium. Ob eine Finanzierungsalternative einer anderen vorzuziehen ist, kann bei den praktisch immer bestehenden Unterschieden in der Kapitalbindung anhand des internen Zinsfußes nicht entschieden werden.

8.2 Kritik des mit der Aggregation eintretenden Informationsverlustes

Sieht man von der in 8.1 behandelten Frage der grundsätzlichen Tauglichkeit einmal ab oder - besser - läßt man sie für die Dauer einer weiteren Überlegung unbeantwortet, so verbleibt daneben ein anderes Problem. Es ist mit jeder Zusammenfassung von Komponenten in einer Kennziffer verbunden. Gemeint ist die Reduktion von Informationen, der zwangsläufige Informationsverlust. An die Stelle eines Qualitätsspektrums tritt ein aggregierter Meßwert auf einer Skala. Die durch Transformation gewonnene klare und einfache Abbildung eines komplexen, wenig überschaubaren Sachverhalts verbirgt als deren Konsequenz die einzelnen darin umschlossenen Determinanten dem Blick des Betrachters.

Die Folgen der Aggregation sind wie bei jedem derartigen Verfahren unvermeidlich. Sie sind der Preis für die dadurch gewonnene Transparenz und müssen an der vorgefundenen Realität gemessen werden. Die Realität präsentiert sich in einem vieldimensionalen Neben- und Miteinander einzelner Preiskomponenten in heterogenen Erscheinungsformen. Ein Kreditsuchender müßte dieses komplexe Gebilde auswerten, wenn er auf Aggregation verzichten wollte. Auf die damit verbundenen Probleme wurde bereits in Kapitel 1 aufmerksam gemacht. Sie erwachsen aus der für Außenstehende schwierigen Gewichtung einzelner Preisbestandteile in ihrer teilweise recht komplizierten Verknüpfung[15]. Wie anhand von

---

15) Vgl. Looman, Blick durch die Wirtschaft, Nr. 106, vom 06.06.1986, S. 3.

Feststellungen im Rahmen der empirischen Untersuchung nachzuvollziehen ist, sind nicht nur einzelne Preiselemente an sich, sondern u. a. auch deren Geltungsdauer, Zahlungsrhythmus, Bezug zur Zahlungsperiode, Preisbezugsbasis und Verrechnungsmodus von Einfluß auf den Endpreis[16]. Die Auswertung wird zusätzlich erschwert durch die mangelnde Deckungsgleichheit der Begriffsinhalte[17]. Ein Versuch, aus einem solchen Konglomerat von Einzelelementen und Einzeleinflüssen einen aussagefähigen Gesamtwert herzuleiten, ohne die Regeln der Verknüpfung zu beherrschen, wird im allgemeinen scheitern.

Muß man folglich die Preismessung anhand von Einzelkomponenten als möglichen Weg verwerfen, so kann andererseits auch die Verdichtung zu einer bloßen Relativzahl ohne die Nennung absoluter Rechengrößen nicht befriedigen[18]. Letztlich sind es genau jene drei Determinanten, die nach Aufbereitung des konkreten Datenmaterials in die Vergleichsziffer "effektiver Jahreszins" eingehen, welche dem Kreditsuchenden bei seiner Entscheidungsfindung bekannt sein müßten:

(I) der (effektive) Auszahlungsbetrag,

(II) die - den Zahlungsstrom bildende - laufende Rate in ihrer Höhe pro Periode,

(III) die zeitliche Dauer des Zahlungsstromes (= gesamte Kreditlaufzeit) bzw. die Höhe der Restschuld bei Ablauf des Finanzierungsabschnittes/Zinsbindungszeitraumes.

Zu (I): Der Auszahlungsbetrag - und nicht der Nennbetrag des Kredites - ist dem Bedarf des Kreditnehmers anzupassen. Dem Kreditsuchenden wird jedoch regelmäßig der Nominalwert genannt und in Verbindung damit ein Auszahlungskurs. Die PAngV 1985 verpflichtet den Kreditanbieter

---

16) Siehe Kapitel 1.

17) Krümmel hat sich bereits 1964 mit der Praxis der Preisspaltung als taktischem Mittel der Kreditinstitute auseinandergesetzt. (Vgl. dort S. 141-156, besonders S. 152 f., wo Krümmel folgert, "daß der gleiche Teilpreis ohne nähere Begründung heute als Entgelt für diesen, morgen als Entgelt für jenen Leistungstatbestand angesehen wird.")

18) Ähnlich, wenn auch etwas stark pointiert Brych, 1982, S. 302.

zwar, den Effektivzins auf der Grundlage des Auszahlungskurses zu errechnen, nicht aber dazu, sein Angebot am Auszahlungsbetrag auszurichten. Der Auszahlungsabschlag ist mit einer Kürzung des verfügbaren Kreditbetrages gleichbedeutend. Vorstellbar sind zwei Situationen.

1.Situation:
Der Kreditnehmer kann das Damnum aus eigener Kraft kompensieren, d. h. er kommt mit dem niedrigeren Nettobetrag aus - Seckelmann spricht von der "Brauchbarkeit"[19] des angebotenen Kredites -; dann hatte er eigentlich einen geringeren Finanzbedarf als angenommen und müßte daher Konditionsvergleiche auf der ermäßigten Basis anstellen[20]. Vergleiche von Nominalkrediten mit unterschiedlichen Auszahlungskursen über den Effektivzins bieten, wie bereits in Kapitel 7 dargestellt, keine Orientierungshilfe.

2.Situation:
War der Finanzbedarf hingegen richtig berechnet, sind also keine Mittel mehr verfügbar, um den Auszahlungsverlust auszugleichen, so bedarf es nun eines zusätzlichen Kredites, um die Lücke zu schließen[21]. Mit der Aufnahme des Zusatzkredites erhöhen sich aber für den Kreditnehmer die Zahlungen[22].

Zu (II): Ebenso wie der Auszahlungsbetrag prägen den Effektivzins Höhe und zeitliche Verteilung der Leistungsraten des Kreditnehmers. Die "Tragbarkeit"[23]des Kredites, d. h. seine Eigenschaft, mit der laufen-

---

19) Vgl. 1980, S. 905.

20) Vgl. Siëvi, Chr., 1985, S. 10.

21) Vgl. Sigl, der auf Zins- und Zinseszinsverluste hinweist (1982, S. 486).

22) Die Berücksichtigung der mit der Schließung der Auszahlungslücke entstehenden Kosten sieht die PAngV nur für den Fall vor, daß der aufgenommene Zusatz-Kredit mit dem (Haupt-)Kredit eine Einheit bildet. Diese Vorschrift wird von der Kreditwirtschaft sehr eng ausgelegt, so daß die Angabe eines einheitlichen Effektivzinses für beide Kredite nur selten anzutreffen sein dürfte (vgl. hierzu Steppeler/Astfalk 1986, S. 61). Siehe im übrigen die Ergebnisse der empirischen Untersuchung in 2.8.

23) Vgl. Seckelmann, 1980, S. 905.

den Belastung durch Höhe und Fälligkeit der auf den Kredit zu entrichtenden Leistungen die Zahlungskraft des Kreditnehmers nicht zu überfordern[24], ist ein für die Vorteilhaftigkeit eines Kreditangebotes bedeutsames Merkmal. Umgekehrt besteht beim Kreditnehmer regelmäßig im Hinblick auf den durch Eintritt ins Rentenalter gezogenen Zeithorizont Interesse an einer nicht zu geringen Leistungsrate[25].

Zu (III): Im Zusammenhang damit steht das dritte Merkmal: Die Dauer der Belastung bzw. die Gesamtlaufzeit des Kredites. An ihre Stelle ist im Zuge der Ausbreitung der Abschnittsfinanzierung die Höhe der Restschuld bei deren Ablauf getreten. Sie ist im übrigen nicht nur ein Indikator für die Tilgungsintensität der Kreditabwicklung, sondern auch ein aussagekräftiges Kriterium dafür, wie kostengünstig sich ein Kredit im Vergleich zu anderen ausnimmt. Davon wird im folgenden Abschnitt noch die Rede sein[26].

Da der anfängliche effektive Jahreszins keine explizite Aussage über die Höhe der Restschuld macht, kann ein Kredit, dessen Zahlungsstrom während des ersten Finanzierungsabschnitts infolge geringer Belastung durch niedrige Raten eine günstige Datenbasis für die Errechnung des anfänglichen effektiven Jahreszinses abgibt, sich bei Berücksichtigung der künftigen Belastung weit weniger vorteilhaft erweisen als ein solcher mit breiterem Zahlungsstrom, da die Restschuld des erstgenannten, scheinbar billigeren bei Ablauf des Finanzierungsabschnitts höher ist als die des anderen, scheinbar teureren.

Werden einem Kreditsuchenden - wie üblich - Nominalzins, Auszahlungskurs und (anfänglicher) effektiver Jahreszins genannt und vertraut er

---

24) Vgl. Brych, 1982, S. 304 f. - Anders als Brych aus seinen Rechenbeispielen glaubt ableiten zu können, ist die Laufzeit als Determinante in den Effektivzins eingegangen. Doch ist sie damit gleichzeitig untergegangen, d. h. aus der Relativzahl für den Kreditsuchenden nicht mehr zu erkennen, und darum dürfte es Brych im Ergebnis gehen.

25) Vgl. Sièvi, Chr., 1985, S. 10.

26) Dazu bedarf es hingegen nicht eines Vergleichs der absoluten Zinssummen, da er den Zeitfaktor bei der Nutzung der Finanzmittel eliminiert und so zu falschen Schlüssen führt (vgl. hierzu auch Brych, 1982, S. 304).

ausschließlich diesem anfänglichen effektiven Jahreszins, so wird er trotz der den meisten Annuitätendarlehen gemeinsamen nominellen Anfangstilgung von 1 % p. a. beträchtliche Unterschiede im Schuldenabbau registrieren - je nach Auszahlungskurs und Ratenhöhe[27]. Das zeigt folgende Tabelle:

Tabelle 30: Auswirkungen unterschiedlicher Auszahlungskurse auf die Höhe der Restschuld bei gleichem Auszahlungsbetrag

Annuitätendarlehen - Auszahlungsbetrag DM 100.000,00
Finanzierungsabschnitt / Zinsbindungsdauer 5 Jahre
Anfangstilgung 1 % p. a. - 4 nachschüssige Raten pro Jahr
taggenaue Zins- und Tilgungsverrechnung
(anfänglicher) effektiver Jahreszins 8 % p. a.

Auszahlungskurs	Nominalbetrag	Nominalzins	Rate pro Quartal	Restschuld am Ende des Finanzierungsabschnitts/ der Zinsbindungsdauer
%	DM	% p. a.	DM	DM
100	100.000,00	7,77	2.192,50	93.960,32
98	102.040,82	7,27	2.109,69	95.953,91
96	104.166,67	6,77	2.023,44	98.029,40
94	106.382,98	6,27	1.933,51	100.192,03
92	108.695,65	5,77	1.839,67	102.447,50
90	111.111,11	5,28	1.744,44	104.800,48

Trotz der auf den Nominalbetrag bezogenen Anfangstilgung von 1 % p. a. ist, wie man erkennt, die Kreditschuld nach fünf Jahren höher als der Auszahlungsbetrag, falls der Kreditnehmer sich für einen möglichst geringen Nominalzins und einen dementsprechend niedrigen Auszahlungskurs entschieden hatte[28].

---

27) Vgl. Looman, Blick durch die Wirtschaft, 18.07.1986, S. 3; test Sonderheft Baufinanzierung September 1988, S. 17, 61/62.

28) Für den niedrigen Auszahlungskurs (= hohes Damnum) können auch steuerliche Vorteile als Motiv in Betracht kommen.

Werden außer dem anfänglichen effektiven Jahreszins auch Auszahlungsbetrag und Ratenhöhe für die Dauer der Festzinsperiode als Rahmendaten vorgegeben, so ist bei einem Kredit, dessen anfänglicher effektiver Jahreszins niedriger ist als der eines anderen freilich auch die Restschuld am Ende der Festzinsperiode geringer; denn der Effektivzins ist - wie gesagt - eine Abhängige der drei Determinanten und durch sie bestimmt. Stehen zwei davon fest, ist die dritte berechenbar. Allein das Wissen um diese Gesetzmäßigkeit - das ohnehin nicht allgemein vorausgesetzt werden darf - verwechsle man nicht mit der Kenntnis von der absoluten Höhe der Restschuld. Vielmehr kann man annehmen, daß der zwischen den drei Eckwerten, die in die Effektivzinsberechnung eingehen, bestehende Zusammenhang meist nicht durchschaut wird.

Zusammenfassend ist festzustellen, daß die Determinanten Auszahlungsbetrag, Höhe und Dauer der Belastung bzw. Höhe der Restschuld in ihrem jeweiligen Absolutbetrag einen für Auswahlentscheidungen essentiellen Datenkranz bilden. Kreditgeber sollten deshalb verpflichtet werden, nicht nur Auszahlungsbetrag und Rate, sondern auch deren Dauer bzw. die Restschuld am Ende der Festzinsperiode zu nennen[29].

Doch selbst bei Hervorhebung der einschlägigen Determinanten kann der bloße Vergleich über den (anfänglichen) effektiven Jahreszins in einzelnen, besonders gelagerten Fällen den Kreditnehmer eher irritieren als leiten. Die Rede ist von Anschlußfinanzierungen bei annuitätisch getilgten Darlehen. Wenn ein Darlehen nicht zum Nennbetrag ausbezahlt wird oder wenn Kreditgeber Tilgungsleistungen nicht taggenau verrechnen[30], so bewirkt der fortlaufend um die ersparten Zinsen steigende Tilgungsanteil, daß in späteren Finanzierungsabschnitten der - jeweils - (anfängliche) effektive Jahreszins gegenüber dem früherer Finanzie-

---

29) Vgl. Sièvi, Chr., 1985, S. 13; Looman, Blick durch die Wirtschaft, Nr. 140 vom 25.07.1986, S. 3; test Sonderheft Baufinanzierung, September 1988, S. 17, 62.

30) Die Anzahl institutioneller Kreditgeber, die Tilgungsleistungen nicht taggenau verrechnen, ist unter dem Eindruck der in der Öffentlichkeit darüber geführten Diskussion stark rückläufig. Vgl. hierzu im übrigen wegen des "Transparenzgebotes" die Entscheidungen des BGH vom 24.11.1988 - III ZR 156/87 und 188/87 (letzteres abgedruckt in NJW 1989, S. 222-225).

rungsabschnitte deutlich höher liegt, ohne daß sich die Nominalkonditionen ändern[31]. Diese Erscheinung soll an einem Beispiel aus der Praxis beschrieben werden (siehe Tabelle 31):

Einem Kreditnehmer, der ein Annuitätendarlehen mit 5-jähriger Zinsbindungsdauer erhalten hatte, wird nach Ablauf dieser Frist von seinem Kreditgeber ein Angebot zur Anschlußfinanzierung unterbreitet. Dies soll im vorliegenden Falle mit gleichen Nominalkonditionen (Zins und Auszahlungskurs) wie das des ersten Abschnitts und einer gleich langen, also wiederum 5-jährigen Zinsbindungsdauer ausgestattet sein. Demnach scheint es nahezuliegen, daß der aus den einzelnen Komponenten errechnete Effektivzins mit dem des ersten Teilzeitraumes identisch ist. Wider Erwarten ergibt sich indes ein höherer Effektivzins. Das hat folgende Ursache. Für den Kreditgeber ist der zu finanzierende - zweite! - Abschnitt Teil eines sich über eine feste Gesamtlaufzeit erstreckenden Annuitätendarlehens, dessen Amortisationsdauer zu Beginn der Darlehensgewährung festgesetzt worden ist und die meist aus Gründen der Wertminderung des Pfandobjekts einen bestimmten zeitlichen Rahmen nicht überschreiten soll. Nun bewirkt aber die auf der Gesetzmäßigkeit von Annuitäten beruhende Zunahme des Tilgungsanteils verbunden mit der bereits in 7.5.5 beschriebenen Verzerrung des Zinseffekts bei aperiodisch begründeten Lasten, daß der auf das niedrigere, schneller schrumpfende Durchschnittskapital bezogene Effektivzins von Periode zu Periode steigt.

---

31) Vgl. Steppeler/Astfalk, 1986, S. 134-136.

Tabelle 31: Anstieg des Effektivzinses in Folgeperioden bei Darlehen mit Auszahlungsverlust

Annuitätendarlehen	-	Auszahlungsbetrag DM 100.000,00
Nominalzins 7 % p. a.	-	Auszahlungskurs 95 %
Finanzierungsabschnitt	/	Zinsbindungsdauer 5 Jahre
Anfangstilgung 1 % p. a.	-	4 nachschüssige Raten pro Jahr

taggenaue Zins- und Tilgungsverrechnung;

weitere Annahmen für das zugrundeliegende Rechenmodell: Jeweils am Ende des Finanzierungsabschnitts/ der Zinsbindungsdauer von 5 Jahren wird das Darlehen vom anfänglichen Kreditgeber zu den ursprünglichen Nominalkonditionen verlängert. Zur Aufrechterhaltung der Höhe des laufenden Zinses wird zu Beginn eines neuen Finanzierungsabschnitts wiederum ein Damnum gerechnet. Auch dessen Höhe (5 %) entspricht genau der des ursprünglichen Damnums. Es wird vom Kreditgeber zu den Konditionen des Darlehens mitfinanziert[32].

Finanzierungs-abschnitte etc. in Jahren	jeweilige Restschuld zu Beginn eines Abschnitts in DM	Tilgung in % p.a. der jeweiligen Restschuld*	jeweiliger effektiver Jahreszins in % p. a.
1. - 5.	105.263,16	1	8,53
6. - 10.	99.025,89	1,5	8,54
11. - 15.	90.201,55	2,34	8,58
16. - 20.	77.717,05	3,84	8,63
21. - 25.	60.054,26	7,02	8,78
26. - 30.**	35.065,32	17,02	9,49

* Konstante Quartalsrate DM 2.105,26
** genaue Laufzeit 119,86 Quartalsperioden

Die dargestellte finanzmathematisch bedingte Zwangsläufigkeit läßt Angebote des Kreditgebers (A) zur Anschlußfinanzierung ungünstiger erscheinen als solche eines zur Ablösung bereiten Mitbewerbers (B). Dies ist zwar nur ein scheinbarer Fehler der Rechenmethode: Denn das Darlehen des B ist so ausgestattet, wie das abzulösende des A im voraufgegangenen Finanzierungsabschnitt ausgestattet war, nämlich mit niedrigerem Tilgungsanteil und einer dementsprechend längeren Gesamtlaufzeit. Anders ausgedrückt: Das Darlehen des B läuft um den Zeitraum des zu Ende gehenden Finanzierungsabschnitts länger als das Darlehen des

---

32) Siehe wegen ausführlicher Darstellung Anhang 8.

A. Tatsächlich also sind die Angebote von (A) und (B) gar nicht miteinander vergleichbar. Doch der Kreditsuchende weiß dies nicht und kennt noch weniger den Grund für die Abweichung der Effektivzinssätze. Eine falsche Schlußfolgerung ist wahrscheinlich[33].

Eine Unzulänglichkeit, die man gleichfalls nicht der Kennziffer anlasten kann, sondern allenfalls einem unkritischen Umgang mit ihr, sei nur am Rande erwähnt. Es ist der Aussagegehalt des Effektivzinses im Falle einer gegenüber der zugrunde liegenden Annahme erhöhten Tilgung. Wird diese Tilgung auf ein Darlehen mit Damnum geleistet, so bewirkt die raschere Verringerung des durchschnittlich genutzten Kapitals, auf das sich das Disagio verteilt, eine Erhöhung des Effektivzinses[34]. Das Ausmaß der Wirkungen verdeutlicht nachfolgende Tabelle 32.

---

33) Hier liegt einer der Gründe, weshalb sich die Kreditwirtschaft noch immer sträubt, bei Angeboten für Kreditverlängerungen (Anschlußfinanzierungen, Prolongationen) Preisangaben gemäß PAngV zu machen. Doch ist es nicht die Absicht des Verfassers, vermeintliche Wettbewerbsnachteile von Marktteilnehmern herauszustellen. Vielmehr soll gezeigt werden, daß rechenimmanente Eigenheiten des Effektivzinses den Gebrauch dieses Instruments bei Vergleichen problematisch erscheinen lassen. - Der Bl-A PrA hält aufgrund gesetzeszweckbezogener Betrachtung die Angabe des (anfänglichen) effektiven Jahreszinses bei Neufestlegung von Konditionen für zwingend (vgl. Schriftwechsel des Ministeriums für Wirtschaft, Mittelstand und Technologie Baden-Württemberg mit dem Zentralen Kreditausschuß, besonders Schreiben vom 12.05.1987) - a. A. Kammergericht, Urteil vom 29.01.1988 - 5 U 5395/87 (WRP 1988, S. 453-455).

34) Eine ähnliche Wirkung geht von der verzögerten Verrechnung der Tilgungsleistungen aus.

Tabelle 32: Auswirkungen erhöhter Tilgung auf den (anfänglichen) effektiven Jahreszins bei Darlehen mit unterschiedlichen Auszahlungskursen[35)]

Annuitätendarlehen - Auszahlungsbetrag DM 100.000,00
Finanzierungsabschnitt / Zinsbindungsdauer 5 Jahre
4 nachschüssige Raten pro Jahr - taggenaue Zins- und Tilgungsverrechnung
anfänglicher effektiver Jahreszins bei Anfangstilgung von 1 % p. a.: 7,19 %

Kurs in %	100	95	90
Nominalzins in % p. a.	7	5,78	4,56
Nominalbetrag DM	100.000,00	105.263,16	111.111,11
nom. Anfangstilgung in % p. a.	anfänglicher effektiver Jahreszins		
1	7,19	7,19	7,19
2	7,19	7,23	7,26
4	7,19	7,30	7,41
6	7,19	7,39	7,58
8	7,19	7,48	7,77
10	7,20	7,59	7,98

35) Vgl. Looman, Blick durch die Wirtschaft, Nr. 149, vom 07.08.1986, S. 3.

8.3 Entwurf einer Vergleichsrechnung über den Endvermögenswert

8.3.1 Alternativvorschläge zur Orientierungshilfe und Kreditpreisbeurteilung

Angesichts der beschriebenen Komplexität von Kreditpreiskomponenten hat sich die Einsicht in das Erfordernis einer wie auch immer gearteten Vergleichsgröße weitgehend durchgesetzt[36]. Verständnis für das Bestreben nach mehr Preistransparenz zeigen selbst erklärte Gegner der Effektivzinsangabe[37]. Abgelehnt wird jedoch - inzwischen wohl ebenfalls einhellig - die "Verabsolutierung des Effektivzinses"[38] als alleiniges und allseits verwendbares Entscheidungskriterium für die Kostengünstigkeit eines Kreditangebotes. Als die Preisangabenverordnung konzipiert wurde, waren zumindest von Vertretern der Preisaufsichtsbehörden an die verbindliche Einführung des effektiven Jahreszinses als eines "für das ganze Letztverbraucher-Kreditgeschäft einheitlichen Maßstabs"[39] höhere Erwartungen geknüpft worden. Sie sind schon seit mehreren Jahren, spätestens seit 1985 einer nüchterneren Beurteilung gewichen. Vor allem der Bundesregierung muß bescheinigt werden, daß sie zumindest auf die Grenzen eines Preisvergleichs anhand des anfänglichen effektiven Jahreszinses hingewiesen hat[40].

Auf der Suche nach anderen Orientierungsmaßstäben unterbreiteten die Spitzenverbände des Kreditgewerbes im Jahre 1981 dem Bundeswirtschaftsministerium einen Vorschlag, der einen für alle Kreditanbieter verbindlichen Konditionenkatalog vorsah. Er sollte die Angabe der

---

36) Vgl. Schoppmann, S. 8.

37) Vgl. Reichstein, 1978, S. 487.

38) Brych, 1982, S. 304.

39) Knauss, 1978, S. 873.

40) Vgl. Aktuelle Beiträge zur Wirtschafts- und Finanzpolitik Nr. 63 vom 26.09.1985, S. 6 f; Antwort des Staatssekretärs im Bundeswirtschaftsministerium, Dr. Otto Schlecht, auf eine Frage des MdB Stiegler vom 06.12.1985 (GewArch 1986, S. 53 f).

wichtigsten Kreditbedingungen wie Nominalzins, Auszahlungskurs, Konditionsbindung usw. enthalten und umschloß die Verpflichtung der Kreditinstitute, die sich daraus ergebende Belastung in absoluter Höhe bereits in der Werbung oder in vorvertraglichem Gespräch zu nennen[41]. Dieser Vorschlag wurde, soweit der Verfasser unterrichtet ist, nicht aufgegriffen. Es läßt sich schwer einschätzen - zumal es dazu der näheren Kenntnis von Einzelheiten bedürfte -, welchen Informationswert eine Angabe in Mark und Pfennig gehabt hätte. Vielleicht wäre sie gegenüber einer Prozentzahl anschaulicher gewesen. Andererseits hätte aber auch ihr ebenso wie dem effektiven Jahreszins der Mangel angehaftet, nicht sämtliche preisbeeinflussenden Komponenten zu umfassen.

Die Schwächen, welche jedem Auswahlverfahren zwangsläufig zu eigen sind, versuchen "Checklisten" zu vermeiden, wie sie z. B. der Verband deutscher Hypothekenbanken speziell für Darlehen verfaßt hat[42]. Der Fragenkatalog des Bankenverbandes konzentriert sich auf Gestaltungselemente der Kreditkonditionen, deren Kenntnis Voraussetzung ist,

um die Geltungsdauer von Preiskomponenten zu übersehen (Fragen 1 und 3),

um das Zustandekommen des Preises zu beurteilen (Fragen 2, 4 und 5) und

um den Grad der Erfassung von Preiskomponenten abzuschätzen (Fragen 6, 7 und 8).

Eine Frage nach der Höhe der Restschuld am Ende der Zinsbindungsdauer enthält er allerdings nicht.

Die Ratschläge der Verbraucher-Zentrale Nordrhein-Westfalen, die als Beispiel für die Informationsarbeit der Verbraucherverbände herausge-

---

41) Vgl. Schabel, 1981, S. 270: Schreiben des Verbandes privater Hypothekenbanken an Dr. Alfred Emmerlich MdB vom 30.11.1981, S. 5 f.

42) Siehe Anhang 9.

griffen wurden, sind umfassender, dafür aber allgemeiner gehalten[43]. Sie setzen bereits bei der grundsätzlichen Frage nach dem Nutzen eines Gutes an, dessen Kreditfinanzierung vom Verbraucher in Betracht gezogen wird, und bewegen sich damit weit außerhalb des Gegenstandes dieser Arbeit. Soweit es um Hinweise zu verschiedenen Formen des Konsumentenkredits geht, wird auf Vor- und Nachteile des Dispositionskredites im Vergleich zum festen Ratenkredit aufmerksam gemacht. Letztlich verdichten sich die Ratschläge in der Formulierung, es komme allein auf den effektiven Jahreszins an. Im effektiven Jahreszins seien alle Kosten einschließlich der Bearbeitungsgebühr auf die gesamte Laufzeit umgelegt. Deshalb könne nur er aussagen, wie teuer ein Kredit sei. Diese Aussage ist - sieht man von etwaigen Kreditsicherungskosten ab - zutreffend für den engen Bereich der Teilzahlungskredite und soll offenbar gegen andere Preisbezeichnungen, die von manchen Kreditinstituten in den Vordergrund geschoben werden, sensibilisieren. In der formulierten Allgemeingültigkeit kann sie - wie zu zeigen versucht wurde - zu Mißverständnissen Anlaß geben.

Der Wert solcher Leitfäden liegt darin, das Augenmerk des Kreditsuchenden auf Momente zu lenken, welche den Ausschlag dafür geben, ob ein Kreditangebot würdig ist, einem anderen vorgezogen zu werden. Ihr Nutzen besteht somit in der Schärfung der Kritikfähigkeit. Andererseits erwächst dem Kreditsuchenden aus der Kenntnis bloßgelegter Mechanismen kein Instrument zur Bewertung der Angebote, keine Meßlatte. Da er das Interdependenzgefüge der Einzelelemente nicht kennt, geschweige denn durchschaut, kann er sich aus den unverbunden nebeneinander stehenden Teilinformationen mangels eines geeigneten Handwerkszeuges keinen Wertmaßstab entwickeln, mit dessen Hilfe er Teilinformationen aus anderer Quelle vergleichen könnte.

---

43) Siehe Anhang 10.

8.3.2 Indikatoren für Endvermögensvergleiche

Einen Wertmaßstab aus verbundenen Elementen herzuleiten versuchen neuere Ansätze, wie sie sich bei Christian Sièvi[44)] und Robert Seckelmann[45)] finden. Ihr Ansatzpunkt sind nicht Nennbetrag, Nominalzins und Auszahlungskurs, sondern die effektiven Größen des Zahlungsstromes, nämlich der Auszahlungsbetrag (Effektivsumme) und die Periodenleistung des Kreditnehmers (Zahlungsrate)[46)]. Auf der Grundlage eines als Restriktion vorgegebenen angestrebten Effektivzinses kann aus beiden Komponenten unmittelbar die zeitliche Erstreckung der Zahlungsreihe, konkret gesprochen: die Kreditlaufzeit, ermittelt werden, desgleichen die Höhe der Restschuld zu einem beliebigen Zeitpunkt t_n. Hierfür wird die Anwendung der nach der PAngV 1985 vorgeschriebenen Methode für alle Berechnungen unterstellt. Da beide Autoren ihren Ausführungen den Typ des Annuitätendarlehens zugrunde legen, dessen Konditionen nur noch selten für die Gesamtlaufzeit vereinbart werden, ist die Restschuld am Ende des Finanzierungsabschnitts, für den ein anfänglicher Effektivzins berechnet wird, jene Größe, die in diesem Zusammenhang eher als die Gesamtlaufzeit interessiert[47)].

An die Stelle des Vergleichs unvergleichbarer nominaler Kreditmerkmale mittels eines nur für dieses Einzelprojekt geltenden Effektivzinses tritt der Vergleich über die Restschuld. In dem eingeschränkten Ergebnisfeld, welches markiert wird durch Zahlungsströme, die aufgrund des Kreditnehmerbegehrens sowohl in der Anfangssumme wie in den Folgezahlungen voll übereinstimmen, versagt der interne Zins als Kennziffer nicht seinen Dienst.

---

44) Vgl. 1985, S. 12-14.

45) Vgl. 1987, S. 544-548.

46) Deren nominelle Zusammensetzung aus Zins, Provision und Tilgung ist dabei ohne Belang (siehe 1.1 und 4.2.1).

47) Das ist sie um so mehr, als der anfängliche effektive Jahreszins als Entscheidungshilfe gerade deshalb versagt, als ihm keine expliziten Angaben über die Restschuld zu entnehmen sind.

Wie bereits angedeutet, besteht zwischen (anfänglichem) effektivem Jahreszins und Restschuld ceteris paribus eine direkte Wechselbeziehung. Ist der Effektivzins vorgegeben, steht damit zugleich die Restschuld im Zeitpunkt t_n fest - und umgekehrt. Für den Kreditsuchenden bedeutet diese Beziehung, daß er bei vorgegebenem Auszahlungsbetrag und vorgegebener Rate auch über die Höhe der jeweiligen Restschuld Kreditangebote vergleichen kann, wenn er zuvor den effektiv zu zahlenden Kreditbetrag und die Höhe periodischer Schuldenleistungen definiert[48].

Ein Vergleich über die jeweilige Restschuld erscheint auch unter dem Aspekt der Zielgerechtigkeit adäquat. Denn Oberziel des Entscheidungsprozesses ist die Minimierung der Vermögenseinbuße, d. h. im konkreten Falle der Restschuld. Sie wird auf diesem Wege evident.

Durch den Auszahlungsbetrag und die Ratenhöhe wird bei vorgegebenem anfänglichen effektiven Jahreszins die Restschuld am Ende des Finanzierungsabschnitts determiniert. Wer z. B. bei einem Effektivzins von 8 % p. a. DM 100.000,00 ausgezahlt bekommt und Quartalsraten von DM 2.000,00 erbringt, schuldet am Ende eines fünfjährigen Finanzierungsabschnitts rd. DM 98.600,00. Hätte er ein Angebot gewählt, dessen Kredit bei gleichem Auszahlungsbetrag und gleicher Quartalsrate zum selben Zeitpunkt nur noch eine Restschuld von DM 98.000,00 ausweisen würde, so wäre der Effektivzins zwangsläufig niedriger, nämlich um etwa 0,1 % p. a.. Umgekehrt würde eine Restschuld von DM 99.000,00 bei ansonsten gleichen Rahmendaten einen höheren Effektivzins anzeigen: ca. 8,07 %. Das bedeutet zugleich, daß aus der Vorgabe aller drei Determinanten (Auszahlungsbetrag, Ratenhöhe und Restschuld) vergleichbare Effektivzinssätze resultieren. Sind die genannten Rahmendaten für die Kreditvereinbarung stringent, so erscheinen daneben - innerhalb praktikabler Grenzen - Nominalbetrag und Nominalzins als sekundäre Größen[49]. Soweit nicht steuerliche Überlegungen in den Kalkül einbe-

---

48) Eines Vergleichs mittels effektiven Jahreszinses bedarf es dann nicht mehr (vgl. test Sonderheft Baufinanzierung, September 1988, S. 16).

49) Vgl. Siêvi, Chr., 1985, S. 12 f.; Seckelmann, 1987, S. 54.

zogen werden sollen, ist aus Gründen der Klarheit und Übersichtlichkeit eine Auszahlung zum Nennwert einer solchen mit Damnum wohl vorzuziehen. Fällt die Wahl indes auf einen Kredit mit Auszahlungsverlust, so ist zu beachten, daß - wie bereits in 8.2 ausgeführt - eine Erhöhung der Leistungsraten zum Zwecke rascherer Entschuldung eine Verteuerung des Effektivzinses zur Folge hat.

Eine am Zahlungsstrom orientierte Konditionsvereinbarung vermeidet diese für den Kreditnehmer unerwünschte Folge, indem sie auf die erhöhte Tilgung mit einer Änderung des Nominalzinses reagiert. Dadurch läßt sich ein weiterer Mangel der herkömmlichen Vorgehensweise, die solche Wirkungen unberücksichtigt läßt, beheben. Tabelle 33 soll zeigen, wie ein Effektivzins trotz erhöhter Tilgung konstant gehalten werden kann, wenn die Erhöhung mit einer entsprechenden Anpassung von Nominalzins und Auszahlungskurs einhergeht.

Tabelle 33: Anpassung von Nominalzinssätzen von Darlehen mit unterschiedlichen Auszahlungskursen an steigende Raten zwecks Stabilisierung des Effektivzinses

Annuitätendarlehen - Auszahlungsbetrag DM 100.000,00
Finanzierungsabschnitt / Zinsbindungsdauer 5 Jahre
nachschüssige Quartalsraten DM 2.000,00, 2.500,00 bzw. 3.000,00
taggenaue Zins- und Tilgungsverrechnung
(anfänglicher) effektiver Jahreszins durchgehend 8 % p. a.

Quartalsrate DM	Restschuld* DM	Auszahlungskurs %	Nominalbetrag DM	Nominalzins % p. a.
2.000,00	98.610,87	100	100.000,00	7,77
	98.606,38	95	105.263,16	6,52
	98.574,49	90	111.111,11	5,21
2.500,00	86.531,51	100	100.000,00	7,77
	86.496,37	95	105.263,16	6,45
	86.494,37	90	111.111,11	5,08
3.000,00	74.398,10	100	100.000,00	7,76
	74.428,18	95	105.265,16	6,38
	74.437,48	90	111.111,11	4,94

*) Den geringfügigen Differenzen in der jeweiligen Restschuld entsprechen ebenso geringfügige Unterschiede im Effektivzins (in der 3. Nachkommastelle), die sich als Folge der notwendigen Rundungen beim Nominalzins ergeben. Es gilt ceteris paribus: Höhere Restschuld = höherer Effektivzins.

Die Ausrichtung am effektiven Kreditbetrag und an der aufzubringenden Periodenleistung - anstatt an Nominalbetrag und anderen nominalen Werten - kommt den Bedürfnissen eines Kreditsuchenden außerdem am weitesten entgegen. Die Effektivsumme ist durch seinen Kreditbedarf determiniert, die Ratenhöhe muß zum einen mit seiner Belastbarkeit, zum anderen mit seinem Entschuldungsinteresse in Einklang gebracht werden. Doch sei dies hier nur am Rande vermerkt, da es sich schon nicht mehr um Aspekte der Preiswürdigkeit handelt[50].

---

50) Siehe Schlußbetrachtung.

ZUSAMMENFASSUNG UND SCHLUßBETRACHTUNG

Die vorgelegte Arbeit sollte Antwort auf die Frage geben, ob die Minimierung des internen Zinses - vornehmlich in seiner konkreten Ausprägung als (anfänglicher) effektiver Jahreszins gemäß PAngV 1985 - eine Ersatzzielgröße für das Oberziel Minimierung der durch den Kredit verursachten Vermögenseinbuße ist.

Es wurde zunächst anhand einer empirischen Untersuchung dargestellt, aus welchen Komponenten sich das, was als Preis bezeichnet wird, zusammensetzt und auf welche Weise dies geschieht. Dabei wurde deutlich, daß Kreditpreis ein vieldimensionales Bündel von Gegenleistungen für die Leistung Bankkredit darstellt.

Danach wurde beschrieben, wie angesichts der Vielfalt vorkommender Teilpreise ein rechtlicher und rechnerischer Rahmen geschaffen wurde, der es ermöglichen soll, aus der unübersehbaren Zahl untereinander verbundener Gestaltungselemente einen nach einheitlichem Verfahren ermittelten Endpreis abzuleiten. Seine Resultante ist der (anfängliche) effektive Jahreszins der PAngV 1985.

Schließlich wurde gezeigt, daß der (anfängliche) effektive Jahreszins nicht der zur Herstellung einer Rangfolge taugliche Parameter ist. So wurden Mängel bereits hinsichtlich der aufgestellten Auswahl- und Aggregationsregeln festgestellt. Die Untauglichkeit der Meßziffer folgt aber auch aus dem Charakter des internen Zinses als relative Größe, deren Aussage sich stets in dem Verhältnis zu ihrer Bezugsbasis erschöpft. Die Ausgrenzung wesentlicher Vorteilhaftigkeitsmerkmale aus dem Projektvergleich, wie sie Partialmodellen stets zu eigen ist, setzt ihre Eignung weiter herab.

Nur, wenn die Zahlungsreihen der verglichenen Kredite aufgrund dahingehender Vorgaben (effektiver Kreditbetrag, Periodenleistung) - d. h. unter stark restriktiven Voraussetzungen - völlig übereinstimmen, lassen sich mit dieser Kennziffer als Ausgangsgrundlage Vergleiche über die Höhe der Restschuld (bei Abschnittsfinanzierungen) bzw. die Länge der Kreditlaufzeit (bei Vollfinanzierungen) anstellen. Denn nur in solchen Fällen ist die Bezugsbasis, zu welcher der interne Zins ein Verhältnis markiert, identisch.

Eine Auseinandersetzung um die Tauglichkeit des internen Zinses in seiner Ausformung als (anfänglicher) effektiver Jahreszins kann die mit jeder Aggregation einhergehenden Informationsverluste nicht unerörtert lassen. Es wurde deutlich, daß die Verdichtung zur abstrakten Relativzahl - als Auswahlkriterium in eine Ausschließlichkeitsstellung gerückt - Orientierungsdefizite gerade hinsichtlich so wesentlicher Entscheidungsgrundlagen hinterläßt wie Auszahlungsbetrag, Ratenhöhe und Kreditlaufzeit bzw. bei nicht durchgehend finanzierten Krediten die Restschuld. Das Erfordernis, die im Effektivzins aufgegangenen Determinanten dem Kreditsuchenden für seine Entscheidungsfindung explizit zu nennen, drängte sich auf.

Hält nach allem die auf einen losgelösten Effektivzins reduzierte Zielgröße der Kritik nicht stand, so kann andererseits ebensowenig der Rückgriff auf das real existierende Bündel aus Einzelkomponenten empfohlen werden. Das Dilemma offenbart sich vornehmlich bei (langfristigen) Annuitätendarlehen, wo Konditionsvereinbarungen nur noch selten für die gesamte Laufzeit getroffen werden.

Unter Berücksichtigung der gegebenen rechtlichen und tatsächlichen Voraussetzungen versucht ein neuerer Denkansatz für diese Kreditformen Wertmaßstäbe für Preisvergleiche herzuleiten. Dieser Ansatz, der adäquat zur Zielsetzung der PAngV 1985 in einem Endvermögensvergleich einmündet, berücksichtigt das Informationsbedürfnis des Kreditsuchenden relativ am weitestgehenden, weil er die Hauptelemente der Zielstruktur des Kreditnehmers, nämlich

- den Umfang seines Kreditbedarfs,
- die Höhe seiner periodisch wiederkehrenden Zahlungslast und

- die Dauer seiner daraus resultierenden Verpflichtung bzw. bei vorgewählter Finanzierungsdauer: die Höhe der danach verbleibenden Restschuld

sichtbar macht.

Es sollte bei Gelegenheit einer kritischen Würdigung der vorgegebenen Preismeßziffer freilich erlaubt sein zu bemerken, daß das Informationsbedürfnis eines Kreditsuchenden auch mit diesem Denkansatz noch nicht befriedigt sein kann. Das hat folgende Gründe. Eine Kreditaufnahme ist von ihrer zeitlichen Dimension her nicht mit dem Erwerb einer Ware oder Dienstleistung gleichzusetzen. Das durch sie begonnene Vertragsverhältnis dauert bis zur Rückzahlung des Kreditkapitals fort. Daraus folgt, daß sich die Preiswürdigkeit eines Kredites nicht allein an den - wie auch immer - aufbereiteten Kenndaten seiner Bereitstellung orientiert. Vielmehr wird dieser Preis durch das sich aus etlichen Teilaspekten zusammensetzende Beziehungsgeflecht beeinflußt, welches durch die Bindung des Kreditnehmers an den Kreditgeber für die Zeit des Kreditverhältnisses entsteht. Hier seien zwei Aspekte besonders hervorgehoben: Das Zinsänderungsrisiko nicht vollkonditionierter Darlehen und die Einbuße an Flexibilität.

Zwar zeigt die Höhe der Restschuld, wenn sie beim Vergleich sichtbar wird, das Gewicht eines Zinsänderungsrisikos für den Kreditnehmer an. Doch ist dessen Ausmaß solange nicht zu bestimmen, wie die künftige Situation am Kapitalmarkt zum Zeitpunkt der fälligen Anschlußfinanzierung nicht abgeschätzt werden kann. Der Kreditpreis für die Zeit nach Ablauf des Finanzierungsabschnitts bleibt ungenannt und unbekannt[1].

Umgekehrt zieht die Vereinbarung fester Konditionen für die Dauer der Kreditlaufzeit den Verlust der Flexibilität des Kreditnehmers nach sich. Die Höhe der Opportunitätskosten, also jener Kosten, die sich der Kreditnehmer dafür zurechnen muß, daß er als Folge vertraglicher Bindung günstigere Alternativen, die sich im Verlaufe der Kreditbezie-

---

1) Vgl. Beier/Jacob, 1987, S. 153.

hung anbieten, nicht oder nur um den Preis von Vorfälligkeitsentschädigungen nutzen kann, wird vom Kreditnehmer bei Abschluß des Kreditvertrages nicht in den Kalkül einbezogen.

Außerhalb der dem Kreditsuchenden vermittels einer Kennzahl zugänglichen Informationen bleibt auch das gesamte Umfeld der Kreditbeziehung. Die Gewährung eines Bankkredites ist - das gilt besonders für kurzfristige Kreditrahmen - häufig in einen vielgestaltigen Leistungsverbund eingebettet[2]. So nehmen viele Kreditkunden Dienstleistungen einer Bank oder Sparkasse etwa im Zahlungsverkehr, im Spargeschäft, auf dem Wertpapiersektor und in anderen Bereichen (Sortenkauf, Schließfachmiete) in Anspruch. Diese haben mit dem Kredit unmittelbar nichts zu tun[3]. Durch die Bereitstellung von Krediten und die damit einhergehende Absicherung entstehen indes gelegentlich Querverbindungen zu anderen Bezugsfeldern. Die Preiswürdigkeit eines Kredites wird für den der Bank oder Sparkasse gegenüberstehenden Kunden auch beeinflußt durch die positiven oder negativen Auswirkungen, die eine Kreditaufnahme auf seine übrigen Geschäftsbeziehungen hat. Fördert sie seine Beziehungen zum Kreditinstitut - das wird bei guter Bonität des Kunden regelmäßig der Fall sein -, so wächst das Interesse des Kreditgebers an der gesamten Geschäftsverbindung, und die Verhandlungsmacht des Kunden nimmt zu - mit der möglichen Folge, daß er in einzelnen Beziehungen der Gesamtverbindung Preisermäßigungen durchsetzen kann. Belastet sie die Beziehungen hingegen - was wohl nur bei Überschreiten eingeräumter Kreditlinien oder bei Zahlungsverzug vorkommt -, so kann das Gegenteil eintreten.

Es ist selbstverständlich abwegig zu erwarten oder gar zu fordern, daß die genannten preisbeeinflussenden Elemente in eine Kennzahl eingehen sollten.

---

2) Wegen des Zusammenhanges zwischen Bankpreisen vergleiche auch Krümmel, 1964, S. 11.

3) Von versteckten Kreditkosten, die die Einrichtung von Sonderkonten und deren Verwaltung auslöst, ist hier nicht die Rede. Siehe hierzu 6.1.6.

Das gilt in noch stärkerem Maße für Komponenten, die sich einer Meßbarkeit entziehen, also "imponderable Faktoren"[4]. Schon im Zusammenhang mit der Kreditgewährung, einem stark "erklärungsbedürftigen"[5] Geschäft werden Teilleistungen gefordert, die das Kosten/Nutzen-Verhältnis eines Kredites maßgeblich beeinflussen. Dazu gehören Rat und Hilfe bei der Lösung des Finanzierungsproblems, bedarfsgerechter Zuschnitt des Kredites, das Eingehen auf individuelle Wünsche hinsichtlich des Schuldendienstes, Eröffnung zeitlicher und räumlicher Fazilitäten bei der Inanspruchnahme, Komfort und Bequemlichkeit bei der Kreditdisposition und anderes mehr - was alles unter den Sammelbezeichnungen Beratung, Betreuung und Service verstanden wird[6]. Auf diesem Feld geht die Blickrichtung freilich vom Preisvergleich zum Nutzenvergleich hinüber. Er wäre ein eigener Untersuchungsgegenstand und sollte deshalb nicht weiter betrachtet werden.

Trotzdem sei zu bedenken gegeben, daß der Preis nie absolut, sondern stets in Relation zur Leistung bewertet werden muß. Dies gilt besonders für ein so heterogenes Gut wie einen Bankkredit[7]. Darum ist es durchaus konsequent - worauf auch Beier/Jacob aufmerksam machen -, wenn die PAngV 1985 in § 1 Abs. 1 verlangt, die Gütebezeichnung anzugeben, soweit es der allgemeinen Verkehrsauffassung entspricht. Aber gerade dies würde beim Gut "Kredit" wegen dessen vielgestaltiger und oft individueller Ausformung großen Schwierigkeiten begegnen[8] und könnte allenfalls gelingen, wenn man zuvor Leistungsstandards für Kredittypen vorschriebe. Das aber steht nicht zur Diskussion.

---

4) Hax, 1985, S. 9.

5) Beier/Jacob, 1988, S. 85.

6) Vgl. Beier/Jacob, 1988, S. 138, S. 154 f. und S. 184 f.; Otten, 1987, S. 540.

7) Zur Heterogenität von Ratenkrediten speziell vgl. Steiner, J., 1987, S. 72.

8) Vgl. Beier/Jacob, S. 154.

Da es praktisch unmöglich wäre, eine Kennziffer, selbst wenn man an ihre Tauglichkeit glaubt, mit weiterem Inhalt zu befrachten, muß die Konsequenz sein, zusätzliche Informationen einzuziehen und sie beim Entscheidungsprozeß zu berücksichtigen[9]. Ein solches Verhalten verlangt vom Kreditsuchenden ein tieferes Eindringen in einen komplexen Sachverhalt. Es fordert aber auch vom Kreditgeber ein verstärktes Maß an Offenheit.

Erklärtes Ziel der PAngV 1985 wie ihrer Vorgängerinnen ist die "zuverlässige Information über das preisgünstigste Angebot"[10]. Der unkritische Gebrauch eines unzulänglichen Parameters birgt die Gefahr in sich, anstatt umfassende Informationen einzuziehen, sich von einem problematischen Vorteilhaftigkeitskriterium in die Irre leiten zu lassen. Der mit einer solchen Vergleichsgröße angestrebte Verbraucherschutz gerät dabei in Gegensatz zum Normziel der Verbraucherinformation[11].

---

9) Unverständlich deshalb jene Schlußfolgerung - anläßlich der Auswertung einer Umfrage über die Einschätzung von Kostenmaßstäben zum Vergleich verschiedener Kredite -, welche die Einbeziehung anderer Kriterien als des effektiven Jahreszinses, also z. B. monatlicher Zinssätze und Kreditgebühren, als "nicht ganz falsch" einstuft (Holzscheck/Hörmann/Daviter, 1982, S. 134).

10) Amtliche Begründung zur PrAVO I.1. zitiert bei Gelberg, 1975, Anhang 3, S. 136, in Verbindung mit amtlicher Begründung zu PAngV 1973 I.1., zitiert bei Gelberg, 1975, Anhang 1, S. 126 und amtlicher Begründung zu PAngV 1985 A. Abs. 1, zitiert bei Gimbel/Boest, 1985, Anhang 1, S. 75.

11) Im gleichen Sinne Beier/Jacob, 1987, S. 161.

A N H A N G 1

Bund-Länder-Ausschuß "Preisangaben"

Ausführungshinweise zu § 4 PAngV vom 06.11.1986

Nach der Preisangabenverordnung müssen bei Letztverbraucher-Krediten Preise angegeben werden:

a) Im Kreditformular (§ 1 Abs. 1 Satz 1, erster Halbsatz).

b) Im Preisverzeichnis, soweit es sich um wesentliche Leistungen des Anbieters handelt (§ 3 Abs.1 Satz 1). Das Preisverzeichnis ist im Geschäftslokal oder am sonstigen Ort des Leistungsangebots und, sofern vorhanden, zusätzlich im Schaufenster oder Schaukasten anzubringen (§ 3 Abs. 1 Satz 2).

   Im Regelfall kann davon ausgegangen werden, daß der Angabepflicht nach § 3 Abs. 1 mit dem "Preisaushang-Regelsätze im standardisierten Privatkundengeschäft" (Anlage) Genüge getan wird.

c) In der Werbung, wenn Zinsen, Raten oder sonstige Preisbestandteile genannt werden (§ 1 Abs. 1 Satz 1, 2. Halbsatz).

Der Preis ist nach § 4 Abs. 1

- bei "fixen" Krediten (mit über die gesamte Laufzeit festen Kreditbedingungen) als "effektiver Jahreszins" bzw.

- bei "variablen" Krediten (mit nicht über die gesamte Laufzeit festen Kreditbedingungen) als "anfänglicher effektiver Jahreszins" anzugeben und zu bezeichnen.

1. Grundsatz

Zunächst ist anhand der Kreditkonditionen zu ermitteln, wie sich das Kreditkonto entwickelt und in Form einer Staffel summen- und terminmäßig darzustellen. Die Zahlungsströme des Kredits sind auf einen Vergleichskredit zu übertragen, der jährlich (360 Zinstage nach Auszahlung) bzw. - bei Restlaufzeiten von weniger als einem Jahr - am Kreditende nachschüssig nach der jeweiligen Kredithöhe zu verzinsen ist und für den keine weiteren Kreditkosten anfallen. Effektiver Jahreszins bzw. anfänglicher effektiver Jahreszins ist der Zinssatz, mit dem der Vergleichskredit bei Zugrundelegung der Zahlungsströme des (wirklichen) Kreditkontos zu verzinsen wäre.

Beim anfänglichen effektiven Jahreszins bezieht sich diese Gegenüberstellung nur auf die anfänglich geltenden Faktoren nach näherer Maßgabe von § 4 Abs. 2 Satz 2. Der anfängliche effektive Jahreszins gibt regelmäßig (vgl. ergänzend Nr. 2.4) die Belastung für die nach § 4 Abs. 1 Satz 2 angegebene Verrechnungszeit an. Bestehen unterschiedliche Verrechnungszeiten, so ist entsprechend der Praxis der Kreditwirtschaft von der kürzesten Verrechnungszeit auszugehen. Das (wirkliche) Kreditkonto muß dann den Saldo zum Ende der kürzesten Verrechnungszeit ausweisen; der Saldo des Vergleichskreditkontos muß dem entsprechen. Bei der Berechnung des anfänglichen effektiven Jahreszinses ist ein Splitting in der Weise, daß für einen Teil der Einmalkosten ein längerer Verrechnungszeitraum gewählt wird, daher nur dann zulässig, wenn die anteilige Verrechnung auf den - der Angabe zugrundezulegenden - kürzesten Verrechnungszeitraum auch im (wirklichen) Kreditkonto erscheint; dies kann z. B. dadurch geschehen, daß das (wirkliche) Kreditkonto mit Einmalkosten, die auf einen längeren Zeitraum verrechnet worden sind, nur zu dem auf den kürzesten Verrechnungszeitraum entfallenden Teil belastet wird oder daß das Konto zunächst in voller Höhe belastet wird, aber der noch nicht "verbrauchte" Teil am Ende des kürzesten Verrechnungszeitraumes dem (wirklichen) Kreditkonto wieder gutgeschrieben wird.

2. Modalitäten

In § 4 sind die wichtigsten Ermittlungsmodalitäten angesprochen. Weitere Hinweise gibt die amtliche Begründung zu § 4 (BAnz. 1985 S. 3730). Zusammenfassend und ergänzend wird bemerkt:

2.1 Ausgehend von den gebräuchlicheren Konditionen sind in die Errechnung des effektiven Jahreszinses bzw. des anfänglichen effektiven Jahreszinses einzubeziehen:

a) Nominalzins,
b) Zinssollstellungstermine,
c) Tilgungshöhe,
d) tilgungsfreie Zeiträume,
e) Disagio und Agio,
f) Bearbeitungsgebühr und Verwaltungsbeiträge,
g) Maklerprovision und sonstige Kreditvermittlungskosten,
h) Zahlungstermine entsprechend individuellem Angebot bzw. individueller Vereinbarung,
i) Annuitäten-Zuschußdarlehen, sofern sie mit dem Kredit eine Einheit bilden,
j) Zusatzdarlehen zur Finanzierung eines Disagios oder Agios u. ä. sofern sie mit dem Kredit eine Einheit bilden,
k) von den Zahlungsterminen abweichende Tilgungsverrechnungstermine.

2.2 Ausgehend von den gebräuchlicheren Konditionen sind in die Berechnung des effektiven Jahreszinses bzw. des anfänglichen effektiven Jahreszinses nicht einzubeziehen:

a) Inhaltlich noch nicht feststehende Änderungen in den Konditionen des Darlehens während der Laufzeit, auch wenn sie ausdrücklich vorbehalten werden,

b) Bereitstellungszinsen und Teilauszahlungs-Zinsaufschläge,

c) Aufwendungen, die im Zusammenhang mit der Absicherung des Darlehens individuell unterschiedlich anfallen (z. B. Notariatsgebühren, Grundbuchkosten für die Bestellung von Hypotheken und Grundschulden, Schätzgebühren; letztere jedoch nur, wenn auch tatsächlich eine Schätzung vorgenommen wird und die Höhe der Gebühr marktüblich ist),

d) Aufwendungen für Versicherungen. Dies gilt auch, wenn die Darlehensgewährung vom Abschluß einer Tilgungs- oder Restschuldlebensversicherung abhängig ist,

e) Ansparleistungen (z. B. bei Bausparkrediten), Eigenleistungen (z. B. Anzahlungen bei Abzahlungskaufkrediten), Mitgliedschaften und ähnliche Vorleistungen des Kreditnehmers, die nur die Voraussetzung für die Kreditgewährung bilden, die Abwicklung des eigentlichen Kredits aber nicht unmittelbar beeinflussen,

f) die bei Verzug des Darlehensnehmers entstehenden zusätzlichen Aufwendungen,

g) allgemeine Kontoführungsgebühren, die unabhängig von der Kreditsumme in bisher allgemein üblichem Umfang erhoben werden.

2.3 Bezüglich der Angabengenauigkeit könnten Abweichungen von den üblichen Handhabungen irreführen. Deshalb gilt:

2.3.1 Der effektive Jahreszins bzw. der anfängliche effektive Jahreszins ist mindestens mit einer, höchstens mit zwei Stellen hinter dem Komma anzugeben.

Rundungen sind kaufmännisch vorzunehmen (ab 5 nach oben).

2.3.2 Werden die vom Kreditnehmer zu leistenden Zahlungsraten gerundet (z. B. auf volle DM-Beträge), so sind spürbare Auswirkungen (im Sinne von Nr. 2.3.1) auf den effektiven

Jahreszins bzw. anfänglichen effektiven Jahreszins nachzuvollziehen.

Für Kredite mit stets auf den ursprünglichen Betrag bezogenen Zinsen pro Monat und monatlicher Ratenzahlung (sog. p.M.-Kredite) gilt jedoch: Mit Rücksicht auf den Gebrauch schematisierender Hilfsmittel erscheint es vertretbar, Abweichungen in begrenztem Umfang unberücksichtigt zu lassen und den effektiven Jahreszins bzw. anfänglichen effektiven Jahreszins auf der Grundlage der mathematischen Durchschnittsrate zu ermitteln, soweit folgende Ausgangsvoraussetzungen gegeben sind:

a) "Ob" und "Wie" der Rundungen erfolgen in der Kreditwirtschaft im wesentlichen einheitlich, so daß aus unterschiedlichem Vorgehen bei der Rundung herrührende Irreführungen der Verbraucher beim Vergleich verschiedener Angebote nicht zu befürchten sind.

b) Rundungen nach oben auf den nächsten vollen DM-Betrag werden stets bei der ersten (niedrigeren) Rate berücksichtigt, Rundungen nach unten auf den nächsten vollen DM-Betrag werden stets bei der letzten (höheren) Rate berücksichtigt.

2.3.3 Sind die Zahlungs- und Verrechnungstermine bei dem Kreditangebot kalendermäßig festgelegt (z. B. auf jeden Ersten eines Monats) und liegt der vorgesehende Auszahlungstag des Kredits nicht genau um eine Zahlungsperiode früher (z. B. 12 Tage vor dem ersten monatlichen Zahlungstermin) und hat der Kreditgeber weiterhin die Zahlungen des Kreditnehmers so berechnet, als ob der Kredit genau eine Zahlungsperiode früher ausgezahlt worden wäre, so muß diese Abweichung bei der Berechnung des effektiven Jahreszinses bzw. des anfänglichen effektiven Jahreszinses beachtet werden.

Mit Rücksicht auf den Gebrauch schematisierender Hilfsmittel erscheint es jedoch vertretbar, Abweichungen in begrenztem Umfang unberücksichtigt zu lassen. Im einzelnen gelten dafür folgende Grundsätze:

a) Für Kredite mit stets auf den ursprünglichen Betrag bezogenen Zinsen pro Monat und monatlicher Ratenzahlung (sog. p.M.-Kredite) gilt:
Unabhängig von dem tatsächlichen Laufzeitbeginn kann bei der Berechnung der für die Ermittlung des effektiven Jahreszinses bzw. anfänglichen effektiven Jahreszinses notwendigen Ratenhöhe und Kreditlaufzeit davon ausgegangen werden, daß die Laufzeit stets 30 Tage vor Fälligkeit der ersten Rate beginnt. Voraussetzung ist jedoch, daß dem Kreditnehmer Zinsen (berechnet auf der Grundlage des effektiven Jahreszinses bzw. anfänglichen effektiven Jahreszinses) gutgeschrieben werden, soweit zwischen Auszahlung und Fälligkeit der ersten Rate weniger als 30 Tage liegen. Liegen zwischen Auszahlung und Fälligkeit der ersten Rate mehr als 30 Tage, so ist es unschädlich, wenn dem Kreditnehmer insoweit Zinsen (berechnet auf der Grundlage des effektiven Jahreszinses bzw. anfänglichen effektiven Jahreszinses) in Rechnung gestellt werden.

b) Für sonstige Kredite gilt:
Unabhängig von dem tatsächlichen Laufzeitbeginn kann bei der Berechnung der für die Ermittlung des effektiven Jahreszinses bzw. anfänglichen effektiven Jahreszinses notwendigen Ratenhöhe und Kreditlaufzeit davon ausgegangen werden, daß <u>bezüglich des Zinssollstellungstermins</u> die Verzinsung des Kredits bei monatlicher, vierteljährlicher, halbjährlicher oder jährlicher Zinsfälligkeit zum Beginn der Abrechnungsperiode beginnt, in der der Kredit ausbezahlt wird; wird der Kredit - insbesondere bei Baufinanzierungen - in Teilbeträgen ausbezahlt, so kommt es auf die Abrechnungsperiode der <u>ersten</u> Auszahlung an. Voraus-

setzung ist jedoch, daß die zu zahlenden Zinsen taggenau abgerechnet werden.

2.3.4 Darüber hinausgehende Angabenungenauigkeiten können nicht hingenommen werden. Insbesondere können in den gebräuchlichen Hilfsmitteln nicht berücksichtigte Modalitäten nicht bei der Ermittlung des effektiven Jahreszinses bzw. anfänglichen effektiven Jahreszinses außer acht gelassen werden; hier sind erforderlichenfalls Einzelrechnungen vorzunehmen.

2.4 Zur Laufzeit ergibt sich:

Die Laufzeit ist mit der Verrechnungszeit nach § 4 Abs. 1 Satz 2 oder § 4 Absatz 4 Satz 3 identisch. Hilfsweise gilt die Festschreibungszeit als Laufzeit. Ansonsten ist die Laufzeit (direkt oder über die Tilgungshöhe) aus den Kreditkonditionen zu entnehmen. Wenn auch dies nicht möglich ist, muß nach den Grundsätzen von Preisklarheit und Preiswahrheit (§ 1 Abs. 6 Satz 1) von einjähriger Laufzeit ausgegangen werden.

2.5 Bezüglich der Kreditinanspruchnahme gilt:

Die Kreditinanspruchnahme bildet einen der nach § 4 Abs.2 Satz 1 zu erfassenden "bei regelmäßigem Kreditverlauf preisbestimmenden Faktoren". Sie ist in der großen Mehrzahl der Fälle durch die festliegenden Modalitäten der Auszahlung und Tilgung exakt vorgegeben.

Ist dies bei Krediten, die auf einem laufenden Konto zur Verfügung gestellt werden, nicht der Fall, so besteht die Gefahr, daß einerseits beachtliche Zinseszinseffekte abgeschnitten werden, wenn von unrealistisch kurzer und niedriger Inanspruchnahme ausgegangen würde und andererseits die Auswirkungen von laufzeitunabhängigen Entgelten bagatellisiert werden, wenn von unrealistisch langer Inanspruchnahme ausgegangen würde. Beides wäre mit den Grundsätzen von Preisklarheit und Preiswahrheit (§ 1 Abs. 6 Satz 1) nicht zu vereinbaren. Allgemein wird es daher für richtig angesehen, als beispielhaften Kreditverlauf <u>konstante einjährige Höchst-Kreditinanspruchnahme</u> zugrundezulegen. Wenn bei kürzerer oder niedrigerer Inanspruchnahme die effektive Belastung höher ist, muß der Kunde hierauf durch einen Zusatz hingewiesen werden.

2.6 <u>Zusammen mit dem Vomhundertsatz des Kredits zu machende Angaben</u>

2.6.1 "Effektiver Jahreszins" bzw. "anfänglicher effektiver Jahreszins"

§ 4 Abs. 1 Satz 1 schreibt vor, in welchen Fällen die Preisangabe unter der Bezeichnung "effektiver Jahreszins" und in welchen Fällen sie unter der Bezeichnung "anfänglicher effektiver Jahreszins" zu erfolgen hat. Es ist daher nicht statthaft, statt vom "anfänglichen effektiven Jahreszins" nur vom "effektiven Jahreszins" oder umgekehrt zu sprechen.

2.6.2 Angabe, wann preisbestimmende Faktoren geändert werden können

Nach § 4 Abs. 1 Satz 2 ist zusammen mit dem anfänglichen effektiven Jahreszins auch anzugeben, wann preisbestimmende Faktoren geändert werden können. Dieser Angabepflicht wird auch entsprochen, wenn umgekehrt angegeben wird, wie lange der Kredit fest ist (z. B. "variabel", "10 Jahre fest" u.ä.).

2.6.3 Angabe der Verrechnungszeit für Auszahlungsdifferenzen

§ 4 Abs. 1 Satz 2 verlangt zusammen mit dem anfänglichen effektiven Jahreszins die Angabe, auf welchem Zeitraum Belastungen nach § 4 Abs. 2 Satz 2 Nr. 2 zum Zwecke der Preisangabe verrechnet worden sind. Wurden Auszahlungsdifferenzen verrechnet, so muß diese Angabe neben der in Nr. 2.6.2 behandelten Angabe erscheinen. Zum Beispiel genügt es also nicht, wenn lediglich die Angabe "10 Jahre fest" erscheint.

Die Verrechnungszeit muß konkret (z. B. nach Jahren, Monaten, Tagen) ersichtlich sein. Eine Bezugnahme bei der Angabe der Verrechnungszeit auf die Laufzeit ist nur dann zulässig, wenn diese Laufzeit anderweitig konkret (z. B. nach Jahren, Monaten, Tagen) erscheint.

2.6.4 Angabe bei Krediten mit Versicherung

Wird die Kreditgewährung generell vom Abschluß einer Versicherung abhängig gemacht, so ist nach § 4 Abs. 3 darauf hinzuweisen. Sofern gleichzeitig die Versicherung gemäß § 1 Abs. 1 Satz 1 angeboten oder beworben wird, ist darüber hinaus auch eine Preisangabe über die Versicherung erforderlich. Neben dem effektiven Jahreszins bzw. anfänglichen effektiven Jahreszins und dem Hinweis nach § 4 Abs. 3 muß dann auch die Versicherungsprämie erscheinen. In der Werbung kann dabei von gängigen Beispielen ausgegangen werden. Die Angabe der Gesamtbelastung allein oder in Verbindung mit dem Preis des Kredits reicht nicht aus.

2.6.5 Angabe bei Bausparkrediten

Wenn der ermittelte effektive Jahreszins für Bausparkredite ohne Zusatz genannt würde, bestünde die Gefahr, daß Kreditnehmer die Ansparphase irrtümlich unberücksichtigt lassen. Gestützt auf § 1 Abs. 6 Satz 1 ist deshalb nach den Grundsätzen von Preisklarheit und Preiswahrheit zu fordern, daß zusammen mit der Angabe des effektiven Jahreszinses ein klarstellender Hinweis (z. B. "ab Zuteilung") erfolgt.

3. Hilfsmittel

Der effektive Jahreszins bzw. der anfängliche effektive Jahreszins kann im Prinzip über eine staffelmäßige Darstellung unter Verwendung der vier Grundrechenarten ermittelt werden. Z. B. können die Auswirkungen der vierteljährlichen Zinssollstellung eines mit 12 % zu verzinsenden Kredits wie folgt nachvollzogen werden:

Darstellung des (wirklichen) Kreditkontos

Datum	Buchung	Kontostand Soll
01.01.	Auszahlung 100 DM	100,00 DM
31.03.	Zins 3 DM	103,00 DM
30.06.	Zins (3 % aus 103) = 3,09 DM	106,09 DM
30.09.	Zins (3 % aus 106,09) = 3,18 DM	109,27 DM
31.12.	Zins (3 % aus 109,27) = 3,28 DM	112,55 DM

Bei den Konditionen des Vergleichskredits entspricht dies:

Datum	Buchung	Kontostand Soll
01.01.	Auszahlung 100 DM	100,00 DM
31.12.		112,55 DM

Dies bedeutet, daß sich der effektive Jahreszins bzw. der anfängliche effektive Jahreszins bei vierteljährlicher Zinssollstellung von 12 % auf 12,55 % erhöht.

Bei längerfristigen Kreditverhältnissen und komplizierteren Kreditkonditionen muß allerdings in der Praxis auf Hilfsmittel (Tabellenwerke, Rechenprogramm) zurückgegriffen werden.

4. Beispiele

Im folgenden wird das Vorgehen nach den Nummern 1 und 2 an
a) einem Beispiel mit nach Monaten bemessener Zinsberechnung bezogen auf den Ursprungsbetrag und monatlicher Ratenzahlung (sogenannter p. M. - Kredit),
b) einem Beispiel mit nach Jahren bemessener Zinsberechnung bezogen auf den Kontostand (sogenannter p. a. - Kredit) ohne Änderungsvorbehalt,
c) einem Beispiel mit nach Jahren bemessener Zinsberechnung bezogen auf den Kontostand (sogenannter p. a. - Kredit) mit Änderungsvorbehalt
dargestellt:

a)	b)	c)
Kredithöhe (Auszahlungsbetrag) : 8.000 DM	Kredithöhe (Rückzahlungsbetrag) : 8.000 DM	Kredithöhe (Rückzahlungsbetrag) : 8.000 DM
Zinssatz: 0,62 % pro Monat (bezogen auf den Ursprungsbetrag); Anlaufzinsen (Zinsen zwischen Auszahlung und Beginn von Laufzeit und Zinsberechnung) werden mit dem Effektivzinssatz berechnet und zu Beginn der Laufzeit gesondert in Rechnung gestellt.	Nominalzinssatz: 8% jährlich (bezogen auf den Kontostand am Quartalsende)	Nominalzinssatz: 8 % jährlich (bezogen auf den Kontostand am Quartalsende)
	Auszahlung : 98 % (= 2 % Disagio)	Auszahlung : 98 % (= 2 % Disagio)
	Laufzeit : 10 Quartale (30 Monate)	Laufzeit : 10 Quartale (30 Monate)
Bearbeitungsgebühr (nicht zu verzinsen)[1] : 2 % des Auszahlungsbetrages	Quartalsrate[3] : 890,61 DM	Festschreibungszeitraum : 2 Jahre (gerechnet ab 30. März 1980)
Laufzeit : 30 Monate	Tag der Kreditauszahlung : 17. April 1980	
Monatsrate[2] : 321,60 DM		Quartalsrate[3]: 890,61 DM
Tag der Kreditauszahlung : 17. April 1980	Fälligkeit sowie Zins- und Tilgungsverrechnung der Raten jeweils nachträglich zum Quartalsende, erstmals am 30. Juni 1980	
Beginn der Laufzeit und der Zinsberechnung: 30. April 1980		Tag der Kreditauszahlung : 17. April 1980
Fälligkeit und Verrechnung der Raten am Monatsende, erstmals am 30. Mai 1980		Fälligkeit sowie Zins- und Tilgungsverrechnung der Raten jeweils nachträglich zum Quartalsende, erstmals am 30. Juni 1980

---

1) Werden anders als in dem Beispielsfall Zinsen auf die Bearbeitungsgebühr und/oder sonstige Kosten erhoben, so ist mit einem entsprechend erhöhten Kapitalbetrag (Ursprungsbetrag) zu rechnen.

2) Die Monatsraten in dem Beispielsfall leiten sich aus der mathematischen Durchschnittsrate 9.648 DM : 30 = 321,60 DM ab.

3) Unter Heranziehung der genannten Modalitäten und bei gleichzeitiger Berücksichtigung der im deutschen Kreditgewerbe üblichen nominellen Zinsrechnungsmethoden (360 Zinstage p. a., während der Zinsabrechnungsperiode lineare Zinsermittlung, bei jedem Zinstermin saldowirksame Kapitalisierung des Zinsbetrags auf dem Konto) wird die Quartalsrate nach folgender Formel errechnet:

$$R = \frac{K_{nom} \times \frac{z}{100 \times r} \times \left(1 + \frac{z}{100 \times r}\right)^{N}}{\left(1 + \frac{z}{100 \times r}\right)^{N} - 1}$$

Dabei bedeuten

R = Quartalsrate
K_{nom} = Nominaler Kreditbetrag (Rückzahlungsbetrag)
z = Nominalzins in % p. a.
r = Anzahl der Raten pro Jahr
N = Anzahl der vereinbarten Quartalsraten

4.1 Darstellung des (wirklichen) Kreditkontos

Bei den Konditionen der Beispielsfälle ergeben sich folgende Staffeln:

a)

Datum	Buchung	DM	Kontostand
30. 4. 80[1])	Auszahlungsbetrag	8 000,00 S	
	Laufzeit-Zinsen $\frac{0{,}62 \times 8000 \times 30}{100}$	1 488,00 S	
	Bearbeitungsgebühr $\frac{2 \times 8000}{100}$	160,00 S	9 648,00 S
30. 5. 80	1. Rate	321,60 H	9 326,40 S
30. 6. 80	2. Rate	321,60 H	9 004,80 S
30. 7. 80	3. Rate	321,60 H	8 683,20 S
30. 8. 80	4. Rate	321,60 H	8 361,60 S
	usw.		
30. 9. 82	29. Rate	321,60 H	321,60 S
30. 10. 82	30. Rate	321,60 H	0,00 S

[1]) Als Abgeltung des Kredits zwischen Auszahlung (17. 4. 80) und Beginn der Laufzeit (30. 4. 80) hat der Kreditnehmer außerdem den Betrag von 46,97 DM ($\frac{16{,}26 \times 8000 \times 13}{100 \times 360}$) als „Anlaufzinsen" zusätzlich zu erbringen (vgl. Ziff. 3a).

b)

Datum	Buchung	DM	Kontostand
30. 3. 80[1])	Auszahlungsbetrag	7 840,00 S	
	Disagio	160,00 S	8 000,00 S
30. 6. 80	Zinsen f. 90 Tage $\frac{8 \times 8000 \times 90}{100 \times 360}$	160,00 S	
	Rate	890,61 H	7 269,39 S
30. 9. 80	Zinsen f. 90 Tage $\frac{8 \times 7269{,}39 \times 90}{100 \times 360}$	145,39 S	
	Rate	890,61 H	6 624,17 S
30. 12. 80	Zinsen f. 90 Tage $\frac{8 \times 6624{,}17 \times 90}{100 \times 360}$	130,48 S	
	Rate	890,61 H	5 764,04 S
30. 3. 81	Zinsen f. 90 Tage $\frac{8 \times 5764{,}04 \times 90}{100 \times 360}$	115,28 S	
	Rate	890,61 H	4 988,71 S
30. 6. 81	Zinsen f. 90 Tage $\frac{8 \times 4988{,}71 \times 90}{100 \times 360}$	99,77 S	
	Rate	890,61 H	4 197,87 S
30. 9. 81	Zinsen f. 90 Tage $\frac{8 \times 4197{,}87 \times 90}{100 \times 360}$	83,96 S	
	Rate	890,61 H	3 391,22 S
30. 12. 81	Zinsen f. 90 Tage $\frac{8 \times 3391{,}22 \times 90}{100 \times 360}$	67,82 S	
	Rate	890,61 H	2 568,43 S
30. 3. 82	Zinsen f. 90 Tage $\frac{8 \times 2568{,}43 \times 90}{100 \times 360}$	51,37 S	
	Rate	890,61 H	1 729,19 S
30. 6. 82	Zinsen f. 90 Tage $\frac{8 \times 1729{,}19 \times 90}{100 \times 360}$	34,58 S	
	Rate	890,61 H	873,16 S
30. 9. 82	Zinsen f. 90 Tage $\frac{8 \times 873{,}16 \times 90}{100 \times 360}$	17,46 S	
	Rate	890,61 H	0,01 S

c)

Datum	Buchung	DM	Kontostand
30. 3. 80[1])	Auszahlungsbetrag	7 840,00 S	
	Disagio	160,00 S	8 000,00 S
30. 6. 80	Zinsen f. 90 Tage $\frac{8 \times 8000 \times 90}{100 \times 360}$	160,00 S	
	Rate	890,61 H	7 269,39 S
30. 9. 80	Zinsen f. 90 Tage $\frac{8 \times 7269{,}39 \times 90}{100 \times 360}$	145,39 S	
	Rate	890,61 H	6 624,17 S
30. 12. 80	Zinsen f. 90 Tage $\frac{8 \times 6624{,}17 \times 90}{100 \times 360}$	130,48 S	
	Rate	890,61 H	5 764,04 S
30. 3. 81	Zinsen f. 90 Tage $\frac{8 \times 5764{,}04 \times 90}{100 \times 360}$	115,28 S	
	Rate	890,61 H	4 988,71 S
30. 6. 81	Zinsen f. 90 Tage $\frac{8 \times 4988{,}71 \times 90}{100 \times 360}$	99,77 S	
	Rate	890,61 H	4 197,87 S
30. 9. 81	Zinsen f. 90 Tage $\frac{8 \times 4197{,}87 \times 90}{100 \times 360}$	83,96 S	
	Rate	890,61 H	3 391,22 S
30. 12. 81	Zinsen f. 90 Tage $\frac{8 \times 3391{,}22 \times 90}{100 \times 360}$	67,82 S	
	Rate	890,61 H	2 568,43 S
30. 3. 82	Zinsen f. 90 Tage $\frac{8 \times 2568{,}43 \times 90}{100 \times 360}$	51,37 S	
	Rate	890,61 H	1 729,19 S

[1]) Zur Bereinigung für die Zeit zwischen Beginn der Laufzeit (30. 3. 80) und Auszahlung (17. 4. 80) erhält der Kreditnehmer außerdem den Betrag von 32,00 DM $\frac{8 \times 8000 \times 18}{100 \times 360}$ zusätzlich gutgeschrieben (vgl. Ziff. 2.3.3b).

4.2 Ermittlung des effektiven Jahreszinses bzw. anfänglichen effektiven Jahreszinses

Die Ermittlung des effektiven Jahreszinses bzw. anfänglichen effektiven Jahreszinses erfolgt durch Eingabe der Kreditkonditionen in eine dem Vorgehen nach Ziff. 1 und 2 entsprechende, finanzmathematisch exakte und die Fallgestaltung berücksichtigende Gleichung oder darauf aufbauende Hilfsmittel (Tabellenwerke, Rechenprogramme). In den Beispielsfällen ergibt sich:

a)

Bei Zugrundelegung der mathematischen Durchschnittsrate (Ziff. 2.3.2) und des Laufzeitbeginns 30 Tage vor Fälligkeit der ersten Rate (Ziff. 2.3.3 a)) kann der effektive Jahreszins folgender Gleichung entnommen werden:

$$\frac{1 + \frac{b}{100}}{M} + \frac{p}{100} = \frac{q^J}{\left(\frac{12}{i} + \frac{11}{2}\right)(q^J - 1) + \left(1 + \frac{m-1}{24} \cdot i\right) \cdot \frac{m}{1 + \frac{m}{12} \cdot i}}$$

- e = Gesuchter Effektivzinssatz in % p. a. ($= 100 \times i$)
- i = $\frac{e}{100}$
- q = $1 + i$
- M = Laufzeit in Monaten = Anzahl der vereinbarten Monatsraten ($= 12 \cdot J + m$)
- J = Laufzeit in vollen Jahren = Vorkommaanteil von $\frac{M}{12}$
- m = Restliche Laufzeit in Monaten = $M - 12 \cdot J$
- p = Nomineller p. M. Zinssatz in % vom ursprünglichen Kreditbetrag
- b = Bearbeitungsgebühr in % vom ursprünglichen Kreditbetrag

Effektiver Jahreszins: 16,2577 %

b)

Bei Zugrundelegung des Beginns der Verzinsung zu Beginn der Abrechnungsperiode (Ziff. 2.3.3 b)) kann der effektive Jahreszins für den konkreten Fall folgender Gleichung entnommen werden:

$$O = \left[K \cdot q^J - R\left(4 + \frac{3}{2} i\right) \cdot \frac{q^J - 1}{i}\right] \cdot \left(1 + \frac{n}{4} i\right) - R \cdot n \left(1 + \frac{n-1}{8} \cdot i\right)$$

- e = Gesuchter Effektivzinssatz in % p. a. ($100 \times i$)
- i = $\frac{e}{100}$
- q = $1 + i$
- N = Laufzeit in Quartalen = Anzahl der vereinbarten Quartalsraten ($= 4 \cdot J + n$)
- J = Laufzeit in vollen Jahren = Vorkommaanteil von $\frac{N}{4}$
- n = Restliche Laufzeit in Quartalen = $N - 4 \cdot J$
- K = Ausgezahlter Kreditbetrag
- R = Quartalsrate (mathematischer Durchschnittswert)

Effektiver Jahreszins: 9,9374 %

c)

Bei Zugrundelegung des Beginns der Verzinsung zu Beginn der Abrechnungsperiode (Ziff. 2.3.3 b)) kann der anfängliche effektive Jahreszins für den konkreten Fall folgender Gleichung entnommen werden:

$$O = \left[K \cdot q^J - R\left(4 + \frac{3}{2} i\right) \cdot \frac{q^J - 1}{i}\right] \cdot \left(1 + \frac{n}{4} i\right) - R \cdot n \left(1 + \frac{n-1}{8} \cdot i\right) - RS$$

- e = Gesuchter Effektivzinssatz in % p. a. ($= 100 \times i$)
- i = $\frac{e}{100}$
- q = $1 + i$
- N = Festschreibungszeit in Quartalen = Anzahl der vereinbarten Quartalsraten ($= 4 \cdot J + n$)
- J = Festschreibungszeit in vollen Jahren = Vorkommaanteil $\frac{N}{4}$
- n = Restliche Festschreibungszeit in Quartalen $N - 4 \cdot J$
- K = Ausgezahlter Kreditbetrag
- R = Quartalsrate (mathematischer Durchschnittswert)
- RS = Restschuld am Ende der Festschreibungszeit

Anfänglicher effektiver Jahreszins: 10,0415 %

Die Gleichung berücksichtigt nur die für den Beispielsfall erheblichen Faktoren. Zur Einbeziehung weiterer Faktoren (z. B. tilgungsfreie Zeiträume, von den Zahlungen abweichende Tilgungsverrechnungstermine) muß die Gleichung entsprechend modifiziert werden.

4.3 Übertragung der Zahlungsströme auf den Vergleichskredit

Das Konto des Vergleichskredits mit jährlicher (360 Zinstage nach Auszahlung) bzw. am Kreditende nachschüssiger Zinsbelastung entwickelt sich bei dem ermittelten effektiven Jahreszins bzw. anfänglichen effektiven Jahreszins wie folgt:

a)

Nach Ziff. 2.3.1 zugrunde gelegter Effektivzinssatz: 16,26 %
Nach Ziff. 2.3.3 a) zugrunde gelegter Auszahlungstag: 30. April 1980

Kapitalkonto	DM	Zinskonto DM	(Zinstage)
30. 4. 80[1]) Ausz.	8000,00 S	1300,80	(360)
30. 5. 80 1 Rate	321,60 H	−47,93	(330)
30. 6. 80 2 Rate	321,60 H	−43,58	(300)
30. 7. 80 3 Rate	321,60 H	−39,22	(270)
30. 8. 80 4 Rate	321,60 H	−34,86	(240)
30. 9. 80 5 Rate	321,60 H	−30,50	(210)
30. 10. 80 6 Rate	321,60 H	−26,15	(180)
30. 11. 80 7 Rate	321,60 H	−21,79	(150)
30. 12. 80 8 Rate	321,60 H	−17,43	(120)
30. 1. 81 9 Rate	321,60 H	−13,07	(90)
30. 2. 81 10 Rate	321,60 H	−8,72	(60)
30. 3. 81 11 Rate	321,60 H	−4,36	(30)
30. 4. 81 12 Rate	321,60 H	−0,00	(0)
Saldo	4140,80 S	1013,19	
Zinsbelastung	1013,19 S		
Neuer Saldo	5153,99 S	838,04	(360)
30. 5. 81 13 Rate	321,60 H	−47,93	(330)
30. 6. 81 14 Rate	321,60 H	−43,58	(300)
30. 7. 81 15 Rate	321,60 H	−39,22	(270)
30. 8. 81 16 Rate	321,60 H	−34,86	(240)
30. 9. 81 17 Rate	321,60 H	−30,50	(210)
30. 10. 81 18 Rate	321,60 H	−26,15	(180)
30. 11. 81 19 Rate	321,60 H	−21,79	(150)
30. 12. 81 20 Rate	321,60 H	−17,43	(120)
30. 1. 82 21 Rate	321,60 H	−13,07	(90)
30. 2. 82 22 Rate	321,60 H	−8,72	(60)
30. 3. 82 23 Rate	321,60 H	−4,36	(30)
30. 4. 82 24 Rate	321,60 H	−0,00	(0)
Saldo	1294,79 S	550,43	
Zinsbelastung	550,43 S		
Neuer Saldo	1845,22 S	150,02	(180)
30. 5. 82 25 Rate	321,60 H	−21,79	(150)
30. 6. 82 26 Rate	321,60 H	−17,43	(120)
30. 7. 82 27 Rate	321,60 H	−13,07	(90)
30. 8. 82 28 Rate	321,60 H	−8,72	(60)
30. 9. 82 29 Rate	321,60 H	−4,36	(30)
30. 10. 82 30 Rate	321,60 H	−0,00	(0)
Saldo	84,38 H	84,65	
Zinsbelastung	84,65 S		
Endsaldo	0,27 S		

b)

Nach Ziff. 2.3.1 zugrunde gelegter Effektivzinssatz: 9,94 %.
Nach Ziff. 2.3.3 b) zugrunde gelegter Auszahlungstag: 30. März 1980.

Kapitalkonto	DM	Zinskonto DM	(Zinstage)
30. 3. 80[2]) Ausz.	7840,00 S	779,30	(360)
30. 6. 80 1 Q Rate	890,61 H	−66,39	(270)
30. 9. 80 2 Q Rate	890,61 H	−44,26	(180)
30. 12. 80 3 Q Rate	890,61 H	−22,13	(90)
30. 3. 81 4 Q Rate	890,61 H	−0,00	(0)
Saldo	4277,56 S	646,52	
Zinsbelastung	646,52 S		
Neuer Saldo	4924,08 S	489,45	(360)
30. 6. 81 5 Q Rate	890,61 H	−66,39	(270)
30. 9. 81 6 Q Rate	890,61 H	−44,26	(180)
30. 12. 81 7 Q Rate	890,61 H	−22,13	(90)
30. 3. 82 8 Q Rate	890,61 H	−0,00	(0)
Saldo	1361,64 S	356,67	
Zinsbelastung	356,67 S		
Neuer Saldo	1718,31 S	85,40	(180)
30. 6. 82 9 Q Rate	890,61 H	−22,13	(90)
30. 9. 82 10 Q Rate	890,61 H	−0,00	(0)
Saldo	62,91 H	63,27	
Zinsbelastung	63,27 S		
Endsaldo	0,36 S		

c)

Nach Ziff. 2.3.1 zugrunde gelegter anfänglicher Effektivzinssatz: 10,04 %.
Nach Ziff. 2.3.3 b) zugrunde gelegter Auszahlungstag: 30. März 1980

Kapitalkonto	DM	Zinskonto DM	(Zinstage)
30. 3. 80[2]) Ausz.	7840,00 S	787,14	(360)
30. 6. 80 1 Q Rate	890,61 H	−67,06	(270)
30. 9. 80 2 Q Rate	890,61 H	−44,71	(180)
30. 12. 80 3 Q Rate	890,61 H	−22,35	(90)
30. 3. 81 4 Q Rate	890,61 H	−0,00	(0)
Saldo	4277,56 S	653,02	
Zinsbelastung	653,02 S		
Neuer Saldo	4930,58 S	495,03	(360)
30. 6. 81 5 Q Rate	890,61 H	−67,06	(270)
30. 9. 81 6 Q Rate	890,61 H	−44,71	(180)
30. 12. 81 7 Q Rate	890,61 H	−22,35	(90)
30. 3. 82 8 Q Rate	890,61 H	−0,00	(0)
Saldo	1368,14 S	360,91	
Zinsbelastung	360,91 S		
Endsaldo	1729,05 S		

[1]) Bezüglich der Abgeltung des Kredits zwischen Auszahlung (17. 4. 80) und Beginn der Laufzeit (30. 4. 80) ist in jedem Fall die Übereinstimmung zwischen (wirklichem) Kreditkonto und Vergleichskredit gegeben, weil die „Anlaufzinsen" auf der Basis des effektiven Jahreszinses berechnet werden (vgl. Ziff. 2.3.3 a)

[2]) Bezüglich der Bereinigung für die Zeit zwischen Beginn der Laufzeit (30.3.80) und Auszahlung (17. 4. 80) ist in jedem Fall die Übereinstimmung zwischen (wirklichem) Kreditkonto und Vergleichskredit gegeben, weil die Abweichungen in den Konditionen vernachlässigbar gering sind

5. Kontrollrechnung

Ob ein angegebener effektiver Jahreszins bzw. anfänglicher effektiver Jahreszins richtig ist, kann verhältnismäßig einfach nachgeprüft werden. Denn bei der bloßen Kontrolle ist es in verhältnismäßig großem Umfang möglich, ohne Hilfsmittel (Tabellenwerke, Rechenprogramme) vorzugehen: Hierzu ist der Vergleichskredit entsprechend Nummer 4.3 darzustellen. Die aus den Konditionen zu entnehmenden Zahlungsströme des Vergleichskredits müssen bei richtigem effektivem Jahreszins bzw. anfänglichem effektivem Jahreszins am Ende des betrachteten Zeitraumes den selben Endsaldo ergeben wie das (wirkliche) Kreditkonto. Geringe Differenzen können sich durch Rundungen und durch Ungenauigkeiten (vgl. Nr. 2.3) ergeben. In den Beispielsfällen ist die Differenz auf die Rundung des Effektivzinssatzes bzw. anfänglichen Effektivzinssatzes nach Nr. 2.3.1 zurückzuführen.

Anlage

Preisaushang Regelsätze im standardisierten Privatkundengeschäft

Sparkonten

Zinssatz für Spareinlagen mit gesetzlicher Kündigungsfrist		%
mit 1jähriger Kündigungsfrist		%
mit 4jähriger Kündigungsfrist		%
Zinssatz für vermögenswirksame Spareinlagen		%
Zinssatz für „Spareinlagen mit Zuschlag"	% mit % Zuschlag auf	
Auflösung eines Sparkontos		DM

Hinweis: Werden Auszahlungen vor Ablauf der Kündigungsfrist geleistet, sind gemäß § 22 Kreditwesengesetz Vorschußzinsen zu berechnen. Bei Spareinlagen mit vereinbarter Kündigungsfrist ist die Kündigung erst 6 Monate nach Einzahlung möglich. Von Spareinlagen mit gesetzlicher Kündigungsfrist können ohne Kündigung bis zu 2000 DM für jedes Sparkonto innerhalb von 30 Zinstagen zurückgefordert werden.

Privatkonten

Zinssatz für Guthaben (Sichteinlagen)		%
Zinssatz für Dispositionskredite — Rechnungsabschluß	jährlich —	%
bei Überziehung über das eingeräumte Limit hinaus		%
Kontoführung		
Kontoauszug		DM
Kontoauflösung		DM
eurocheque-Karte mit/ohne Geldautomaten-Funktion		DM
eurocheque-Vordruck (Stück)		DM
Dauerauftrag	Einrichtung	DM
	Änderung	DM
	Ausführung	DM
	Löschung	DM

Ratenkredite

Kreditbetrag	bis DM	ab DM
Zinssatz (vom ursprünglichen Kreditbetrag)	% pro Monat	% pro Monat
Bearbeitungsgebühr (vom ursprünglichen Kreditbetrag)	%	%
Effektiver Jahreszins — laufzeitabhängig —		
z. B. 36 Monate Laufzeit	% pro Jahr	% pro Jahr
60 Monate Laufzeit	% pro Jahr	% pro Jahr

Gesamtkosten — Bei einer Laufzeit von 36 Monaten ergeben sich (für Kredite bis zu DM) pro 1 000 DM Kreditbetrag Gesamtkosten von DM. (für Kredite ab DM Gesamtkosten von DM)

Hinweis: Eine Tabelle mit den sich aus verschiedenen Kreditbeträgen und Laufzeiten ergebenden Kosten halten wir am Schalter für Sie zur Einsicht bereit.

Wertpapiere

An- und Verkauf		
Aktien	% vom Kurswert, mindestens	DM
Festverzinsliche Wertpapiere	% vom Kurswert/Nennwert, mindestens	DM
Investmentanteile	zum jeweiligen Ausgabe-/Rücknahmepreis	
Girosammel-Verwahrung (jährlich)	‰ vom Kurswert/Nennwert	
	mindestens pro Depotposten	DM
	mindestens pro Depot	DM
Vormerkung eines Limits		DM
Einlösung von fälligen Wertpapieren	%, mindestens	DM
Zins- und Dividendenscheinen		
Depotauflösung		DM

Allgemeine Zahlungsverkehrsleistungen

Barauszahlung von eurocheques		
auf organisationseigene Institute		DM
auf sonstige Institute		DM
Barauszahlung an ec-Geldautomaten		
an Kunden des eigenen Instituts		DM
an Kunden organisationseigener Institute		DM
an Kunden organisationsfremder Institute		DM
Bareinzahlung zugunsten Dritter		
auf Konten bei uns		DM
auf Konten bei anderen Kreditinstituten		DM
Verkauf von Reiseschecks	%, mindestens	DM
Barauszahlung von Reiseschecks	%, mindestens	DM
Rückkauf von Reiseschecks	%, mindestens	DM

Weitere Regelleistungen

Stand

Hinweis: Porti und sonstige Auslagen sind in den obigen Sätzen nicht enthalten. Die Preise für weitere Leistungen und die Wertstellungsregelungen im normalen Geschäftsverkehr mit Privatkunden entnehmen Sie bitte dem Preisverzeichnis am Schalter.

133035 ***dgverlag*** 9.85

(entnommen aus Jonas/Schebesta 1985, Anhang 5)

A N H A N G 2

Privater
Ratenkredit
(Größenordnung: 20.000 DM)

Stand: Jahresmitte 1987

F r a g e n k a t a l o g

A. Nominalzins

1. Wie hoch ist der Zins/Laufzeitzins für Ratenkredite?

   z. Zt. .... % p. M.
   ....

2. Gilt der Zins jeweils für die gesamte Dauer des Kreditverhältnisses?

   a) ja
   b) nein

3. Falls 2. mit nein beantwortet werden muß, welche Geltungsdauer hat der Zins?

   a) b. a. w.
   b) ....

4. Von wann an ist der Kredit zu verzinsen?

   a) ab Kreditauszahlung
   b) ab Beginn der Zahlungsperiode
   c) ....

5. Wann sind die Zinsen im Verhältnis zur Leistungsperiode jeweils zu entrichten?*)

   a) nachschüssig
   b) vorschüssig
   c) ....

*) Um dem beim standardisierten Ratenkredit üblichen Zuschlagsverfahren bereits durch eine entsprechende Fragestellung Rechnung zu tragen, wurde im Verlaufe der Untersuchung der Frage 5 eine Frage 5 a mit folgendem Wortlaut angefügt:
"Wie wird der Zins bezahlt
a) durch Entrichtung gleichhoher Monatsraten, welche die dem Kreditkapital zugeschlagene Zinsschuld mitumfassen
b) durch gesonderte Belastung aufgrund Sollstellung zu bestimmten Stichtagen
c) ...."
Diese Frage wurde - soweit sie nicht bereits unter 5 beantwortet worden war - nachträglich allen jenen Instituten vorgelegt, in deren Fragebogen sie nicht enthalten gewesen war.

6. Welches Kreditkapital wird der Zinsrechnung zugrundegelegt?

   a) Ursprungskapital
   b) jeweiliges Restkapital
   c) Kapital am Jahresanfang
   d) ....

B. Bearbeitungsgebühr

7. Wie hoch ist die Bearbeitungsgebühr?

   ....

8. Wie wird die Bearbeitungsgebühr erhoben?

   a) durch Kürzung des Auszahlungsbetrages
   b) durch Zuschlag zur Kreditsumme
   c) ....

9. Auf welchen Zeitraum wird die Bearbeitungsgebühr bei der Ermittlung des Effektivzinses verrechnet?

   a) auf die Gesamtdauer des Kredites
   b) ....

10. Erfolgt eine zeitanteilige Rückerstattung der Bearbeitungsgebühr bei vorzeitiger Rückzahlung des Kredites

    a) ja
    b) nein
    c) ....

C. Vermittlungsgebühr

11. Wie hoch ist eine etwaige Vermittlungsgebühr (soweit sie dem Kreditnehmer in Rechnung gestellt wird)?

    ....

12. Wie wird die Vermittlungsgebühr erhoben?

    a) durch Kürzung des Auszahlungsbetrages
    b) durch Zuschlag zur Kreditsumme
    c) ....

D. Schätzungsgebühr

13. Wie hoch ist für den Fall einer Besicherung des Kredites durch dingliche Rechte (Grundpfandrecht, Sicherungseigentum) die Schätzungsgebühr?

....
....

14. Wann ist die Schätzungsgebühr fällig bzw. wird sie erhoben?

....

E. Tilgung

15. Wie hoch ist die Zahl der Monatsraten?
(wie lang ist die Laufzeit?)

....

16. Wann setzt die Tilgung ein?

....

17. Wann ist die Tilgung im Verhältnis zur Leistungsperiode jeweils zu errichten?

a) nachschüssig
b) vorschüssig
c) ....

18. Welches Kreditkapital wird der Tilgungsrechnung zugrundegelegt?

a) Ursprungskapital
b) jeweiliges Restkapital
c) ....

F. Sonstiges

19. Gibt es sonstige, durch die bisherigen Fragen nicht erfaßte Kreditkosten (oder Modalitäten der Berechnung)? z. B. Mindermengenzuschläge

....

G. Effektivzinssatz

20. Wie hoch ist der sich nach dem vorstehenden ergebenden Effektivzinssatz (nach Laufzeiten gegliedert)?

....

Bemerkungen:

Privater
Kontokorrentkredit
(Linie bis 50.000 DM)

Stand: Jahresmitte 1987

F r a g e n k a t a l o g

A. Nominalzins

1. Wie hoch ist der Nominalzins für Privatkredite?

   z. Zt. .... % p. a.
   ....

2. Für welche Zeitdauer hat der Zins Geltung?

   a) b. a. w.
   b) bis (mindestens) ....
   c) ....

3. Von wann an ist der Kredit zu verzinsen?

   a) ab Inanspruchnahme
   b) ab Einräumung / Zur-Verfügung-Stellung auf einem Sonderkonto
   c) ....

4. Wonach bemißt sich die Zinsschuld?

   a) nach der Höhe der Inanspruchnahme
   b) nach der Höhe der eingeräumten Linie
   c) ....

5. Wie häufig wird das Konto abgerechnet (Dauer der Leistungsperiode)?

   a) monatlich
   b) vierteljährlich
   c) ....

B. <u>Kreditzusageprovision</u>

6. Wird eine Kreditzusageprovision (Kreditbereitstellungsprovision) berechnet?

   a) ja
   b) nein

7. Wie hoch ist die unter 6. genannte Provision?

   z. Zt. .... % p. a.

8. Ist die unter 6. genannte Provision während der Laufzeit eines eingeräumten Kredites fest oder gilt sie b. a. w.?

   a) fest
   b) b. a. w.
   c) ....

9. Von wann an ist die unter 6. genannte Provision zu entrichten?

   a) ab Einräumung des Kredites
   b) ....

10. Für welchen Zeitraum wird die unter 6. genannte Provision jeweils in Rechnung gestellt (Dauer der Leistungsperiode)?

   a) monatlich
   b) vierteljährlich
   c) ....

11. Welche Berechnungsgrundlage findet für die Bemessung der unter 6. genannten Provision Anwendung?

   a) eingeräumte Kreditlinie
   b) nicht in Anspruch genommener Teil der Kreditlinie
   c) ....

12. Findet gegebenenfalls eine nachträgliche Anrechnung bereits geleisteter Provision nach 6. auf Zinsen statt und in welcher Weise?

   ....

C. Bearbeitungsgebühr

13. Wie hoch ist die Bearbeitungsgebühr?

....

14. Wann ist die Bearbeitungsgebühr fällig?

a) einmalig, bei Einräumung des Kredits
b) einmalig, bei erster Inanspruchnahme
c) periodisch, jeweils ....

D. Schätzungsgebühr

15. Wie hoch ist für den Fall einer Besicherung des Kredits durch dingliche Rechte (Grundpfandrecht, Sicherungseigentum) die Schätzungsgebühr?

....
....

16. Wann ist die Schätzungsgebühr fällig?

....

E. Beendigung des Kreditverhältnisses

17. Auf welche Weise endet das Kreditverhältnis?

a) durch Fristablauf
b) durch Kündigung
c) ....

F. Sonstiges

18. Gibt es sonstige, durch die bisherigen Fragen nicht erfaßte Kreditkosten (oder Modalitäten der Berechnung)?
z. B. Mindermengenzuschläge

G. Effektivzinssatz

19. Wie hoch ist der sich nach dem vorstehenden ergebende Effektivzinssatz? (sofern er nach § 4 Abs.5 PAngV anzugeben ist)

....

Darlehen
zur Wohnungsbaufinanzierung
(Größenordnung 150.000 DM)

Stand: Jahresmitte 1987

F r a g e n k a t a l o g

A. Zinskonditionen, Zinszuschläge, Bereitstellungsprovision

1. Wie sind z. Zt. Ihre Konditionen für Wohnungsbaudarlehen

a) bei Absicherung durch Grundpfandrechte innerhalb des Realkreditrahmens?

Nominalzins	Disagio		Effektivzins
....	....	keine Zinsbindungsfrist (vollvariabel)	....
....	....		....
....	....	Zinsbindungsfrist ... Jahre	....
....	....		....
....	....	Zinsbindungsfrist ... Jahre	....
....	....		....
....	....	Zinsbindungsfrist ... Jahre	....
....	....		....
....	....	Zinsbindungsfrist ... Jahre	....
....	....		....
....	....	Gesamtlaufzeit	

b) bei Absicherung durch werthaltige Grundpfandrechte außerhalb des Realkreditrahmens?

Nominalzins	Disagio		Effektivzins
....	....	keine Zinsbindungsfrist (vollvariabel)	....
....	....		....
....	....	Zinsbindungsfrist ... Jahre	....
....	....		....

Nominalzins	Disagio		Effektivzins
....	....	Zinsbindungsfrist ... Jahre	....
....	....		....
....	....	Zinsbindungsfrist ... Jahre	....
....	....		....
....	....	Zinsbindungsfrist ... Jahre	....
....	....		....
....	....	Gesamtlaufzeit	

c) bei Absicherung durch andere als grundpfandrechtliche Sicherheiten (oder blanko)?

....

2. Berechnen Sie Zuschläge bei Unterschreiten einer Mindestdarlehenshöhe?

   a) ja
   b) nein

3. Wie sind diese Zuschläge bemessen?

   ....
   ....
   ....

4. Ab wann ist ein Darlehen zu verzinsen?

   a) ab Inanspruchnahme
   b) ab Bereitstellung (z. B. auf einem Sonderkonto)
   c) ....

5. Berechnen Sie Zuschläge für ratenweise Auszahlung? (Teilzahlungs-Zinsaufschläge)

   a) ja
   b) nein

6. In welcher Höhe berechnen Sie Zuschläge gemäß 5.?

   ....

7. Wie hoch ist die Bereitstellungsprovision?

   ....

8. Von wann an ist eine Bereitstellungsprovision zu entrichten?

   a) ab Darlehenszusage
   b) ....

9. (Wenn sich die Auszahlung über einen längeren Zeitraum erstreckt:) Wie häufig bzw. für welchen Zeitraum ist die Bereitstellungsprovision jeweils zu entrichten?

   a) monatlich
   b) vierteljährlich
   c) ....

10. Wie häufig bzw. für jeweils welchen Zeitraum sind die Zinsen für das Darlehen zu entrichten (Leistungsperiode)?

    a) monatlich
    b) vierteljährlich
    c) ....

11. Wann sind die Zinsen im Verhältnis zur Leistungsperiode jeweils zu entrichten?

    a) nachschüssig
    b) vorschüssig
    c) ....

12. Welches Kapital wird der Zinsrechnung jeweils zugrundegelegt?

    a) jeweilige Restschuld
    b) Ursprungskapital
    c) Kapital am Jahresbeginn
    d) ....

B. Bearbeitungsgebühr

13. Wie hoch ist die Bearbeitungsgebühr?

....

14. Wann ist die Bearbeitungsgebühr fällig?

a) einmalig, bei Darlehnszusage
b) einmalig, bei Inanspruchnahme des ersten Teilbetrages
c) zu Beginn eines jeden Finanzierungsabschnitts / nach Ablauf einer Zinsbindungsfrist
d) ....

15. Auf welchen Zeitraum wird die Bearbeitungsgebühr bei der Ermittlung des Effektivzinses verrechnet?

a) auf die Gesamtdauer des Kredits
b) auf den jeweiligen Finanzierungsabschnitt
c) ....

16. Erfolgt eine zeitanteilige Rückerstattung der Bearbeitungsgebühr bei vorzeitiger Rückzahlung des Darlehens?

a) ja
b) nein
c) ....

C. Kontoführungsgebühr

17. Wie hoch ist eine - etwaige - Kontoführungsgebühr?

....

18. Wie häufig bzw. für welchen Zeitraum ist die Kontoführungsgebühr zu entrichten (Leistungsperiode)?

a) monatlich
b) vierteljährlich
c) ....

D. Vermittlungsgebühr

19. Wie hoch ist - gegebenenfalls - eine Vermittlungsgebühr (soweit sie dem Darlehensnehmer in Rechnung gestellt wird)?

....

20. Wie wird die Vermittlungsgebühr erhoben (wann ist sie fällig)?

....

E. Schätzungsgebühr

21. Wie hoch ist eine etwaige Schätzungsgebühr?

....

22. Wann ist die Schätzungsgebühr fällig?

....

F. Bürgschaftsprovision

23. Wird eine öffentliche Bürgschaft benötigt?

....

24. Wie hoch ist eine etwaige Bürgschaftsprovision (bei öffentlichen Bürgschaften)?

....

25. Von wann an bzw. in Abhängigkeit wovon ist eine Bürgschaftsprovision zu entrichten?

    a) ab Bürgschaftszusage
    b) ab Darlehnsinanspruchnahme
    c) ....

26. Wie häufig bzw. für welchen Zeitraum ist die Bürgschaftsprovision jeweils zu entrichten?

    a) monatlich
    b) vierteljährlich
    c) ....

27. Welches Kapital wird der Berechnung der Bürgschaftsprovision zugrundegelegt?

    a) geschuldetes Restkapital
    b) Ursprungskapital
    c) Kapital am Anfang des laufenden Jahres
    d) ....

28. Um wieviel sind öffentlich verbürgte Darlehen im Zins günstiger als Darlehen ohne öffentliche Bürgschaft?

    a) gegenüber Darlehen, die im Realkreditrahmen abgesichert werden

       ....
    b) gegenüber Darlehen, die durch werthaltige Grundpfandrechte außerhalb des Realkreditrahmens abgesichert werden

       ....
    c) gegenüber sonstigen Darlehen

G. Restschuldversicherung

29. Muß eine Restschuldversicherung abgeschlossen werden?

    a) ja
    b) nein

30. Wie hoch ist eine etwaige Versicherungsprämie?

    ....

31. Von wann an bzw. in Abhängigkeit wovon ist eine Versicherungsprämie zu entrichten?

    a) bei Abschluß der Versicherung
    b) ab Darlehnsinanspruchnahme
    c) ....

32. Wie häufig bzw. für welchen Zeitraum ist die Versicherungsprämie jeweils zu entrichten?

    a) monatlich
    b) vierteljährlich
    c) ....

H. <u>Darlehnstilgung</u>

33. Wie wird das Darlehen zurückgeführt?

    a) das Darlehen wird in Raten getilgt
    b) das Darlehen wird in Annuitäten getilgt
    c) das Darlehen ist gesamtfällig
    d) ....

34. Wie hoch sind die Raten / Annuitäten?

    ....

35. Für welchen Zeitraum hat die Rückzahlungsvereinbarung Geltung? (Bindungsfrist)

    ....

36. Wann setzt die Tilgung gemäß 33. a) und b) ein?

    a) .... nach Inanspruchnahme
    b) .... nach ... tilgungsfreien Jahren
    c) ....

37. Wie häufig bzw. für welchen Zeitraum ist die Tilgung jeweils zu erbringen?

    a) monatlich
    b) vierteljährlich
    c) ....

38. Wann sind Tilgungsraten im Verhältnis zur Leistungsperiode jeweils zu entrichten?

    a) nachschüssig
    b) vorschüssig
    c) ....

39. Welches Kapital wird der Tilgungsrechnung zugrundegelegt?

    a) jeweilige Restschuld
    b) Ursprungskapital
    c) ....

40. Ist das Darlehen mit einem Agio (Aufgeld) rückzahlbar?

    a) ja
    b) nein

41. Wie hoch ist ein solches Agio?

....

I. Sonstiges

42. Gibt es weitere Kreditkosten (oder Modalitäten der Berechnung), die in den vorgenannten Ziffern nicht enthalten sind?

....
....

K. Disagio-Zusatzdarlehen / Annuitäten-Zuschußdarlehen

43. Wird auf Wunsch des Darlehnsnehmers ein Disagio-Zusatzdarlehen/Annuitäten-Zuschußdarlehen gewährt?

a) ja
b) nein

44. In welcher Höhe?

....

45. Wie lauten die Zinskonditionen?
(Antwort bitte in Anlehnung an Abschnitt A)

....

46. Wie ist das Zusatz-/Zuschußdarlehen zu tilgen?
(Antwort bitte in Anlehnung an Abschnitt H.)

....

A N H A N G 3

Darstellung der Uniformmethode

Bei der Uniformmethode wird die mit der Kreditgewährung einhergehende Kapitalbindung zu den Kosten des Kreditkapitals in Beziehung gesetzt. Diese Relation ergibt den Preis des Kredites.[1]

Ist K der Netto-Kreditbetrag (Auszahlungsbetrag), so ist dieser im 1. Monat der Kreditlaufzeit gebunden. Multipliziert man K mit der Bindungsdauer von 1/12 Jahr, so erhält man K/12. Nachdem die erste Rückzahlungsrate geleistet ist, welche einer Verminderung des Schuldkapitals um K/n entspricht, so lautet der Ausdruck für die Kapitalbindung im 2. Monat

$$(K - K/n)/12 \text{ bzw. } K/12 - K/(n \cdot 12).$$

Im 3. Monat ist sie auf

$$K/12 - 2 \cdot (K/(n \cdot 12))$$

gesunken. Wenn man die Gesamtkapitalbindung ermitteln will, also

$$\begin{aligned} & K/12 \\ & + K/12 - K/(n \cdot 12) \\ & + K/12 - 2K/(n \cdot 12) \\ & + \ldots \\ & + \ldots \\ & + K/12 - (n - 1) \cdot K/(n \cdot 12), \end{aligned}$$

----

1) Die Darstellung folgt im weiteren hauptsächlich Wilhelm, 1976, S. 14. Sie findet sich so oder so ähnlich aber auch in anderen einschlägigen Arbeiten.

so läßt sich dies mit Hilfe der Summenformel für die arithmetische Reihe bewerkstelligen. Sie lautet im vorliegenden Falle

$$(K + K/n) \cdot 1/12 \cdot n/2.$$

Die Kosten des Kreditkapitals stellen sich dar als Produkt des Auszahlungsbetrages mit dem Zinssatz p_m und der Kreditdauer in Monaten (n)[2] zusätzlich etwaiger Kreditantragsgebühren g, die als Kostenzuschlagssätze gleichfalls mit dem Auszahlungsbetrag zu multiplizieren sind.[3]

$$K \cdot p_m \cdot n + K \cdot g \quad \text{oder}$$
$$K\,(p_m \cdot n + g)$$

Durchschnittliche jährliche Kapitalkosten und durchschnittlich verfügbares Kreditkapital, zueinander ins Verhältnis gesetzt, ergeben den Effektivzins im Sinne der Uniformmethode i_s[4]:

$$i_s = \frac{K \cdot (p_m \cdot n + g)}{(K + K/n) \cdot 1/12 \cdot n/2}$$

Durch Kürzung und Umstellung erhält man

$$i_s = \frac{24 \cdot (p_m \cdot n + g)}{1 + n}$$

Man gelangt zu dieser Formel auch auf folgendem Wege: Der Kreditnehmer verfügt zu Beginn der Kreditlaufzeit über einen Netto-Kreditbetrag in Höhe von K, am Ende der Kreditlaufzeit über einen solchen, der der Hö-

----

2) In amtlichen Veröffentlichungen begegnet man dem Symbol M oder dem Ausdruck "Laufzeitmonate".

3) Im standardisierten Ratengeschäft übliche Zuschlagsmethode (siehe 4.2.2.5).

4) Vgl. Schierenbeck, 1984, S. 100.

he der letzten Rate entspricht. Diese ergibt sich, wenn man K durch die Anzahl der Monatsraten teilt, also K/n. Im Durchschnitt der Kreditlaufzeit verfügt der Kreditnehmer also über (K + K/n)/2. Diese Laufzeit beträgt n/12 Jahre. Der Effektivzins sei wieder mit i_s bezeichnet. Dann betragen die Kreditkosten

$$K \bullet (p_m \bullet n + g) = (K + K/n)/2 \bullet n/12 \bullet i_s \qquad \text{bzw.}$$

5)

$$i_s = \frac{24 \bullet (p_m \bullet n + g)}{1 + n} \quad .$$

Die Uniformmethode geht aus Gründen der Praktikabilität von einer Fiktion aus. Sie unterstellt nämlich über die Kreditlaufzeit gleichbleibende Zins-(Gebühren-) und Tilgungsanteile und vernachlässigt deren zeitliche Struktur. Deshalb wird die Uniformmethode auch als "Statische Effektivverzinsung" bezeichnet.

In Verfahren gemäß § 138 BGB verwenden Gerichte die Uniformmethode zur Äquivalenzprüfung bei Ratenkrediten kürzerer Laufzeit nach wie vor.

----

5) Vgl. Ney, 1981, S.31 f..

ANHANG 4

Abweichungen zwischen 360-Tage-Methode und Zinseszins-Methode hinsichtlich des errechneten Effektivzinssatzes*)

Laufzeit	Zinseszins-Methode %	360-Tage-Methode %
5 Monatsraten	5	4,94
10 Monatsraten		5,01
20 Monatsraten		5,00
30 Monatsraten		5,00
60 Monatsraten		5,00
5 Monatsraten	10	9,77
10 Monatsraten		10,04
20 Monatsraten		10,04
30 Monatsraten		10,04
60 Monatsraten		10,04
5 Monatsraten	20	19,16
10 Monatsraten		20,21
20 Monatsraten		20,22
30 Monatsraten		20,21
60 Monatsraten		19,99

*) Auszug aus einer Tabelle, die dem Gutachten des E.S. Kirschen betreffend die Berechnung des jährlichen prozentualen Belastungssatzes für Verbraucherkredite betreffend vom 19.10.1984 entnommen ist.

A N H A N G 5

Vergleich zwischen tatsächlichem und fiktivem Kontoverlauf eines Darlehens mit verkürztem Abrechnungszeitraum

Darlehen	DM 1.200	-	Auszahlung 100 %
Monatsrate	DM 100	-	Laufzeit 12 Monate + Schlußrate
Nominalzins	10 % p.a.	-	Zinskapitalisierung am 31.12. und/oder Ende der Tilgung taggenaue Tilgungsverrechnung
Auszahlung: 01.08.80			effektiver Jahreszins nach 360-Tage-Methode: 10,3383 %

Datum		Tatsächlicher Kontoablauf: zu verzinsender Betrag	Tatsächlicher Kontoablauf: tatsächliche Zinsen 10 % p.a.	Fiktiver Kontoablauf: zu verzinsender Betrag	Fiktiver Kontoablauf: Fiktive Zinsen mit Effektivzinssatz 10,3383 %
01.08.80	Auszahlung	1.200,--	10,--	1.200,--	10,34
30.08.80	Rate	- 100,--		- 100,--	
		1.100,--	9,17	1.100,--	9,48
30.09.80	Rate	- 100,--		- 100,--	
		1.000,--	8,33	1.000,--	8,62
30.10.80	Rate	- 100,--		- 100,--	
		900,--	7,50	900,--	7,75
30.11.80	Rate	- 100,--		- 100,--	
		800,--	6,67	800,--	6,89
30.12.80	Rate	- 100,--		- 100,--	
	10 % Zinsen p.a.	+ 41,67	41,67	700,--	6,03
		741,67	6,18		
30.01.81	Rate	- 100,--		- 100,--	
		641,67	5,35	600,--	5,17
30.02.81	Rate	- 100,--		- 100,--	
		541,67	4,51	500,--	4,31
30.03.81	Rate	- 100,--		- 100,--	
		441,67	3,68	400,--	3,45
30.04.81	Rate	- 100,--		- 100,--	
		341,67	2,85	300,--	2,58
30.05.81	Rate	- 100,--		- 100,--	
		241,67	2,01	200,--	1,72
30.06.81	Rate	- 100,--		- 100,--	
		141,67	1,18	100,--	0,86
30.07.81	Rate	- 100,--		- 100,--	
	10,3383 % Zinsen p.a.			+ 67,20	67,20
		41,67	0,35	67,20	0,58
30.08.81	Schlußrate	- 67,78		- 67,78	
	10 % Zinsen p.a.	+ 26,11	26,11		
	10,3383 % Zinsen p.a.			+ 0,58	0,58
01.09.81	Saldo	0,00	Zinskosten: 67,78	0,00	Zinskosten: 67,78

Quelle: Astfalk, mathematische Grundlagen des Schreibens des Zentralen Kreditausschusses an die zuständigen Ministerien vom 04.07.1980

ANHANG 6

Einfluß verkürzter Abrechnungszeiträume auf den Effektivzins bei verschiedenen Kapitalisierungszeitpunkten

Darlehen DM 1.200 - Auszahlung 100 %
Monatsrate DM 100
Nominalzins 10 % p.a.
Laufzeit 12 Monate + Schlußrate
taggenaue Tilgungsverrechnung

Startmonat	Effektivzins in %	Differenz zum angegebenen Effektivzins
a) Zinskapitalisierung am 31.12.		
1	10	------
2	10,0799	0,0799
3	10,1545	0,1545
4	10,2206	0,2206
5	10,2753	0,2753
6	10,3152	0,3152
7	10,3372	0,3372
8	10,3383	0,3383
9	10,3152	0,3152
10	10,2648	0,2648
11	10,1839	0,1839
12	10,0694	0,0694
b) Zinskapitalisierung am 30.06., 31.12.		
1	10,3623	------
2	10.4002	0,0377
3	10,4258	0,0635
4	10,4355	0,0732
5	10,4262	0,0639
6	10,3946	0,0323
c) Zinskapitalisierung am 31.03., 30.06., 30.9., 31.12.		
1	10,5246	------
2	10,5393	0,0147
3	10,5377	0,0131

Quelle: Astfalk, mathematische Grundlagen des Schreibens des Zentralen Kreditausschusses an die zuständigen Ministerien vom 04.07.1980

A N H A N G 7

Auswirkungen verkürzter Laufzeit der ersten Rate auf den Effektivzins bei p. M.-Ratenkrediten

Darlehen	DM 1.200	-	Bearbeitungsgebühr 2 %	
Manatsrate	DM 74	-	Laufzeit 18 Monate	
Nominalzins	0,5 % p.M.	-	angegebener eff. Jahreszins	: 14,4455
Auszahlung	16.03.80		dadurch effektiver Jahreszins tatsächlich	: 15,3542
Fälligkeit 1. Rate:	30.03.80			

Datum		zu verzinsender Betrag	Fiktive Zinsen mit Effektivzinssatz 15,3542 %
16.03.80	Auszahlung	1.200,--	7,68 (Zinsen für 15 Tage)
30.03.80	Rate	- 74,--	
		1.126,--	14,41
30.04.80	Rate	- 74,--	
		1.052,--	13,46
30.05.80	Rate	- 74,--	
		978,--	12,51
30.06.80	Rate	- 74,--	
		904,--	11,57
30.07.80	Rate	- 74,--	
		830,--	10,62
30.08.80	Rate	- 74,--	
		756,--	9,67
30.09.80	Rate	- 74,--	
		682,--	8,73
30.10.80	Rate	- 74,--	
		608,--	7,78
30.11.80	Rate	- 74,--	
		534,--	6,83
30.12.80	Rate	- 74,--	
		460,--	5,89
30.01.81	Rate	- 74,--	
		386,--	4,94
30.02.81	Rate	- 74,--	
		312,--	2,-- (Zinsen für 15 Tage)
15.03.81	15,3542 % Zinsen	+ 116,09	116,09
16.03.81	Saldo	428,09	2,74 (Zinsen für 15 Tage)
30.03.81	Rate	- 74,--	
		354,09	4,53
30.04.81	Rate	- 74,--	
		280,09	3,58
30.05.81	Rate	- 74,--	
		206,09	2,64
30.06.81	Rate	- 74,--	
		132,09	1,69
30.07.81	Rate	- 74,--	
		58,09	0,74 (hier Zinsen für 30 Tage, da letzte Rate erst am 30.08. eingeht!)
30.08.81	Rate	- 74,--	
	15,3542 % Zinsen	+ 15,92	15,92
01.09.81	Saldo	0,01	

Kosten:	116,09 + 15,92	= 132,01
	18 x 0,5 % v. 1.200,--	= 108,--
	+ 2 % v. 1.200,--	= 24,--

Quelle: Astfalk, mathematische Grundlagen des Schreibens des Zentralen Kredtiausschusses an die zuständigen Ministerien vom 04.07.1980

ANHANG 8

Ausführliche Darstellung des Sachverhalts, wie er Tabelle 31 zugrunde liegt

Für ein Annuitätendarlehen gemäß Tabelle 31

> Nominalzins 7 % p.a.
> nom. Anfangstilgung 1 % p.a.
> (gerechnet vom Ursprungskapital)
> Auszahlungskurs 95 %; Damnum mitfinanziert

wird am Schluß des ersten Finanzierungsabschnitts eine Anschlußfinanzierung gesucht. Die Restschuld beträgt zu diesem Zeitpunkt DM 99.025,89. Der Kreditgeber, der die Erstfinanzierung mit einer Zinsbindung von fünf Jahren gestellt hatte, bietet eine Verlängerung zum gleichen Nominalzinssatz (7 % p. a.) und gleichen Auszahlungskurs (95 %) bei gleicher Zinsbindungsdauer (5 Jahre) an. Auch an der nominellen Höhe der ursprünglichen Jahresleistung soll sich nichts ändern. Das erneut anfallende Damnum wird - wiederum - mitfinanziert.

Aufgrund der Tatsache, daß ja am Ende des ersten Finanzierungsabschnittes bereits ein Teil der ursprünglichen Kreditschuld getilgt ist und sich bei Annuitätendarlehen die Tilgung stets um die durch Rückzahlung ersparten Zinsen erhöht, entspricht die Nominaltilgung von 1 % p. a. gerechnet auf den Ursprungsbetrag nunmehr einer effektiven Tilgung von 1,5 % p. a. bezogen auf die Restschuld.

In konkreten Zahlen:

Die Restschuld zu Ende des 1. Finanzierungsabschnittes steht laut Tilgungsplan auf	DM 99.025,89
Die Annuität beträgt - in ihrer absoluten Höhe unverändert[1] - (2105,26 x 4 =)	DM 8.421,04
7 % p. a. Zinsen von der Restschuld DM 99.025,89 sind	DM 6.931,81
Subtrahiert man diesen Betrag, verbleiben für Tilgung	DM 1.489,23.
In ein Verhältnis gesetzt zur Restschuld sind das	1,5 %.

Die erhöhte Tilgung bewirkt, daß eine geringere durchschnittliche Kapitalnutzung dem Damnum gegenübersteht. Die Folge ist ein höherer Effektivzins. Er beträgt bei 1,5 % Tilgung schon 8,54 % (nicht mehr 8,53 %, wie im ersten Finanzierungsabschitt) und steigt mit zunehmender Tilgung - wie die Tabelle zeigt - weiter.

----

1) In ihrer Relation zum Schuldkapital hat sich die Annuität allerdings von anfänglich 8 auf etwa 8,5 % erhöht.

A N H A N G 9

Auszug aus einem Vermerk, verfaßt im Hause des Verbandes deutscher Hypothekenbanken, Bonn vom 29. November 1985

...

1. Für welchen Zeitraum werden die Konditionen garantiert?

2. Handelt es sich bei dem Auszahlungsabschlag (Damnum) um ein Zinsdamnum oder um Bearbeitungsgebühren und sonstige Einmalkosten?

3. (Nur bei Gleitzinshypotheken): Für welchen Zeitraum wird bei eventuellen Zinsanpassungen der aus dem Zinsdamnum resultierende Nominalzinsvorteil garantiert?

4. Auf welchen Zeitraum wurden bei der Effektivzinsermittlung die Einmalkosten verrechnet?

5. Wurde bei der Effektivzinsermittlung eine Tilgungsaussetzung unterstellt?

6. Welche sonstigen Kosten entstehen (z. B. Bürgschaftskosten, Schätzkosten, ggf. Bereitstellungszinsen)?

7. Ist die Darlehensgewährung vom Abschluß einer Risikolebensversicherung abhängig?

8. Wie hoch ist die monatliche Gesamtbelastung in DM unter Berücksichtigung aller Darlehensnebenkosten?

...

Verbraucher-Zentrale Nordrhein-Westfalen –
Landesarbeitsgemeinschaft der Verbraucherverbände e. V.

Kreditmerkblatt zum permanenten Kreditkostenvergleich

Jeder Kredit hat seinen Preis. Erfahrungen zeigen jedoch, daß ein gut informierter Kreditnehmer beim Leihen von Geld erhebliche Kosten einsparen kann. Hier 10 Tips der Verbraucher-Zentrale Nordrhein-Westfalen, die Sie vor einer Kreditaufnahme unbedingt beachten sollten.

1. Überlegen Sie genau, ob Sie das, was Sie auf Kredit anschaffen wollen, tatsächlich sofort brauchen. Sie sollten immer die Möglichkeit bedenken, den Kaufpreis anzusparen, um dadurch die Kreditkosten zu vermeiden.

2. Überprüfen Sie ehrlich, wieviel Sie von Ihrem monatlichen Einkommen regelmäßig für Raten abzweigen können, ohne sich übermäßig einschränken zu müssen.

3. Wenn Ihnen die "Hausbank" oder eine andere Bank bzw. Sparkasse den gewünschten Kredit verweigert, betrachten Sie dies als Warnzeichen und überdenken Sie nochmals Ihre wirtschaftliche Lage. Auch Banken und Sparkassen wollen Geschäfte machen und versagen ein Darlehen nicht ohne Grund.

4. Gehen Sie nicht zu Kreditvermittlern!
   Sie verlangen eine hohe Provision und verschaffen Ihnen den Kredit meist bei einer der ohnehin nicht billigen Teilzahlungsbanken. Häufig sind Kredite beim Vermittler mehr als doppelt so teuer wie bei einer Geschäftsbank oder Sparkasse.

5. Lassen Sie sich nicht durch Postwurfsendungen zur übereilten Kreditaufnahme verleiten. Wer Ihnen schnell, unbürokratisch und ohne nähere Prüfung tausende von Mark verspricht, hat "das dicke Ende" noch in der Tasche.

6. Seien Sie vorsichtig bei Umschuldungen!
   Mißtrauen Sie Kreditangeboten, die nur unter der Bedingung vergeben werden, alle alten Verbindlichkeiten abzulösen. Dies kann Sie teuer zu stehen kommen.

7. Vergleichen Sie die Preise möglichst vieler Kreditinstitute. Dabei dürfen Sie sich nicht von kleinen Monatsraten blenden lassen. Es kommt allein auf den effektiven Jahreszins an.

   Im effektiven Jahreszins sind alle Kosten - einschließlich der Bearbeitungsgebühren - auf die gesamte Laufzeit umgelegt. Deshalb kann nur er aussagen, wie teuer ein Kredit ist.

Informieren Sie sich anhand des permanenten Kreditkostenvergleichs der Verbraucher-Zentrale Nordrhein-Westfalen. Hier finden Sie die laufend aktuellen Daten, die Ihnen den Weg zum billigsten Kredit weisen können.

8. Vorsicht bei Kreditformen wie "Dispo-Vario"-, "Ideal"- oder "Scheckrahmen"-Krediten. In der Regel sind sie mit dem Gehaltskonto verbunden, und es wird ein freiverfügbarer Scheckrahmen in beträchtlicher Höhe eingeräumt. Die Verbindung von einem Gehalts- und Scheckkredit-Konto führt oft dazu, daß der Kreditnehmer seine tatsächliche monatliche Belastung gar nicht mehr überblicken kann.

9. Unterschreiben Sie einen Kreditantrag nur, wenn dieser vollständig ausgefüllt ist und Sie Ihre gesamte Rückzahlungsverpflichtung ersehen können. Niemals sollte eine Blankovorlage unterzeichnet werden!

10. Lassen Sie sich nicht über die angeblichen Vorteile einer Restschuldversicherung täuschen. Für das Risiko "Arbeitslosigkeit" tritt diese Versicherung nicht ein. Nur beim Tod des Versicherungsnehmers (evtl. noch bei Arbeitsunfähigkeit) wird die Restverbindlichkeit von der Versicherung übernommen.

Was müssen Sie beim permanenten Kreditkostenvergleich beachten?

- Verglichen werden im Kreditkostenvergleich nur Ratenkredite mit festen Konditionen während der gesamten Laufzeit. Viele Kreditinstitute bieten daneben auch die gleichen Ratenkredite mit variablen Konditionen an. Der effektive Jahreszins ist in diesen Fällen meist niedriger. Variable Konditionen bergen jedoch ein Risiko, insbesondere wenn das Zinsniveau allgemein steigt.

- Überlegen Sie genau, ob ein Ratenkredit oder eher ein Dispositionskredit Ihrem Bedarf und Ihren Rückzahlungsmöglichkeiten entspricht.

  Der Dispositionskredit ist häufig billiger, da keine Bearbeitungsgebühr berechnet wird. Er eignet sich generell aber nur für einen kurzfristigen Geldbedarf, wenn eine baldige Rückzahlung möglich ist.

- Sprechen Sie bei Kreditbedarf zunächst mit Ihrer "Hausbank", auch wenn andere Banken oder Sparkassen noch etwas billiger sind. Wegen einiger zehntel Prozent Differenz lohnt es sich kaum, zu einer anderen Bank zu gehen. Die "Hausbank" ist bei der Einräumung eines Dispositionskredites oft auch großzügiger als ein fremdes Geldinstitut.

- Die im Kreditkostenvergleich genannten Zahlen wurden uns von den Banken und Sparkassen übermittelt. Trotz regelmäßiger Überprüfung können wir eine absolute Richtigkeit nicht garantieren.

LITERATURVERZEICHNIS

Allerkamp 1983

Allerkamp, F.: Tilgungsplanung; Frankfurt/Main 1983

Arbeitsgruppe "Effektiver Jahreszins" 1986

Arbeitsgruppe "Effektiver Jahreszins" des Bund-Länder-Ausschusses "Preisangaben": Ergebnisniederschrift der Besprechung mit den Verbänden des Kreditgewerbes am 24.02.1986 (Anlage zum Schreiben des Deutschen Sparkassen- und Giroverbandes an die Sparkassen- und Giroverbände und Stammgirozentralen vom 05.12.1986 - unveröffentlicht)

Astfalk 1980

Astfalk, Th.: Mathematische Grundlagen des Schreibens des Zentralen Kreditausschusses an das Ministerium für Wirtschaft, Mittelstand und Verkehr Baden-Württemberg, Ministerium für Wirtschaft und Verkehr des Landes Rheinland-Pfalz, Hessisches Ministerium für Wirtschaft und Verkehr, Bundesministerium für Wirtschaft vom 04.07.1980 (unveröffentlicht)

Astfalk 1980 a

Astfalk, Th.: Die Gleichung zur neuen Berechnung des Effektivzinssatzes bei Teilzahlungsdarlehen - 360-Tage-Methode; in: Sparkasse (97) 1980, S. 290

Bachmann 1978

Bachmann, R.: Die Restforderung der Teilzahlungsbank gegen den säumigen Schuldner; in: NJW (31) 1978, S. 865-868

Bank-Lexikon 1988

Bank-Lexikon, Handwörterbuch für das Geld-, Bank- und Börsenwesen; Red. K. Müssig, 10. Aufl., Wiesbaden 1988

Bartsch 1983

Bartsch, M. Zum Effektivzins; in: NJW (36) 1983, S. 1651-1652

Baums 1987

Baums, Th.: Zinsberechnungsklausel in Darlehensverträgen; in: WM (41) 1987, Sonderbeilage Nr. 2/1987 zu Nr. 15

Beier/Jacob 1987

Beier, J./Jacob, K.-D.; Der Konsumentenkredit in der Bundesrepublik Deutschland; Frankfurt/Main 1987

Beratender Verbraucherausschuß (BVA) 1985

Beratender Verbraucherausschuß der Kommission der Europäischen Gemeinschaften: Stellungnahme zur Berechnung des effektiven Jahreszinses beim Verbraucherkredit, angenommen am 18.09.1985

Bitz 1976

Bitz, M.: Äquivalente Zielkonzepte für Modelle zur simultanen Investitions- und Finanzplanung; in: ZfbF (28) 1976, S. 485-501

Bitz 1977

Bitz, M.: Strukturierung ökonomischer Entscheidungsmodelle; Wiesbaden 1977

Bitz 1977 a

Bitz, M.: Der interne Zinsfuß in Modellen zur simultanen Investitions- und Finanzplanung; in: ZfbF (29) 1977, S. 146-162

Bitz 1981

Bitz, M.: Entscheidungstheorie; München 1981

Bitz 1984

Bitz, M.: Verzinsungsmodalitäten; unveröffentlichtes Manuskript, 1984

Bitz 1988

Bitz, M.: Langfristige Unternehmensentscheidungen, Kurseinheit 4 Investitionstheorie, Fernuniversität-Gesamthochschule-Hagen 1988

Bitz/Hörnig 1988

Bitz, M./Hörnig, B.: Investition und Finanzierung, Kurseinheit 3 Investition I, Investitionsentscheidungen bei Sicherheit, Fernuniversität-Gesamthochschule-Hagen 1988

Bitz/Kissing/Rausch 1982

Bitz, M./Kissing, F./Rausch, W.: Leistungsangebot und Ertragslage deutscher Kreditvermittler; in: Der vermittelte Kredit 1982, S. 71-81 und 121-129

Boest 1985

Boest, R.: Die neue Preisangabenverordnung; in: NJW (38) 1985, S. 1440-1443

Bosch 1987

Bosch, K.: Finanzmathematik, München 1987

Brych 1982

Brych, F.: Die Effektivzins-Angabe-eine dekretierte Habwahrheit; in: Der langfristige Kredit (33) 1982, S. 302-305

Bülow 1985

Bülow, P.: Neues Preisangabengesetz und Entwurf zu einer neuen Preisangabenverordnung; in: GRUR (87) 1985, S. 254-258 mit Nachtrag S. 850-851

Bundesaufsichtsamt für das Versicherungswesen - VerBAV 1975

Bundesaufsichtsamt für das Versicherungswesen, Grundsätze für die Restschuldversicherung in: VerBAV (24) 1975, S. 456-458

BGHE v. 16.11.1978 - WM 1979, S.52-54

Bundesgerichtshof, Urteil vom 16. November 1978 (III ZR 47/77); in: WM (32) 1979, S. 52-54

BGHE v. 16.01.1980 - NJW 1980, S. 1388-1389

Bundesgerichtshof, Urteil vom 16. Januar 1980 (I ZR 25/78); in: NJW (33) 1980, S. 1388-1389

BGHE v. 12.03.1981 - NJW 1981, S. 1206-1210

Bundesgerichtshof, Urteil vom 12. März 1981 (III ZR 92/79); in: NJW (34) 1981, S. 1206-1210

BGHE v. 02.07.1981 - NJW 1981, S. 2180-2181

Bundesgerichtshof, Urteil vom 2. Juli 1981 (III ZR 8/80); in: NJW (34) 1981, S. 2180-2181

BGHE v. 04.03.1982 - NJW 1982, S. 1877-1878

Bundesgerichtshof, Urteil vom 4. März 1982 (I ZR 30/80); in: NJW (35) 1982, S. 1877-1878

BGHE v. 23.06.1983 - NJW 1983, S. 2703-2705

Bundesgerichtshof, Urteil vom 23. Juni 1983 (I ZR 109/81); in: NJW (36) 1983, S. 2703-2705

BGHE v. 23.06.1983 - NJW 1983, S. 2705-2707

Bundesgerichtshof, Urteil vom 23. Juni 1983 (I ZR 75/81); in: NJW (36) 1983, S. 2705-2707

BGHE v. 07.07 1983 - NJW 1983, S. 2707

Bundesgerichtshof, Urteil vom 7. Juli 1983 (I ZR 113/81); in: NJW (36) 1983, S. 2707

BGHE v. 02.10.1986 - MDR 1987, S. 296-297

Bundesgerichtshof, Urteil vom 2. Oktober 1986 (III ZR 163/85); in: MDR (41) 1987, S. 296-297

BGHE v. 05.03.1987 - WM 1987, S. 613-616

Bundesgerichtshof, Urteil vom 5. März 1987 (III ZR 43/86); in: WM (41) 1987, S. 613-616

BGHE v. 24.03.1988 - NJW 1988, S. 1661-1663

Bundesgerichtshof, Urteil vom 24. März 1988 (III ZR 24/87); in: NJW (41) 1988, S. 1661-1663

BGHE v. 24.11.1988 - WM 1989, S. 222-225

Bundesgerichtshof, Urteil vom 24. November 1988 (III ZR 188/87), in: WM (43) 1989, S. 222-225

Der Bundesminister der Finanzen, Ausschußbericht vom 07.08.1975

Der Bundesminister der Finanzen, Ausschußbericht vom 07.08.1975 - AZ VII B 3 - 64 12 13- 12/75, auszugsweise zitiert bei Reichstein, E: Amtlich angeordneter Verbraucherbetrug; in: ZfgK (31) S. 484-487

Der Bundesminister für Wirtschaft - PrAVO

Der Bundesminister für Wirtschaft, Preisauszeichnungsverordnung (Verordnung PR Nr. 1/69) vom 18. September 1969 - PrAVO -; in: BGBL. I S. 1733-1735

Der Bundesminister für Wirtschaft - Amtliche Begründung zur PrAVO

Der Bundesminister für Wirtschaft, Begründung zur Preisauszeichnungsverordnung (Verordnung PR Nr. 1/69) vom 18. September 1969 - PrAVO - in: Bundesanzeiger Nr. 178 vom 25.09.1969, hier zitiert nach Gelberg, H. -G.: Kommentar zur Preisangabenverordnung -PAngV- vom 10. Mai 1973; Düsseldorf 1975, Anhang 3

Der Bundesminister für Wirtschaft - PAngV 1973

Der Bundesminister für Wirtschaft, Verordnung über Preisangaben (Verordnung PR Nr. 3/73) vom 10. Mai 1973; in: BGBL. I S. 461-463

Der Bundesminister für Wirtschaft - Amtliche Begründung zur PAngV 1973

Der Bundesminister für Wirtschaft, Begründung zur Verordnung über Preisangaben (Verordnung PR Nr. 3/73); in: Bundesanzeiger Nr. 97 vom 24.05.1973, hier zitiert nach Gelberg, H.-G. : Kommentar zur Preisangabenverordnung - PAngV - vom 10. Mai 1973, Düsseldorf 1975, Anhang 1

Der Bundesminister für Wirtschaft - PAngV 1985

Der Bundesminister für Wirtschaft, Verordnung zur Regelung der Preisangaben vom 14. März 1985; in: BGBL. I S. 580-583

Der Bundesminister für Wirtschaft - Amtliche Begründung zur PAngV 1985

Der Bundesminister für Wirtschaft, Begründung zur Verordnung zur Regelung der Preisangaben; in: Bundesanzeiger Nr. 70/1985 vom 13.4.1985, S. 3730-32, hier zitiert nach Gimbel, W./Boest, R.: Die neue Preisangabenverordnung, München 1985, S. 75-82

Bundesrat - BR-Drucks. 283/88

Bundesrat, Beschluß zum Vorschlag für eine Richtlinie des Rates zur Änderung der Richtlinie 87/102/EWG zur Angleichung der Rechts- und Verwaltungsvorschriften der Mitgliedstaaten über den Verbraucherkredit; in: Bundesratsdrucksache 283/88 vom 23.09.1988

Bundesregierung - Antwort des Staatssekretärs Dr. Otto Schlecht

Bundesregierung, Antwort des Staatssekretäres im Bundesministerium für Wirtschaft, Dr. Otto Schlecht, auf eine Frage des Bundestagsabgeordneten Stiegler, erteilt am 6.12.1985; in: GewArch (32) 1986, S. 53 f

Bundestag - BT-Drucks. 8/3047 vom 09.07.1979

Deutscher Bundestag, Antwort der Bundesregierung auf eine kleine Anfrage - Verbraucherschutz in den Bereichen Geld und Kredit; in: Bundestagsdrucksache 8/3047 vom 09.07.1979

Bundestag - Preisgesetz

Deutscher Bundestag, Gesetz zur Regelung der Preisangaben vom 3. Dezember 1984; in: BGBL. I S. 1429-1430

BVerfG-Beschluß vom 08.11.1983 - NJW 1984, S. 861-862

Bundesverfassungsgericht, Beschluß vom 8. November 1983 (BvR 1249/81); in: NJW (37) 1984, S. 861-862

Canaris 1978

Canaris, C.-W.: Der Zinsbegriff und seine rechtliche Bedeutung; in: NJW (31) 1978, S. 1891-1898

Canaris 1987

Canaris, C.-W.: Zinsberechnungs- und Tilgungsverrechnungsklauseln beim Annuitätendarlehen; in: NJW (40) 1987, S. 609-617

Canaris 1987 a

Canaris, C.-W.: Der Kontokorrentratenkredit - eine neue Form des Konsumentenkredits, in: WM (41) 1987, Sonderbeilage Nr.4 1987 zu Nr. 33

Däumler 1982

Däumler, K.-D.: Effektivzinsbestimmung bei Fremdfinanzierung; in: DB (35) 1982, S. 2366-2369

Derleder 1982

Derleder, P.: Der Marktvergleich beim Konsumentenratenkredit als Mittel der Sittenwidrigkeitsprüfung; in: NJW (35) 1982, S. 2401-2407

Deutscher Sparkassen- und Giroverband - Schreiben vom 05.12.1986

Deutscher Sparkassen- und Giroverband, Sammelschreiben an die Sparkassen- und Giroverbände und Stammgirozentralen vom 05.12.1986 (unveröffentlicht)

DVFA 1983

Deutsche Vereinigung für Finanzanalyse und Anlagenberatung, Darmstadt : Studie der Kommission "Festverzinsliche Wertpapiere" der DVFA zu Methoden der Renditeermittlung in Deutschland, veröffentlicht mit Schreiben vom 24.05.1983

Dibbern 1983

Dibbern, K.: Was heißt eigentlich: Effektivverzinsung?; in: Die Bank 1983, S. 22-26 und 69-73

Drukarczyk 1970

Drukarczyk, J.: Investitionstheorie und Konsumpräferenz, Dissertation, Frankfurt/Main 1970

Drukarczyk/Müller-Hagedorn 1978

Drukarczyk, J./Müller-Hagedorn, L. (Hrsg.) unter Mitarbeit von R. Gümbel (u.a.) : Betriebswirtschaftslehre- Eine Einführung in die Theorie der Unternehmung, Band I, Wiesbaden 1978

Dyckhoff 1988

Dyckhoff, H.: Zeitpräferenz; in: Zfbf (40) 1988, S. 990-1008

EG-Komission KOM(88) 201 endg - Vorschlag für eine Richtlinie

EG-Komission, Vorschlag für eine Richtlinie des Rates zur Änderung der Richtlinie 87/102/EWG zur Angleichung der Rechts- und Verwaltungsvorschriften der Mitgliedstaaten über den Verbraucherkredit (von der Komission vorgelegt); in: KOM(88) 201 endg. - Dokumente vom 02.05.1988

Emmerich/Kessler 1986

Emmerich, V./Kessler, R.: Probleme der Konsumentenkredite; Frankfurt/Main 1986

Flesch/Piaskowski/Sièvi 1984

Flesch, H.-R./Piaskowski, F./Sièvi, Chr.: Erfolgsquellensteuerung durch Effektivzinsen im Konzept der Wertsteuerung; in: Die Bank 1984, S. 357-366

Flesch/Piaskowski/Sièvi 1987

Flesch, H.-R./Piaskowski, F./Sièvi, Chr.: Stellungnahme zu dem Aufsatz: Effektivzinsrechnung und Marktmethode; in: Die Bank 1987, S. 190-193

Frenz 1981

Frenz, R.: Die Rechtsnatur des Damnuns und die Frage seiner Rückerstattung; in: Die Bank 1981, S. 460-462

Gallwas 1971

Gallwas, H.-U.: Ist die neue Preisauszeichnungsverordnung rechtmäßig?; in: GewArch (17) 1971, S. 1-4

Geiger 1980

Geiger, W.: Neue Berchnungsmethode für den "effektiven Jahreszins"; in: Sparkasse (97) 1980, S. 225-258

Gelberg 1975

Gelberg, H.-G.: Kommentar zur Preisangabenverordnung - PAngV - vom 10. Mai 1973; Düsseldorf 1975

Gelberg 1978

Gelberg, H.-G.: Ausgewählte Fragen zur Verordnung über Preisangaben; in: GewArch (24) 1978, S. 177-182 und 209-215

Gelberg 1979

Gelberg, H.-G.: Die Verordnung über Preisangaben in der Rechtsprechung; in: GewArch (25) 1979, S. 1-8

Gimbel 1985

Gimbel, W.: Die neue Preisangabenverordnung; in: GewArch (31) 1985, S. 155-159

Gimbel/Boest 1985

Gimbel, W./Boest, R.: Die neue Preisangabenverordnung; München 1985

Goetze 1984

Goetze, R. v.: Das derzeitige Preisrecht aus der Sicht der zivilgerichtlichen Praxis; in: WRP (30) 1984, S. 460-462

Hackl 1977

Hackl, K.: Äquivalenzstörung und Sittenwidrigkeit; in: BB (32) 1977, S. 1412-1415

Hartmann 1969

Hartmann, K.: Zur Verfassungsmäßigkeit der neuen Preisauszeichnungsverordnung; in: BB (24) 1969, S. 1416-1418

Hauschildt 1981

Hauschildt, J.: Geschäftspolitik der Banken; in: Bank- und Börsenwesen Hrsg. M. Bitz, (Bd. 2), München 1981.

Hax 1985

Hax, H.: Investitionstheorie; 5. Aufl., Würzburg 1985.

Holzscheck/Hörmann/Daviter 1982

Holzscheck, K./Hörmann, G./Daviter, J.: Die Praxis des Konsumentenkredits in der Bundesrepublik Deutschland; Köln 1982

Jacobs 1984

Jacobs: Anmerkung zum Beschluß des BVerfG v. 08.11.1983; in: GRUR (86) 1984, S. 280-282

Jonas/Schebesta 1985

Jonas, C./Schebesta, M.: PAngV 85 - Die neue Preisangabenverordnung; Wiesbaden 1985

K. O. 1985

K. O.: Zinsvergleiche: Denn sie wissen, was sie tun; in: Bank und Markt (14) 1985, S. 4

Kähler/Daniel 1983

Kähler, K./Daniel, M.: Effektivzinsangabe in der Werbung für Realkredite; in: GRUR (85) 1983, S. 357-363

KGE v. 26.10.1978 - WM 1979, S. 589-591

Kammergericht Berlin, Urteil vom 26. Oktober 1978 (22 U 2350/78); in: WM (33) 1979, S. 589-591

KGE v. 08.12.1978 - WRP 1979, S. 303-305

Kammergericht Berlin, Urteil vom 8. Dezember 1978 (5 U 3597/78); in: WRP (25) 1979, S. 303-305

KGE v. 29.01.1988 - WRP 1988, S. 453-455

Kammergericht Berlin, Urteil vom 29. Januar 1988 (5 U 5395/87); in: WRP (34) 1988, S. 453-455

Kern 1974

Kern, W.: Investitionsrechnung; Stuttgart 1974

Kilger 1965

Kilger, W.: Zur Kritik am internen Zinsfuß; in ZfB (35) 1965, S. 765-798

Kirschen 1984

Kirschen, E.S.: Die Berechnung des jährlichen prozentualen Belastungssatzes für Verbraucherkredite vom 19.10.1984

KKB Bank Geschäftsbericht 1987

KKB Bank AG, Düsseldorf: Geschäftsbericht 1987

Knauss 1978

Knauss, W.: Verbraucherbetrug oder Verbraucherhilfe?; in: ZfgK (31) 1978, S. 872-873.

Köhler 1987

Köhler, H.: Finanzmathematik; 2. Aufl., München-Wien 1987

Köndgen 1987

Köndgen, J.: Zur Praxis der sogenannten nachträglichen Tilgungsverrechnung beim Hypothekenkredit; in: NJW (40) 1987, S. 160-166

Kohler 1979

Kohler, J.: Effektivzinsangabe und Realkredit; in: Der langfristige Kredit (30) 1979, S. 68-71

Kosiol 1966

Kosiol, E.: Finanzmathematik; 10. Aufl., Wiesbaden 1966

Krümmel 1964

Krümmel, H.-J.: Bankzinsen: Köln, Berlin, Bonn, München 1964

Kruschwitz 1987

Kruschwitz, L.: Programmentwicklung-Berechnung der Effektivverzinsung; in: WiSt (16) 1987, S. 192-194

Kunz 1985

Kunz, W.: Die neue Preisangabenverordnung (PAngV); in: MDR (39) 1985, S. 539-542

Lammel 1980

Lammel, S.: Probleme des Ratenbarkredits; in: BB (35) 1980 Beilage 8/1980 zu Heft 24

LGE Franfurt/Main v. 14.02 1977 - BB 1977, S. 314-315

Landgericht Franfurt/Main, Urteil vom 14. Februar 1977 (2/24 S. 164/76); in: BB (32) 1977, S. 314-315

Lau 1981

Lau, P.J.: Rechtliche Beurteilung der Restschuldversicherung in: Die Bank 1981, S. 86-88

Lau/Schulz 1980

Lau, P.J./Schulz, H.: Die Restschuldversicherung in der richterlichen Beurteilung von Krediten nach § 138 BGB; in: ZfgK (33) 1980, S. 820-822

Laux 1980

Laux, H.: Zur Effektivverzinsung bei Ratenkrediten; in: Der langfristige Kredit (31) 1980, S. 204-206

Löwe 1974

Löwe, W.: Neuerungen im Abzahlungsrecht; in: NJW (27) 1974, S. 2257-2261

Löwe 1987

Löwe, W.: Keine Inhaltskontrolle von Tilgungsverrechnungsklauseln beim Annuitätendarlehen?; in: NJW (40) 1987, S. 937-940

Löwe 1988

Löwe, W.: Verschleierte Verzinsung trotz Tilgung?; in: BB (43) 1988, S. 1902-1904

Looman 1988

Looman, V.: Richtig rechnen bei Finanzgeschäften (Serie), daraus:
(V) Kredite mit Damnum und variablen Zinsen können teuer sein; in: Blick durch die Wirtschaft vom 06.06.1986, Nr. 106, S. 3

(XI) Das Damnum ist ein zweischneidiges Schwert; in: Blick durch die Wirtschaft vom 18.07.1986, Nr. 135, S. 3

(XII) Disagien bringen viele Hausbesitzer in Schwierigkeiten; in: Blick durch die Wirtschaft vom 25.07.1986, Nr. 140, S. 3

(XIII) Das Disagio-Splitting ist reine Augenwischerei; in: Blick durch die Wirtschaft vom 01.08.1986, Nr. 145, S. 3

(XIV) Hohe Tilgung läßt die Kassen klingeln; in: Blick durch die Wirtschaft vom 07.08.1986; Nr. 149, S. 3

Luckner 1984

Luckner, F. Graf: Die Entscheidung des Bundesverfassungsgerichts zur Preisangabenverordnung - Folgen und Aussichten; in: WRP (30) 1984, S. 186-189

Mailänder 1980

Mailänder, K. P.: Kreditangebot ohne Preisangabe?; in: WM (34) 1980, S. 456-459

Mair 1971

Mair, W.: Die reale Effektivverzinsung; in: Österreichisches Bankarchiv (19) 1971, S. 334-349

Ministerium für Wirtschaft, Mittelstand und Verkehr Baden-Württemberg - Schreiben vom 10.12.1976

Ministerium für Wirtschaft, Mittelstand und Verkehr Baden-Württemberg, Schreiben an Zentralen Kreditausschuß, Geschäftsstelle öffentlich-rechtlicher Bausparkassen und Verband privater Bausparkassen e. V. vom 10.12.1976; zitiert nach Knauss, W.: Verbraucherbetrug oder Verbraucherhilfe?; in: ZfgK (31) 1978, S. 872-873

Ministerium für Wirtschaft, Mittelstand und Verkehr Baden-Württemberg - PangV-A

Ministerium für Wirtschaft, Mittelstand und Verkehr Baden-Württemberg, Anordnung zum Vollzug der Verordnung über Preisangaben (PangV-A) vom 25. März 1983 - Az. IV 3811. 30/313; in: GABl. (31) 1983, S. 508-517 und 778-779

Ministerium für Wirtschaft, Mittelstand und Technologie Baden-Württemberg - Schreiben vom 12.05.1987

Ministerium für Wirtschaft, Mittelstand und Technologie Baden-Württemberg,Schreiben an den Zentralen Kreditausschuß vom 12.05.1987 (unveröffentlicht)

Muth 1964

Muth, R.: Berechnung der Effektivverzinsung bei Annuitätenanleihen; in: Bank-Betrieb (4) 1964, S. 263-267

Ney 1981

Ney, W.: Methoden zur Berechnung des "effektiven Kreditzinses" im Konsumentenkreditgeschäft (Ratenkreditgeschäft), Aachen 1981, (Diplomarbeit, unveröffentlicht)

OLGE Hamm v. 09.11.1978 - NJW 1979, S. 1713-1715

Oberlandesgericht Hamm, Urteil vom 9. November 1978 in Sachen einer Einstweiligen Verfügung (4 U 218/78); in: NJW (32) 1979, S. 1713-1715. (Urteil im dazugehörigen Hauptverfahren vom 13.12.1979 - 4 U 177/79 -)

OLGE Stuttgart v. 28.02.1978 - BB 1978, S. 573-574

Oberlandesgericht Stuttgart, Beschluß vom 28.02.1978 (3 Ss (9) 1154/77); in: BB (33) 1978, S. 573-574

OLGE Stuttgart v. 03.04.1981 - NJW 1981, S. 2479-2480

Oberlandesgericht Stuttgart, Beschluß vom 3. April 1981 (I Ss 150/81); in: NJW (34) 1981, S. 2479-2480

ohne Verfasser

Konsumentenkredite, Kredite - was man darüber wissen sollte; in: Verbraucher Rundschau 1986, S. 2-23

ohne Verfasser

Preis nach Menge; in: Der langfristige Kredit (38) 1987, S. 25

ohne Verfasser

Verbraucherschutz ausgetrickst; in: test (22) 1987, S. 318-321

ohne Verfasser

Der Kampf um Ihr Geld - Finanzdienstleistungen; in: Verbraucher Rundschau 1987 Nr. 12

ohne Verfasser

ZIP aktuell A 141, 503; in: ZIP (9) 1988, Nr. 18, S. IX

Olshausen 1982

Olshausen, E. v.: Die Rechtsprechung des BGH zur Sittenwidrigkeit bei vermittelten Ratenkrediten mit Restschuldversicherung; in: NJW (35) 1982, S. 909-912

Otten 1987

Otten, H.: Anmerkungen und Erfahrungen zur Praxis der Effektivzinsangabe und zur Tilgungsverrechnung; in: Der langfristige Kredit (38) 1987, S. 538-545

Otto 1982

Otto, H.: Neue Tendenzen in der Interpretation der Tatbestandsmerkmale des Wuchers bei Kreditwucher; in: NJW (35) 1982, S. 2745-2750

Paul 1974

Paul, E.: Pfandbriefinstitute, Rentenmarkt und Realkredit; Beiträge zum Siedlungs- und Wohnungswesen und zur Raumplanung Bd. 14; Münster 1974

Peetz 1980

Peetz, H.-G.: Konsumentenkredit und Restschuldversicherung in der Rechtsprechung des Bundesgerichtshofes; in: ZIP (1) 1980, S. 605-608

Prass 1981

Prass, J.: Zeitanteilige Rückzahlung des Disagios (Agios) bei vorzeitiger Kündigung eines langfristigen Darlehens; in: BB (36) 1981, S. 1058-1063

Praxl 1979

Praxl, H.: Untaugliche und taugliche Ermächtigungsgrundlagen für "Effektivzins"-Vorschriften; in: WM (33) 1979, S. 2-7

Presse- und Informationsamt der Bundesregierung

Aktuelle Beiträge zur Wirtschafts- und Finanzpolitik Nr. 79/1973 vom 13.08.1973: Die Bedeutung der Verordnung über Preisangaben für die Angabe des effektiven Jahreszinses bei Ratenkrediten; zitiert nach Gelberg, H.-G.: Kommentar zur Preisangabenverordnung - PAngV - Düsseldorf 1975, Anhang 6.1, S. 147-151

Presse- und Informationsamt der Bundesregierung

Aktuelle Beiträge zur Wirtschafts- und Finanzpolitik Nr. 63/1985 vom 26.09.1985

Rahmann 1976

Rahmann, J.: Praktikum der Finanzmathematik; 5. Aufl., Wiesbaden 1976

Rat der Europäischen Gemeinschaften - Richtlinie 87/102/EWG

Rat der Europäischen Gemeinschaften, Richtlinie zur Angleichung der Rechts- und Verwaltungsvorschriften der Mitgliedsstaaten über den Verbraucherkredit vom 22. Dezember 1986 (87/102/EWG); in: Amtsblatt der Europäischen Gemeinschaften Nr. L 42 vom 12.02.1987, S. 48-53

Reich 1980

Reich, N.: Reform des Rechts des Konsumentenkredits; in: JZ (35) 1980, S. 329-336

Reichstein 1978

Reichstein, E.: Amtlich angeordneter Verbraucherbetrug; in: ZfgK (31) 1978, S. 484-487

Reichstein 1978 a

Reichstein, E.: Si tacuisses philosophus fuisses; in: ZfgK (31) 1978, S. 911-912

Reifner 1984

Reifner, U.: Ratenkredite an Konsumenten; Hrsg.: Verbraucher-Zentrale Hamburg e. V., 1984

Reifner 1984 a

Reifner, U.: Die Sittenwidrigkeit von Konsumentenratenkrediten nach der höchstrichterlichen Rechtsprechung; in: DB (37) 1984, S. 2178-2184

Reifner 1988

Reifner, U.: Die Kosten des sittenwidrigen Kredits; in: NJW (41) 1988, S. 1948-1951

Reifner/Weitz/Uesseler 1978

Reifner, U./Weitz, E./Uesseler, R.: Tatsachen zum Verbraucherschutz im Konsumentenkredit; Tübingen 1978

Rittner 1980

Rittner, F.: Der Beitrag zur Restschuld-Lebensversicherung und der Darlehensvertrag; in: DB (33) 1980, Beilage Nr. 16/80 zu Nr. 35

Rittner 1981

Rittner, F.: Zur Sittenwidrigkeit von Teilzahlungskreditverträgen; in: DB (34) 1981, S. 1381-1383

Rode 1975

Rode, E.: Private Hypothekenbanken; in: Bank-Enzyklopädie, Bankbetriebslehre (1), Strukturlehre, Wiesbaden 1975, S. 205-264

Rudolph 1979

Rudolph, B.: Effektivzinsberechnung und Zinseszinsverbot im Ratenkreditgeschäft; in: ZfB (49) 1979, S. 549-564

Schabel 1980

Schabel, N.: Effektivzinsstreit ohne Ende; in: Die Bank 1980, S. 15-18

Schabel 1981

Schabel, N.: Effektivzinsstreit in der letzten Runde?; in: Die Bank 1981, S. 268-270

Schabel 1986

Schabel, N.: Die Benachteiligung der langen Fristen; in: Der langfristige Kredit (37) 1986, S. 554-557

Schibel 1984

Schibel, R.: Anmerkung zum Beschluß des BVerfG vom 08.11.1983; in: BB (39) 1984, S. 362-364

Schierenbeck 1984

Schierenbeck, H.: Effektivzinskalküle; in: DBW (44) 1984, S. 99-108

Schierenbeck/Rolfes 1986

Schierenbeck, H./Rolfes, B.: Effektivzinsrechnung in der Bankenpraxis; in: ZfbF (38) 1986, S. 766-778

Schierenbeck/Rolfes 1987

Schierenbeck, H./Rolfes, B.: Effektivzinsrechnung und Marktzinsmethode; in: Die Bank 1987, S. 25-33

Schierenbeck/Rolfes 1987 a

Schierenbeck, H./Rolfes, B.: Zur Diskussion um das opportunitätsgerechte Effektivzinskonzept; in: Die Bank 1987, S. 328-335

Schneeweiß 1967

Schneeweiß, H.: Entscheidungskriterien bei Risiko; Berlin, Heidelberg, New York 1967

Schneider, D. 1980

Schneider,D.: Investition und Finanzierung; 5. Aufl., Wiesbaden 1980

Scholl 1979

Scholl, C.: Zum effektiven Jahreszinssatz bei Ratenkrediten; in: ZfgK (32) 1979, S. 1136-1139

Scholz 1976

Scholz, F.J.: Sind Restschuldversicherungsprämien Kreditkosten?; in: MDR (30) 1976, S. 281-284

Scholz 1980

Scholz, F.J.: Ein Schritt zum "richtigen" Effektivzins?; in: WM (34) 1980, S. 322-327

Scholz 1981

Scholz, F.J.: Anmerkung zum BGH - Urteil vom 12.03.1981; in: WM (35) 1981, S. 538-542

Scholz 1983

Scholz,F.J.: Ratenkreditverträge; München 1983

Scholz 1986

Scholz, F. J.:Neue Preisangabenverordnung in der Kreditwirtschaft; in: GRUR (88) 1986, S. 585-588

Schoppmann 1985

Schoppmann, H.: Transparenz der Kreditkosten bleibt ein Traum; in: Börsenzeitung vom 28.09.1985, Nr. 186, S. 8

Schulz 1977

Schulz, H.: Anmerkung zu einem Urteil des Landgerichts Berlin vom 05.05.1977 - 10 O 368/76; in: BB (33) 1978, S. 15-16

Schwarz 1975

Schwarz, H.: Stichprobenverfahren; München, Wien 1975

Seckelmann 1979

Seckelmann, R.: Kreditkosten; in: ZfgK (32) 1979, Ausgabe Technik, Beilage zu Nr. 12 vom 15.06.1979, S. 12-22

Seckelmann 1980

Seckelmann, R.: Kostenangaben und Kostenrisiko bei Krediten mit Konditionsänderungen; in: ZfB (50) 1980, S. 904-920

Seckelmann 1981

Seckelmann, R.: Kreditanalysen mit Gillardon-Finanzrechnern; in: ZfgK (34) 1981, Ausgabe Technik, Beilage zu Nr. 12 vom 15.06.1981, S. 16-19

Seckelmann 1981 a

Seckelmann, R.: Kreditkostenangaben - Ordnung oder Chaos?; in: DB (34) 1981, S. 2313-2317

Seckelmann 1984

Seckelmann, R.: Zinsrechnung und Zinsrecht; in: ZfgK (37) 1984, S. 96-102

Seckelmann 1987

Seckelmann, R.: Das Damnum; in: ZfgK (40) 1987, S. 488-495 und 542-548

Sièvi, Chr. 1985

Sièvi, Chr.: Kundenorientierte Konditionen bei annuitätischen Darlehen; in: Der langfristige Kredit (36) 1985, S. 9-14

Sièvi, Chr./Sièvi, F. 1979

Sièvi, Chr./Sièvi, F.: Der effektive Jahreszins bei Krediten; in: ZfgK (32) 1979, Ausgabe Technik, Beilage zu Nr. 24 vom 15.12.1979, S. 17-20

Sièvi, Chr./ Sièvi, F. 1980

Sièvi, Chr./ Sièvi, F.: Schreiben an Zentralen Kreditausschuß, Bankenfachverband Konsumenten- und gewerbliche Spezialkredite (BKG) e.V., Geschäftsstelle öffentlich-rechtlicher Bausparkassen, Verband privater Bausparkassen e.V. und die beteiligten Ministerien Baden-Württemberg, Hessen, Rheinland-Pfalz vom 30.05.1980

Sièvi, Chr./ Sièvi, F. 1987

Sièvi, Chr./ Sièvi, F.: Anwenderhandbuch Gillardon AP Plus Finanzrechner; Bretten 1987

Sièvi, F. 1980

Sièvi, F.: Effektivzinssätze für Ratenkredite nach der Preisangabenverordnung; Bretten 1980

Sigl 1982

Sigl, G.: Der Kreditpreis; in: Der langfristige Kredit (33) 1982, S. 485-487

Soergel/Hefermehl 1978

Soergel, H. Th.(Begr.): Bürgerliches Gesetzbuch. Mit Einführungsgesetz und Nebengesetzen. Kohlhammer-Kommentar (Neu hrsg. v. W.Siebert), Band 1 Allg. Teil, Bearbeiter der §§ 104-144
W. Hefermehl; Stuttgart, Berlin, Köln, Mainz 1978

Sommerlad 1984

Sommerlad, K.: Nichtigerklärung einer Rechtsnorm durch das Bundesverfassungsgericht; in: NJW (37) 1984, S. 1489-1496

Steffan 1977

Steffan, F.(Hrsg.): Handbuch des Real- und Kommunalkredits; 2. Aufl., Frankfurt/Main 1977

Steiner, C. 1982

Steiner, C.: Anmerkungen zur Kalkulation der Realkreditkonditionen über den Effektivzins; in: Der langfristige Kredit (33) 1982, S. 102-104

Steiner, J. 1987

Steiner, J.: Der Schwerpunktzins als Maßstab zur Beurteilung von Ratenkrediten in der Rechtsprechung: Eine Analyse aus betriebswirtschaftlicher Sicht; Baden-Baden 1987

Steppeler 1984

Steppeler, W.: Zur Effektivzinsberechnung bei Ratenkrediten; in: DRiZ 1984, S. 56-59

Steppeler 1985

Steppeler, W. unter Mitarbeit von Astfalk, Th. und Steinkamp, K.: Effektivzinsen nach der Preisangabenverordnung; 2. Aufl., Stuttgart 1985

Steppeler 1988

Steppeler, W.: Verbraucherschutz per Rechtsformel?; in: ZIP (9) 1988, S. 1615-1620

Steppeler/Astfalk 1986

Steppeler, W./Astfalk, Th.: Preisrecht und Preisangaben in der Kreditwirtschaft; Köln 1986

Steppeler/Breier 1985

Steppeler, W./Breier, H.: Neue Preisangabenverordnung ab 1. Mai 1985; in: Sparkasse (102) 1985, S. 143-147

Stiftung Warentest 1988

test (23) Sonderheft Baufinanzierung, September 1988

Stützel 1967

Stützel, W.: Bemerkungen zur Bilanztheorie; in: ZfB (37) 1967, S. 314-340

Ulbricht 1982

Ulbricht, K.: Risiken einer Kalkulation mit Effektivzins, in: Der langfristige Kredit (33) 1982, S. 298-305

Ungnade 1975

Ungnade, D.: Ausgewählte Einzelfragen aus dem Wettbewerbsrecht der Kreditinstitute; in: WM (29) 1975, S. 1078-1084

Verband deutscher Hypothekenbanken - Stellungnahme zur PAngV 1985; in: Der langfristige Kredit (36) 1985, S. 734

Verband deutscher Hypothekenbanken - Vermerk vom 29.11.1985 (unveröffentlicht)

Verband öffentlicher Banken - Mitteilung 85/85 vom 11.04.1985 samt Anlage (Entwurf einer Vollzugsanordnung zu § 4 PAngV) Nr. 85/85 vom 11.04.1985 (unveröffentlicht)

Verband öffentlicher Banken - Mitteilung 121/85 vom 24.05.1985 (unveröffentlicht)

Verband öffentlicher Banken - Mitteilung 47/86 vom 25.02.1986 (unveröffentlicht)

Verband öffentlicher Banken - Mitteilung 222/86 vom 05.12.1986 (unveröffentlicht)

Verband privater Hypothekenbanken (heute: Verband deutscher Hyotheken-banken) - Stellungnahme zur Erstreckung der Effektivzinsangabe auf Realkredite; in: Der langfristige Kredit (29) 1978, S. 601

Verband privater Hypothekenbanken (heute: Verband deutscher Hypothekenbanken) - Schreiben an Herrn Dr. Rudolf Eberle, Wirtschaftsminister des Landes Baden-Württemberg vom 01.09.1978 (unveröffentlicht)

Verband privater Hypothekenbanken (heute: Verband deutscher Hypothekenbanken) - Schreiben an Herrn Dr. Alfred Emmerlich MdB vom 30.11.1981 (unveröffentlicht)

Verbraucherzentrale Berlin e.V.

Wie teuer sind Kredite? Preisvergleich für Ratenkredite anhand des effektiven Jahreszinses am Bankplatz Berlin, 2. Aufl., April 1987

Verbraucher-Zentrale Nordrhein-Westfalen

Kreditmerkblatt zum permanenten Kreditkostenvergleich (undatiert)

VGE Stuttgart v. 24.01.1980 - WM 1980, S. 344-349

Verwaltungsgericht Stuttgart, Urteil vom 24. Januar 1980 (VRS IX 330/78); in: WM (34) 1980, S. 344-349

VGHE Baden-Württemberg v. 13.03.1981 - WM 1981, S. 460-468

Verwaltungsgerichtshof Baden-Württemberg, Urteil vom 13. März 1981 (6 S 652/80); in: WM (35) 1981, S. 460-468.

Wagner 1985

Wagner, E.: Effektivverzinsung - Der "richtige" Wiederanlagezins: kein Thema für Banken?!; in: Der langfristige Kredit (36) 1985, S. 4-8

Wahl 1987

Wahl, J.: Vario-, Scheckrahmen- und Idealkredit - Zur rechtlichen Bewertung neuer Kreditformen; in: VuR (2) 1987, S. 241-244

Weber 1980

Weber, K.-H.: Die Nichtigkeit von Teilzahlungskreditverträgen; in: NJW (33) 1980, S. 2062-2065

Werner 1981

Werner, D.: Auswirkung der Preisangabenverordnung (PAngVO) auf die Praxis des Konsumenten-Kreditgeschäftes; in: Der vermittelte Kredit 1981, S. 47-49

Wilhelm 1976

Wilhelm, J.: Der effektive Zins - Begriff, Bedeutung und Rechentechnik; in: Teilzahlungswirtschaft (23) 1976, S. 12-15

Wirtschaftsrat des Vereinigten Wirtschaftsgebietes - Preisgesetz

Wirtschaftsrat des Vereinigten Wirtschaftsgebietes, Übergangsgesetz über Preisbildung und Preisüberwachung (Preisgesetz) vom 10. April 1948; in: Gesetz- und Verordnungsblatt des Wirtschaftrates des Vereinigten Wirtschaftsgebietes 1948, S. 27-28

Witten/Zimmermann 1977

Witten, P./Zimmermann, H.-G.: Zur Eindeutigkeit des internen Zinses und seiner numerischen Bestimmung; in: ZfB (47) 1977, S. 99-114

Wittkowsky 1970

Wittkowsky: Nochmals zur Verfassungsmäßigkeit der neuen Preisauszeichnungsverordnung; in: BB (25) 1970, S. 286-287

Woll 1987

Woll, A.(Hrsg.): Wirtschaftslexikon; 2. Aufl., München 1987

Wright 1936

Wright, C.A.: A Note on "Time and Investment"; in: Economica, New Series, 1936, S. 436-440, zitiert bei Kilger, 1965, S. 765

Zentraler Kreditausschuß - Schreiben an das Ministerium für Wirtschaft, Mittelstand und Verkehr Baden-Württemberg vom 03.02.1977 (unveröffentlicht)

Zentraler Kreditausschuß - Schreiben an Ministerium für Wirtschaft, Mittelstand und Verkehr Baden-Württemberg, Ministerium für Wirtschaft und Verkehr des Landes RheinlandPfalz, Hessisches Ministerium für Wirtschaft und Verkehr, Bundesministerium für Wirtschaft vom 04.07.1980 (unveröffentlicht)